国家职业资格培训教程

↗ 创新

职业指导
——新理念

(基础知识)

(第2版)

人力资源和社会保障部就业促进司
中国就业培训技术指导中心　组织编写

中国劳动社会保障出版社

图书在版编目(CIP)数据

创新职业指导．新理念/人力资源和社会保障部就业促进司，中国就业培训技术指导中心组织编写．—2版．—北京：中国劳动社会保障出版社，2016

国家职业资格培训教程

ISBN 978-7-5167-2502-3

Ⅰ．①创… Ⅱ．①人… ②中… Ⅲ．①职业选择-工作人员-技术培训-教材 Ⅳ．①C913.2

中国版本图书馆CIP数据核字(2016)第059905号

## 中国劳动社会保障出版社出版发行

(北京市惠新东街1号 邮政编码：100029)

\*

三河市华骏印务包装有限公司印刷装订 新华书店经销

787毫米×1092毫米 16开本 17.25印张 321千字

2016年4月第2版 2022年9月第6次印刷

定价：42.00元

读者服务部电话：(010) 64929211/84209101/64921644

营销中心电话：(010) 64962347

出版社网址：http://www.class.com.cn

版权专有 侵权必究

如有印装差错，请与本社联系调换：(010) 81211666

我社将与版权执法机关配合，大力打击盗印、销售和使用盗版图书活动，敬请广大读者协助举报，经查实将给予举报者奖励。

举报电话：(010) 64954652

**职业指导人员**
**国家职业资格培训教程**

### ■ 编写委员会

主　任　吴道槐　刘　康

副主任　原淑炜　王文铎

委　员（按姓氏笔画排列）

　　　　田光哲　安　燕　陈　蕾　娄权超

　　　　胡新红　谈宇德　黄俊梅

### ■ 编辑委员会

主　审　原淑炜

主　编　田光哲　谈宇德　娄权超

副主编　刘　洋　廉串德　杨剑锋　许可林

　　　　何振江　寇　蕊

## ■ 编写人员

(按姓氏笔画排列)

| | | | | |
|---|---|---|---|---|
| 丁 华 | 王韦懿 | 田 丰 | 田光哲 | 白 玲 |
| 朱长合 | 许可林 | 许庆红 | 刘 洋 | 张 元 |
| 张春林 | 张 展 | 李祥伟 | 何振江 | 吴存钦 |
| 吴志明 | 罗秋月 | 周 荣 | 杨剑锋 | 咸桂彩 |
| 赵 铭 | 胡新红 | 贾广才 | 高凤祥 | 高 岩 |
| 谈宇德 | 寇 蕊 | 蒋 奖 | 廉串德 | 廖满媛 |
| 蔡 霞 | | | | |

# 序

我国是一个劳动力资源丰富的发展中国家。当前和今后一个较长时期内，就业和再就业任务相当繁重。近几年来，在党中央、国务院高度重视和推动下，国家制定并实行了一系列积极就业政策，建立和完善就业服务体系，为劳动者就业再就业提供了良好的环境。职业指导是高质量、高水平的就业服务，是帮助劳动者成功地实现就业和再就业的重要手段，在建立市场导向的就业机制中发挥着重要作用。

一是在市场就业中，特别是在转轨过程中，直接帮助一批失业者实现就业，引导一批就业特困群体人员重新走上就业岗位。二是时时处处体现人本服务。职业指导中实行的跟踪服务、个性化指导、即时援助、专项服务等，都体现了以人为本的理念，贯穿了人本服务的精神。三是同解决劳动者职业生涯发展需求结合起来，比如帮助他们提高技能水平，寻求更广就业空间和提升就业质量等。四是将对个人的帮助与落实群体的政策结合起来。在实施职业指导与推动政策落实的结合上拓展新路，扩大扶助群体效应。

为了使职业指导发挥更大、更好作用，就要大力提高职业指导人员的素质，加强理论研究与实践，组织专业技能的训练。特别是将职业指导的典型个案总结和理论提升结合起来。认真挖掘其精髓，总结其要领，加以提炼升华，并进行理论性总结，将典型做法科学化，大力推广。更要结合每一个时期的重点工作，比如再就业援助月、春风行动等，研究如何发挥职业指导的作用，改进职业指导办法，提高职业指导的水平和效能。

《创新职业指导》丛书的出版是我国职业指导发展的又一个成果。它既借鉴了国际先进的职业指导理论，同时也坚持了我国特色，吸纳了在实践中摸索出来的典型做法和成果。职业指导服务需要不断创新，不断改进，我们希望在这个成果的基础上，职业指导再发展、再创新，更好地为劳动者提供优质满意的服务。

原人力资源和社会保障部副部长　张小建

# 再版说明

为了适应新形势下促进就业、加强就业服务和职业指导工作的需要,我们组织多方面的专家,对职业指导人员职业资格培训教材进行了重新修订。新修订的教材,力求做到:

一是吸收当前国内外职业指导的新理论和新知识,加以高度概括,并和当前的就业形势以及就业服务工作紧密结合;二是对这些年各地开展的职业指导工作经验和成果加以总结和提炼,使之更贴近职业指导实际,更具有针对性;三是集中收集了我国积极的就业政策和相关政策,突出了政策指导;四是将职业指导相关法律法规单独汇集成册,即《职业指导师必备法律知识》,方便集中学习运用;五是针对重点人群,将典型职业指导案例归类整理,汇集成册,即《高校毕业生职业指导案例集》,强化职业指导的操作性;六是编写形式生动活泼,图文并茂,便于阅读和记忆,更加人性化。

修改后的职业指导师系列国家职业资格培训教程共包括5本书:《创新职业指导——新理念(第2版)》《创新职业指导——新操作(第2版)》《创新职业指导——新实践(第2版)》《职业指导师必备法律知识》《高校毕业生职业指导案例集》。

编　者

# 国家职业资格培训教程

创新职业指导——新理念

（基础知识）（第2版）

# 目录

## CONTENTS

### 第一篇 职业道德

**第1章 职业道德** ……………………………………………… 3
1 职业守则 ………………………………………………… 3
2 职业道德 ………………………………………………… 3

### 第二篇 就业与职业发展

**第2章 就业和就业政策** ……………………………………… 11
1 就业和失业的概念 ……………………………………… 11
2 就业方针和积极的就业政策 …………………………… 16

**第3章 劳动力市场与就业服务** ……………………………… 31
1 劳动力市场的概念与功能 ……………………………… 31
2 我国劳动力市场发展的历史回顾 ……………………… 33
3 我国劳动力市场供求的基本形势 ……………………… 34
4 就业服务概述 …………………………………………… 40
5 我国公共就业服务的主要内容 ………………………… 43

**第4章 职业指导与职业指导多元化服务** …………………… 54
1 职业指导的概念、功能、作用和基本原则 …………… 54
2 我国职业指导发展历史及国内外的典型做法 ………… 62
3 职业指导的对象和工作范围 …………………………… 69
4 职业指导基本原理 ……………………………………… 76
5 失业人员职业指导服务 ………………………………… 81

## CONTENTS

6　新成长劳动力职业指导服务 …………………………… 85
7　农村富余劳动力职业指导服务 …………………………… 95
8　其他重点就业群体的职业指导服务 ……………………… 107
9　在职人员的职业指导服务 ………………………………… 116
10　对招用工难的用人单位开展职业指导服务 …………… 118

### 第5章　职业与职业发展 ……………………………………… 125
1　职业及其相关概念 ………………………………………… 125
2　职业分类的概念及知识 …………………………………… 128
3　当代职业变迁及其发展趋势 ……………………………… 135
4　描述职业的原则和方法 …………………………………… 139

### 第6章　工作分析与职业胜任 ………………………………… 143
1　工作分析的基本概念、基本方法 ………………………… 143
2　工作描述和工作规范的内容 ……………………………… 147
3　职业胜任的基本概念 ……………………………………… 151
4　知识、技能和经验对职业活动的影响 …………………… 159
5　个体特征对职业活动的影响 ……………………………… 162

## 第三篇　职业咨询基础

### 第7章　心理咨询基本知识 …………………………………… 167
1　心理咨询的基本概念 ……………………………………… 167
2　个体咨询的主要技术和方法 ……………………………… 174
3　团体咨询的主要技术和方法 ……………………………… 180
4　家庭咨询的主要技术和方法 ……………………………… 189

### 第8章　职业咨询基本知识 …………………………………… 194
1　职业咨询的概念 …………………………………………… 194
2　职业咨询的主要内容 ……………………………………… 198
3　职业咨询的技术方法 ……………………………………… 203

## 第四篇　职业素质测评

### 第9章　测评的原理 …………………………………………… 211
1　测评的基本概念 …………………………………………… 211

## CONTENTS

2 测评的原理 ……………………………………………… 213
3 测验结果解释原则与方法 ……………………………… 216
4 影响测评准确性的各种因素 …………………………… 219

第10章 测评的技术和方法 ………………………………… 224
1 测验实施的基本程序 …………………………………… 224
2 典型测评工具 …………………………………………… 225
3 面试及其他测评方法 …………………………………… 242

### 第五篇 职业生涯设计

第11章 职业生涯规划 ……………………………………… 249
1 职业生涯规划的基本概念 ……………………………… 249
2 职业生涯发展阶段理论 ………………………………… 250
3 职业生涯规划的原则和任务 …………………………… 251

第12章 职业生涯规划的基本方法 ………………………… 255
1 职业生涯规划的程序 …………………………………… 255
2 职业生涯规划的主要方法 ……………………………… 262

ZHIYEDAODE

## 第一篇
### 职业道德

# 第1章 职业道德

## 1 职业守则

职业守则是指从事某一行业所必须遵守的规则。职业指导工作者的职业守则主要包括热爱本职工作、刻苦钻研业务和遵守国家法律法规等。

### 1.1 热爱本职工作

热爱本职工作，是做好职业指导工作的基本前提。职业指导是一个以帮助他人为己任的职业，以扶助弱势群体为重点工作内容。职业指导人员要有一种信念：以助人为快乐，以助人为荣耀。这种信念不是职业指导人员个人意愿所决定的，而是职业的需求。这个职业所面对的，就是渴望获得帮助的人，求职者、用人单位找到职业指导人员就是要寻求帮助。职业指导人员在进入这个领域时要特别清楚：干这一行，更多的就是付出和奉献。

### 1.2 刻苦钻研业务

职业指导人员常常要面临不断变化的情况，遇到各种各样的新问题，这需要他们具有多方面的专业知识，要坚持自我学习，增强技能，提高自身素质。从服务对象的角度看，为他人提供帮助的人，应当是可信赖的人，应当给人以安全感。这需要职业指导人员要有坚实的业务基础，尤其需要不断创造性地开展工作。职业指导人员应当铭记：为了使更多人受益，我们需要终身学习。

### 1.3 遵守国家法律法规

遵纪守法是每一个公民都应当履行的基本义务。职业指导人员作为助人者，更需要遵纪守法。职业指导人员要学习法律知识，增强民主法治观念，深刻理解公民的权利和义务，懂得与自己工作和生活有关的法律，依法办事，依法律己。职业指导人员要在思想、品德、作风、纪律上成为表率，自觉遵守国家各项法律法规。职业指导人员要牢记：遵纪守法不仅是我们的基本义务，也是我们助人的基本前提。

## 2 职业道德

职业道德是指从事一定职业活动应遵循的行为准则。具体到职业指导人员，其职业道德规范可概括为9个方面，这9个方面充分体现了职业指导人员以人为本的道德理念和标准，充分显示了人性化的行为准则在职业指导人员这个职业上的具体要求。

## 2.1 以人为本，尊重服务对象

职业指导人员应以人为本，尊重服务对象，并帮助其职业发展。以人为本是职业指导人员素质要求的先决条件，是对其职业道德的基本要求。职业指导人员要把以人为本作为思考和行动的出发点和落脚点。

以人为本，就是要以服务对象为核心，把服务对象的呼声和要求作为第一信号，我们的工作不是自己想当然，想怎么干就怎么干，而是要以满足求职者、劳动者的需要，以解决他们的现实问题为根本，以创造服务对象的满意为宗旨。以人为本就是要尊重服务对象，要尊重其人格，尊重其情绪体验，尊重其个人选择。职业指导本质上是对服务对象进行帮助的过程，职业指导人员只有以完全平等和尊重的态度对待服务对象，所提供的帮助才能为对方所接受。失去了对服务对象的尊重，不仅背离了以人为本的道德理念，同时，也失去了正常进行职业指导工作，取得工作成效的基础。以人为本不是做表面文章，面对服务对象微笑、点头示意、文明礼貌、表现热情，这些只是以人为本的"形"，更重要的是，要千方百计，尽最大努力帮助服务对象实现职业生涯的发展，职业指导人员倘若不能为服务对象提供这种帮助，以人为本也就无从体现。

## 2.2 尊重差异，不歧视服务对象

职业指导人员要尊重差异，不得因为服务对象的性别、年龄、职业、民族、国籍、宗教信仰、价值观等任何方面的因素，歧视服务对象。职业指导人员要做到尊重差异，首先要积极理解、接纳服务对象所处社会环境和文化背景的多样性。例如，要了解求职者的文化、宗教、种族认同，在指导过程中，积极尊重其观念和信仰；其次，要紧密结合服务对象社会文化的背景开展职业指导。例如，帮助大学生转变就业观念，可以从长远发展的角度积极促进其改变，但对那些刚刚从农村进城的打工者而言，最现实的还是先帮助他们站住脚。这就是尊重差异，就是以人为本精神内涵的具体表现。从实际操作的层面上讲，脱离服务对象的个别差异来谈职业指导，不从服务对象的特点或实际出发，忽视服务对象的需要，忽视人权的尊重，所实施的指导和措施不能体现人性化，采用唯我的标准对待服务对象等，都违背了这条原则，就是一种歧视。显然，把尊重差异作为职业指导人员的职业道德标准，正是为了强化尊重人权、更加旗帜鲜明地贯彻以人为本的精神。

## 2.3 主动解释，责任分担

职业指导人员应主动向服务对象解释职业指导和咨询工作的性质、特点、程序、局限性及服务对象自身的权利和义务。这里主要可理解为两点：一是知情权。告诉服务对象自己所处真实的状况，职业指导的局限甚至是可能会导致的不良后果，就是对服务对象尊重和负责任的表现，这对服务对象进一步地选择以及更加实际地接受指导都是十分有益的。例如，有人为求职者进行素质测评，不对被试讲清测评的局限性，测评后不对其进行针对性的咨询和指导，甚至给人一种错觉，似乎测评结束后一切问题都迎刃而解，显然，这就是违背职业指导人员职业道德的行为。二是责任分担的必要性。职业指导的效果取决于指导和被指导者双方默契配合，这就需要双方责任分担，既然需要共同完成，那么，不向服务对象解释清楚来龙去脉，显然是一种不负责任，对接下来的指导效果没有任何好处。事实上，我们把职业指导和咨询工作的原则、性质表述得越清楚，服务对象就会越理解、越配合，从而更加有助于职业指导效果的取得。

## 2.4 事先与服务对象讨论工作重点，达成一致意见

职业指导人员对服务对象进行指导时，应与服务对象就工作的重点进行讨论，并达成一致意见，允许服务对象自己决定是否进入咨询关系，允许当事人自由选择指导人员，并对选择的限制予以充分解释。必要时应与服务对象达成书面协议。

和服务对象事先讨论工作的重点，是尊重服务对象的表现，同时，可以帮助指导者在很大程度上了解服务对象，以满足其需求，更重要的是，为被指导者提供了阐述自己意愿的机会，这种做法对服务对象而言将会带来良好的心理感受，有利于责任分担，有利于指导进程的顺利进行。

职业指导人员和服务对象的关系应当事先澄清，处在这种关系之中，特别是在服务质量无法评定的情况下，允许当事人自由选择指导人员是十分必要和明智的。职业指导工作是一项专业服务工作，被指导者对指导者的信赖是至关重要的，这不仅决定着指导进程能否顺利进行，同时，也决定着在以后的指导工作进展不顺利的情况下，被指导者能否接受现实，能否正确面对挫折。

提倡允许服务对象自己决定是否进入咨询关系，允许当事人自由选择指导人员，除上述原因外，还具有尊重服务对象人权、警示服务对象要对自己的选择负责任等意义。

## 2.5 明确与服务对象的关系避免使服务对象产生依赖性

职业指导人员要尽量避免使服务对象产生依赖性,应避免和服务对象发生双重关系,更不得利用服务对象对指导人员的信任,谋取私利,尤其不得对异性有非礼的言行。

职业指导人员与服务对象的关系,其根本性质是咨询关系,这种特殊关系一旦掺杂其他内容,就会影响咨询效果,甚至构成对服务对象的伤害。要尽量避免使服务对象产生依赖性,职业指导人员通常认为,服务对象对指导者的依赖性可以帮助产生更好的指导效果,这种理解带有片面性,尤其是违背了以人为本的基本理念。事实上,职业指导人员工作的一个基本宗旨就是促进服务对象自我调整、自我成长、自我实现,不论对谁而言,都应享有这种权利,享有这种人性化的服务。倘若指导者导致服务对象过分依赖,那就意味着剥夺了人家的权利。服务对象需要帮助,需要关怀,但这都不等于只要离开指导者的帮助和关怀,他就寸步难行。更何况,没有一个指导者能够做到永久支持。许多案例表明,一旦服务对象深陷依赖之中,他的问题不仅不能得到很好的解决,甚至当这种依赖被撤销时,他的心理感受更加糟糕。

与服务对象发生诸如领导、同事甚至利用、移情等双重关系,都会直接影响指导效果。指导或咨询就是一种单纯的帮助和被帮助的关系,一旦这种单纯的关系被另一种双重关系所代替,那就意味着咨询和指导的帮助过程结束了。无疑,这无助于服务对象的问题解决,甚至会构成伤害。职业指导人员应严守这一道德规范,这不仅体现了职业指导人员的基本道德水准,同时,也充分反映出对以人为本服务理念的理解程度。

## 2.6 给服务对象介绍合适的职业指导人员

当职业指导人员认为自己不适合对某个服务对象进行指导时,应向服务对象做出明确的说明,并且本着对服务对象负责的态度将其介绍给合适的职业指导人员。

当服务对象需要帮助的时候,职业指导人员仅仅表示无能为力或者拒绝,都是不道德的。这样讲的关键在于,在服务对象还没有寻求帮助之时,职业指导人员助人的角色就已经形成,因此,当服务对象求助时职业指导人员却不能提供帮助,至少可以造成对其心理上的一种损害,从更广泛的意义讲,对职业指导人员的公众形象,对实施指导帮助的所在部门的形象都是一种损害。

对服务对象实施直接的帮助是帮助,通过别人实施一种帮助也是帮助,这是一种道德文明,也是职业指导人本服务的具体体现。

## 2.7 尊重个人隐私，严格遵守保密原则

职业指导人员尊重个人隐私，要始终严格遵守保密原则，未经当事人允许不得泄露当事人个人机密。所谓隐私是指人们不愿公之于众的只希望局限于自己或小范围人知道的私人秘密。隐私权是公民基本人身权利的重要组成部分。尊重人的隐私，源于对人本身的尊重；尊重人的隐私，也是现代文明人的基本素养。从某种意义上讲，对个人隐私的保护程度体现社会进步的程度，体现了人们的文明程度。职业指导人员在与服务对象密切交谈中必然涉及其个人资料，而个人资料就是属于个人隐私的一部分，是受法律保护的，未经当事人允许，不得以任何借口泄露当事人的个人机密。从更高的角度提出要求，还要对个人隐私提供保护措施。那种无视个人隐私，甚至利用个人隐私的做法，不仅要受到道德上的谴责，还会受到法律的制裁。职业指导人员在工作中除了尊重人、理解人，还要对个人隐私进行保护，这也是贯彻以人为本精神的体现。

## 2.8 不断提高自己的业务素质和职业技能

职业指导人员的工作表现受其能力的限制，因此必须具备完整的专业知识、清晰的自我意识和职业敏感性，以及与不同服务对象打交道的技能，并获得职业资格认定。在实际工作中，职业指导人员有必要接受继续培训和教育，要不断提高自己的业务素质和职业技能，以免因自己的过失对服务对象造成损害。

脱离职业指导岗位来谈职业能力问题，还不能断言和职业道德有什么关系，但是，一旦联系到职业指导岗位来谈职业指导人员的职业能力，就很难只就其能力谈能力，避而不谈其职业道德了。这就是说，职业指导人员能否胜任其本职工作，已经不是职业能力具备不具备的问题了，不能为服务对象提供帮助，就误了人家的事情，还可能给人家带来误导，甚至带来伤害。可见，不胜任职业指导岗位，不仅是能力问题，还是道德问题。因此，职业指导人员应当不断学习，不断充电，不断更新自己的知识结构，努力提高自身技能与素质，保持清晰的自我意识，较强的职业敏感性，将所学的知识应用于实践，力争为广大服务对象提供最优质的服务。

## 2.9 对服务对象和所在机构负责

职业指导人员应对服务对象和所在机构负责，要积极促使组织政策向有益于服务对象成长发展的方向改进，促使其职业行为向高标准发展。职业指导人员对服务对象和所在机构负责具体体现在以下三点：一是努力贯彻为服务对象提供帮助的基本精神，有良好的道德约束和责任心，以维护所在组织机构为劳动者提供

良好服务的公众形象。二是积极向所在机构提供建设性的建议，促进服务质量的提高，促进组织发展，以使组织更好地实现为劳动者提供良好服务的宗旨。三是积极探索，积极实践，改进自身工作，追求更高服务水准，关心服务对象的意见、要求，倾听他们的呼声，以创造服务对象最大满意为宗旨，实现与组织共同发展。职业指导人员这一道德水准体现了良好职业品德的修养，体现了对职业指导事业的追求，体现了对服务对象的责任感。更重要的是，职业指导人员只有将其个人的这种道德理念融入组织行为之中，才能发挥更大的作用。

——— 内容小结 ———

1. 职业指导人员职业守则可以归纳为"一个信仰，两个牢记"。一个信仰：以助人为快乐，以助人为荣耀。第一个牢记：为了更多人受益，我们需要终身学习；第二个牢记：遵纪守法不仅是我们的基本义务，也是我们助人的基本前提。

2. 职业指导人员职业道德规范可概括为9个方面，这9个方面充分体现了职业指导人员以人为本的道德理念和道德标准，充分显示了人性化的行为准则在职业指导人员这个职业上的具体要求。

——— 关键概念 ———

职业守则　职业道德

——— 问题与应用 ———

1. 根据上述职业道德9条标准，举例说明职业指导人员职业道德在实际工作中的具体体现。

2. 联系自己的工作，找出5点以人为本的服务细节。

JIUYEYUZHIYEFAZHAN

## 第二篇
### 就业与职业发展

# 第2章 就业和就业政策

## 1 就业和失业的概念

### 1.1 就业

就业既是重大的经济问题，也是重要的社会和政治问题。扩大就业，减少失业，是经济社会发展的基本目标。

#### 1.1.1 就业的概念

对就业概念的理解可以从理论和实际两个角度来把握。

从理论上讲，就业是指具有劳动能力的人，运用生产资料从事合法社会活动，并获得相应的劳动报酬或经营收入的经济活动，具体而言，就是指在法定年龄内，具有劳动能力的人在一定的工作岗位上从事有报酬或有经营收入的合法劳动。

根据这一定义，一个人如果同时满足以下三个基本条件，就可以被认为实现了就业：在法定劳动年龄内，并且具有劳动能力；以提供满足社会需要的商品或服务为目的，从事某种合法的经济活动；从事这种社会劳动可以获得相应的收入。

从实际操作中把握就业的概念，还必须对法定劳动年龄的界限、从事社会劳动的时间长度、劳动报酬以及经营收入标准做出具体规定。国际劳工统计协会规定，各国根据国情确定劳动年龄的上下限、劳动时间的长短和工资的最低限度。凡在劳动年龄之内、具有下列情况之一的都被认为实现了就业：在规定时间内从事有报酬的劳动；有职业而由于疾病、事故、劳动争议、度假、旷工、气候不良、设备损坏临时停工等原因，暂时没有处于工作状态；自己当雇主或营业，包括协助家庭企业或工厂，工作时间相当于正常工作时间的 1/3 以上，没拿报酬。

而下述情况不属于就业范畴：童工；不以获得收入或营利为目的的公益劳动、家务劳动等。

许多市场经济国家是通过月或季度抽样调查对就业进行统计的，如美国规定，在调查统计当天所在 1 周内为取得报酬而连续工作 15 小时即为就业；马来西亚规定，一年工作 4 个月，一天工作 3 个小时即算作就业。目前我国还没有实行抽样调查制度来获得就业数据,而是通过统计报表制度来获得。统计报表制度所依据的是管理部门的记录,而许多劳动者虽已就业,但并没有到有关劳动、工商部门注册登记,这些人就没有被统计为就业者。我国的就业者(从业人员)包括:职工;再就业的离退休人员;私营业主;个体户;私营企业和个体从业人员;乡镇企业从业人员;农村从业人员;其他从业人员,其中包括现役军人。

### 1.1.2 就业的形式

劳动力与其他生产要素的不同结合形式决定了就业的具体形式。依据不同的标准,就业形式有不同的划分。

(1) 按城乡划分。有城镇就业和乡村就业。

(2) 按产业划分。可分为第一、第二和第三产业就业。

(3) 按灵活和稳定程度划分。可分为正规就业和灵活就业(也称非正规就业)。正规就业一般是指在正式单位就业,并签订劳动合同,其权利和义务有法律保障的就业形式。灵活就业一般是指无固定场所、无固定雇主和服务对象、无固定劳动关系、无稳定收入、无社会保障的小规模经营的就业形式。

(4) 按照劳动力利用的饱满程度划分。可分为充分就业和不充分就业。

充分就业这一概念始于英国经济学家凯恩斯的代表作《就业、利息和货币通论》一书。按照凯恩斯的理论,充分就业是"在某一工资水平下,所有愿意接受这种工资的人都能得到工作",这时不存在非自愿失业。迄今为止,理论界对充分就业概念的解释,大致分为两种:一种认为,充分就业指劳动力和生产设备都达到充分利用状态;另一种则认为,充分就业并不是失业率等于零,而是总失业率等于"自然失业率"(弗里德曼首次提出这一概念)。除此之外,有人用某一具体就业水平指标来描述充分就业。随着时间的推移,用来描述充分就业的自然失业率水平逐步提高,由20世纪50年代的3%~4%提高到20世纪80年代的6%。国际劳工组织指出,充分就业是指有就业愿意并有能力工作的劳动年龄男子和妇女能够得到有报酬的、自由选择的、生产性就业的就业水平。可见,充分就业包括就业数量和就业质量两个方面的含义。由于不充分就业和失业现象的大量、普遍存在,世界各国都致力于提高劳动就业水平,逐步实现充分就业的目标。

不充分就业是指有就业愿望和能力的劳动年龄段男子和妇女不能充分得到有报酬的、自由选择的、生产性就业的就业水平。不充分就业也包括数量和质量两个方面。不充分就业不同于失业,是指劳动力利用不充分,而不是完全失去工作岗位。不充分就业是劳动力资源利用不充分的表现,可以看作是隐性失业。在宏观调控方面,在不同情况下可以选择不同的不充分就业与失业之间的相互替代策略。

### 1.1.3 就业的意义

就业是民生之本，是经济社会持续发展和生活水平提高的关键。就业不仅是劳动者谋生的手段，也是融入社会、给个人和家庭带来希望的重要途径。

第一，就业是人们获得收入得以谋生的基本手段。当前，虽然各种生产要素的报酬，如股息、利息、租金等，都是居民收入的合法来源，但通过就业得到的劳动报酬仍是人们收入的最主要部分。

第二，就业是个人融入社会、使自身得以全面发展的主要途径。作为具有社会属性的人，一般不仅需要靠就业谋生，还需要靠就业参与社会生活，赢得他人的尊重，满足自己更高层次的需求。

第三，就业是经济发展和社会进步的重要前提。通过就业的方式，实现生产资料和劳动者的结合，形成现实的生产力，推动经济发展。扶持困难群体实现就业，是消除贫困的根本途径。大力促进社会充分就业，也是促进社会公平、维护社会稳定的重要手段。

全世界对就业问题都高度重视。国际劳工组织在有关公约中提出，各国应实行一项积极的政策，促进充分的、生产性的和自由选择的就业。许多国家都把促进就业和经济增长、物价稳定、国际收支平衡一起作为政府宏观政策的主要目标。从2003年起，我国开始把就业作为政府宏观调控的重要指标。

## 1.2 失业

就业和失业是一个问题的两个方面。研究和探讨失业问题，对于从宏观角度把握劳动力资源的有效配置有着极为重要的意义。

### 1.2.1 失业的概念

从理论上讲，失业是劳动者与生产资料相分离的一种状态，劳动者失去了运用生产资料进行活动的机会，从而也失去了获得劳动报酬的机会。但在具体实践中，人们对失业的操作定义是不同的。如现代市场经济国家对失业一般定义为：凡是统计时被确定有工作能力，且在此以前4周内曾专门努力寻找工作，但没有找到工作的人都被统计为失业。此外，"暂时被解雇正等待恢复工作的人"或"正等待，等待时间达30天，可到新工作岗位报到的人"也包括在失业范围之内。在我国，失业是指在法定年龄内，具有劳动能力的人，没有或失去工作及职业，在一定时间内，虽进行求职（有就业愿望），但仍然找不到工作或职业，从而失去收入的状态。目前，失业在我国指的是城镇失业人员，主要包括新成长劳动力和就业转失业人员两部分人。新成长劳动力是指年满16岁的未能升学的各类学校毕业生，即从没有就业经历的、新进入劳动力市场的人口。就业转失业人员是指已有就业经历又失去原有工作的人员，包括曾离开劳动力市场，现在又重新回到劳动力市场来寻找工作的人口，还包括因劳动合同期满或企业倒闭等原因而失去工作，现又面临再就业问题的失业职工，失业的个体、私营等企业的从业人员。

### 1.2.2 失业率

失业率是失业人数与就业人数和失业人数之和的百分比。它反映在全部经济活动人口中失业人员所占的比重有多大，从而反映失业问题的严重程度。用公式表示为：

$$失业率(\%) = \frac{失业人数}{就业人数+失业人数} \times 100\%$$

我国发布失业率有两种：一是城镇登记失业率，它等于城镇登记失业人数除以城镇从业人员加城镇登记失业人数之和。分母中的城镇从业人数包括城镇的各种所有制单位的全部劳动力；城镇登记失业人数则包括进行了失业登记的就业转失业的劳动者和没有就业经历的失业青年。用公式表示为：

$$城镇登记失业率(\%) = \frac{城镇登记失业人数}{城镇从业人员+城镇登记失业人数} \times 100\%$$

二是城镇调查失业率，是通过城镇劳动力情况抽样调查所取得的城镇就业与失业汇总数据进行计算的，具体是指城镇调查失业人数占城镇调查从业人数与城镇调查失业人数之和的比。调查失业率由国家统计局进行统计，"十三五"期间正式实施并作为国家宏观调控的重要指标。用公式表示为：

$$城镇调查失业率 = \frac{城镇调查失业人数}{城镇调查从业人数+城镇调查失业人数} \times 100\%$$

### 1.2.3 失业的分类

20世纪以来，经济学家对失业的类型及其成因进行了长期而广泛深入的讨论和分析，迄今为止，被大多数经济学家所普遍接受的失业类型主要有以下几种。

（1）摩擦性失业。摩擦性失业是由于劳动者在要求就业和获得工作岗位之间存在时间差而形成的。一般是由自愿辞职、工作转换和劳动力市场的新进入者和重返者引起的。

从求职者的角度，主要表现为：①辞去现在的工作寻找新的工作；②失去工作后寻找新工作；③首次进入劳动力市场寻找工作；④缺勤一段时间后重新进入劳动力市场；⑤在30天之内从一份工作转到另一份工作。

从雇主的角度，主要表现为：①寻找新工人以补充那些辞职或退休的工人；

②辞退某些雇员以希望找到更好的雇员；③寻找新工人以填补其企业扩张创造的工作岗位。

由摩擦性失业的情况可以看出，摩擦性失业是劳动力市场求职招聘过程中出现的暂时性的正常现象，可以与充分就业状态并存。造成摩擦性失业的原因主要有两个方面：一是劳动力市场的动态属性；二是信息的不完善、不对称使求职者和拥有空缺岗位的雇主之间相互寻找、洽谈、对接需要花费一定的时间成本。很显然，职业指导工作在解决摩擦性失业问题中具有非常重要的应用意义。

（2）结构性失业。结构性失业是由于劳动者所拥有的技能结构与现有就业岗位所需求的技能结构发生错位，造成失业与岗位空缺并存的一种失业现象。例如，随着我国市场经济的不断深入以及新技术的采用，产业结构不断优化，新兴的行业大量出现，原有的劳动力因其技能不适应新的岗位需求而导致失业。结构性失业的产生不是由于劳动力供求总量失衡，而是由于劳动力内部结构失衡。这种失衡需要一定的时间才能得到改善，因此，结构性失业的持续时间较长，对经济社会产生的影响较大。结构性失业也可能由工作岗位和劳动者在地理上的不匹配引起。需要指出的是，降低结构性失业对经济的负面影响，搞好职业需求预测和职业培训以及鼓励劳动力流动都是不可忽视的措施，在这些过程中职业指导具有重要作用。

（3）周期性失业。也称需求不足性失业，是由于经济运行总是处于周期性的上下波动循环状态，从而对就业需求产生周期性的波动而形成的失业。由于经济运行具有周期波动性，当处于经济周期的低谷时，经济萧条，对劳动力的需求不足，造成劳动力供给大于需求，形成失业。周期性失业的成因及造成的经济和社会影响相当复杂，因而是宏观经济分析的重要课题。

（4）季节性失业。季节性失业是由于生产方式或市场需求的季节性变化等原因而引起生产对劳动力的需求出现季节性波动，从而形成季节性失业。造成季节性失业的主要原因有两方面：一是一些行业由于受生产条件、气候条件的影响具有季节性的特点，造成对劳动力的需求随季节的变化而变动，如农业、旅游业、航运业等。二是一些行业的产品需求受购买习惯、社会风俗的影响，会产生季节性的变化，如服装业、制鞋业和节日商品生产企业等，从而影响劳动力的需求，造成季节性失业。

（5）隐性失业。隐性失业是指经济部门中存在着边际劳动生产率等于或小于零的现象。由于失业统计不包括农村，因此，农村的失业问题并不显现。随着农村城市化的发展，农村劳动力向非农领域转移，农村的隐性失业将会在城镇就业问题中得以显现。因此，对于处于经济转型和社会转型时期的国家，隐性失业的问题会较为严重。

（6）自愿失业。自愿失业指虽然有就业愿望，但由于才能得不到发挥，或由于兴趣、爱好、工资、保险福利及人际关系等原因自愿放弃就业机会而形成的失业。自愿失业者通常被认为是丧失信心者，需要给予帮助。

#### 1.2.4 失业的影响

失业是劳动者与生产资料相分离的不良经济状态，是社会资源分配和使用不当而在宏观层面上出现非均衡的一种表现。失业意味着劳动者就业收入的丧失和工作经历与工作技能积累的中断，同时意味着能够而且愿意工作的人逐渐退出生产领域，这部分劳动力资源没有被用于进行国民生产，却仍然要消费国民财富。因此，失业是有成本的。具体说，失业造成的影响主要表现在以下几个方面：

（1）经济系统紊乱，效率降低。表现在：一是经济资源浪费，产出减少。用国内生产总值（GDP）来表示国民产出，当包括劳动力在内的各种生产要素得到充分利用时的GDP为潜在GDP。失业意味着一部分劳动力资源的浪费，这时的国民产出必然小于潜在GDP。二是消费需求减少。首先，失业导致居民收入减少，正常消费缩减；其次，庞大的失业人群造成人们对未来就业预期的悲观心理，导致居民消费倾向降低，储蓄倾向增强，近期消费需求不足。消费需求不足又反过来导致国民产出减少，失业率上升，形成一个恶性循环。三是失业津贴和社会救济支出增加。由此直接导致政府非生产性支出增加，从而挤占生产性投入所需资金，抑制投资需求，使总产出减少，并最终导致企业和个人税负增加，产品需求进一步减少。因此，失业造成的最为严重的影响之一是经济系统的紊乱，甚至崩溃。

（2）大量社会问题产生。大量的失业还会导致贫困、疾病、犯罪、离婚、失学等现象增加，而这些社会问题是引发社会动荡、证券变动的敏感因素。因此，社会问题是失业可能引发的第二个方面的重大问题。

（3）失业者的精神损失和物质损失。失业者的收入损失虽然可以通过失业津贴或政府转移支付部分地得到补偿，但是这些津贴要少于就业收入的损失。另外，长期失业会导致失业者丧失再就业的技能和信心，成为困难群体和社会负担。对劳动者个人造成影响是失业可能引发的第三个方面的重大问题。

失业在上述三个问题方面造成的影响是相互联系、相互转化的。正因为失业对社会和经济生活以及个人和家庭的直接影响，各国政府都把降低失业率作为一项极为重要的社会政策目标来加以考虑。

## 2 就业方针和积极的就业政策

### 2.1 我国的就业方针

社会主义市场经济体制的建立，为深化就业制度的改革提出了更进一步的目标。党的十八大提出推动实现更高质量就业的新要求，确立了"劳动者自主就业、市场调节就业、政府促进就业和鼓励创业"的新时期就业方针。

劳动者自主就业，是指劳动者进入劳动力市场，通过各种渠道自谋职业。在劳动力市场上，劳动者自主就业就是倡导劳动者树立正确就业观念，充分调动劳动者就业的主动性和能动性，促进他们发挥就业潜能和提高职业技能，依靠自身努力，自谋职业和自主创业，尽快实现就业。在劳动力市场上，劳动者是就业的主体，有宪法赋予的就业权利和选择自由。因此，解决我国就业问题，一条重要途径就是鼓励劳动者自主就业。实践证明，劳动者转变了依靠政府解决就业的传统就业观念，树立市场经济条件下自主就业的新观念，就能积极参加培训，提高素质和市场竞争力，自己主动寻找职业，主动开发就业岗位和自谋职业，尽快实现再就业。自主就业是市场经济条件下按劳动力市场规律办事的具体体现。自主就业不仅有利于社会经济的发展，减轻政府包揽就业的压力，而且可以充分发挥劳动者的主观能动性和聪明才智。

市场调节就业，是指通过培育和发展劳动力市场，以市场机制为配置劳动力资源的基础性调节手段，实现用人单位和劳动者的双向选择。市场调节就业的目标主要是企业自主用人，劳动者自主就业，二者相互选择，能够使劳动力合理流动，充分发挥作用。坚持市场调节就业的基本方向，是社会主义市场经济体制的内在要求。市场调节就业有利于劳动力在竞争中实现最优化配置，有利于劳动力不断提高自身素质，有利于劳动力资源从总体上得到充分利用和开发。

政府促进就业，是指政府促进宏观经济与就业的协调发展，通过发展经济，增加就业岗位；制定积极的就业政策，健全和发展就业服务体系；采取必要措施，帮助失业人员和就业困难群体实现就业。在市场经济条件下，政府促进就业的职能与计划经济条件下有根本不同：既不是把劳动者就业包下来，也不是把就业完全交给市场去调节。政府可以通过调整宏观经济政策，使宏观经济与就业协调发展，拓展就业领域，调节劳动力需求；还能通过调整就业政策，调节劳动力供给，促进企业合理用人，促使劳动者尽快实现就业；政府应该为市场就业竞争建立公平合理的原则，健全就业服务体系，并为就业竞争中的弱势群体提供必要的保护。

政府鼓励创业，是指政府积极推动"大众创业、万众创新"，让创业带动就业。"大众创业、万众创新"是富民之道、强国之举，有利于产业、企业、分配等多方面结构优化。创业是就业之源，具有带动就业的倍增效应。面对就业压力加大形势，政府必须着力培育"大众创业、万众创新"的新引擎，实施更加积极的就业政策，把创业和就业结合起来，以创业创新带动就业。

## 2.2 我国积极的就业政策

我国积极的就业政策产生于 2002 年，在借鉴其他国家经验和总结地方成功做法的基础上，形成了积极的就业政策框架。2005 年积极的就业政策得到延续、扩展、调整和充实。2007 年《就业促进法》的制定颁布使促进就业的政策体系、制度机制纳入法制化轨道。2008 年以来，在应对国际金融危机和重大自然灾害中，政策内容进一步丰富完善，形成了更加积极的就业政策。

### 2.2.1 促进就业的政策体系、制度机制

#### ■ 政府促进就业六大职责

促进就业和治理失业是各国政府的重要职责，也是世界各国政府执政的重要目标，在我国更是各级政府执政为民的重要体现。《就业促进法》对政府在促进就业中承担的重要职责做出了明确规定，主要包括 6 个方面。

（1）发展经济和调整产业结构，增加就业岗位。《就业促进法》第 4 条规定，县级以上人民政府把扩大就业作为经济和社会发展的重要目标，纳入国民经济和社会发展规划，并制定促进就业的中长期规划和年度工作计划。第 11 条规定，县级以上人民政府应当把扩大就业作为重要职责，统筹协调产业政策与就业政策。解决好经济发展、结构调整和扩大就业、减少失业的关系，是政府促进就业的首要责任。这些规定，进一步明确了政府促进经济发展与扩大就业良性互动的责任，为构建和形成有利于扩大就业的经济增长模式指出了方向，保证切实把经济持续健康发展的过程变成促进就业持续扩大的过程，把经济结构调整的过程变成对就业拉动能力不断提高的过程，把城乡二元经济转换的过程变成统筹城乡就业的过程。

（2）制定并实施积极的就业政策。制定符合国情的、系统的、积极的就业政策并付诸实施，是政府促进就业和治理失业的主要行为体现。《就业促进法》专设"政策支持"一章（第二章第 11~24 条），确立了国家实行有利于促进就业的产业、财政、税收、金融、投资、贸易等各方面政策，要求实行统筹城乡、区域和不同就业群体的就业政策，要求对失业进行预防、调节和控制。这些规定将目前实施的积极就业政策中行之有效的核心措施通过法律确定下来，形成长期有效的机制，为确保政府履行责任、通过政策引导全社会方方面面共同促进就业提供了保证。

（3）规范人力资源市场。《就业促进法》第 32 条规定，县级以上人民政府培育和完善统一开放、竞争有序的人力资源市场，为劳动者就业提供服务。第 38 条规定，县级以上人民政府和有关部门加强对职业中介机构的管理，鼓励其

提高服务质量，发挥其在促进就业中的作用。

规范市场行为，是市场就业机制实行过程中的政府必然行为。"人力资源市场"是全国人大法律委协调各方面意见后确定的表述，是对现有的劳动力市场、人才市场、毕业生就业市场等各类市场的总概括。《就业促进法》中明确规定，县级以上人民政府培育和完善统一开放、竞争有序的人力资源市场，加强人力资源市场信息网络及相关设施建设，建立健全市场信息服务体系，完善市场信息发布制度，为劳动者就业提供服务。人力资源市场发展的目标是：统一、开放、竞争、有序。"统一"，即打破城乡分割、部门分割局面；"开放"，即消除身份、户籍等造成的劳动力流动的障碍；"竞争"，即建立公平的市场环境，对市场主体消除歧视，使其平等竞争；"有序"，即健全市场管理各项制度，强化监督，确保市场规范运行。这些规定为打破市场分割和建立统一规范的人力资源市场指明了方向，也为完善竞争有序市场就业机制，实现劳动者有序流动和最佳配置提供了条件。

此外，《就业促进法》还针对目前存在的黑中介损害劳动者权益等突出问题，明确规定了职业中介机构设立的条件、审批程序以及禁止从事的行为，并加大了对违法行为的惩处力度。这些规定将有力保障人力资源市场的秩序，有效维护劳动者的合法权益。同时，法律这方面的规定与公平就业的要求是有紧密联系的，在市场经济中实现公平就业，首先要规范市场行为，防止就业歧视，保障供求双方的合法权益。

（4）完善就业服务。《就业促进法》在"就业服务和管理"一章（第四章第32～43条），对完善社会就业服务特别是加强公共就业服务作了明确规定，县级以上人民政府建立健全公共就业服务体系，设立公共就业服务机构，为劳动者免费提供就业服务，包括就业政策法规咨询、职业供求信息、市场工资指导价位信息和职业培训信息发布，职业指导和职业介绍，对就业困难人员实施就业援助，办理就业登记、失业登记等事务以及其他公共就业服务。公共就业服务是政府公共服务的重要内容。发展公共就业服务是政府的重要职责，对促进劳动力供求均衡、建立灵活有效的人力资源市场、促进求职人员特别是帮助就业困难群体就业具有重要作用。针对目前存在的问题，《就业促进法》在明确公共就业服务职责的同时，还规定公共就业服务经费纳入同级财政预算，从而明确了公共就业服务机构的经费保障。为了区别经营性服务，还规定公共就业服务机构不得从事经营性活动。这些规定将进一步促进整个就业服务事业发展，也为规范公共就业服务机构发展铺平了道路。同时，这些规定也是同人力资源市场信息体系和服务制度建设紧密相连的，最终是要实现为劳动者和用人单位提供高质量和高效率的就业服务。

（5）加强职业教育和培训。《就业促进法》专设"职业教育和培训"一章（第五章第 44～51 条）明确规定，国家鼓励开展职业培训，促进劳动者提高职业技能；县级以上人民政府根据经济社会发展和市场需求制定并实施职业能力开发计划，加强统筹协调，鼓励和支持各类职业院校、职业技能培训机构和用人单位依法开展就业前培训、在职培训、再就业培训和创业培训，鼓励、指导企业加强职业教育和培训；企业应当按照国家有关规定提取职工教育经费等。这些规定进一步明确职业培训作为促进就业重要支柱和根本性措施，应成为各级政府促进就业工作的着力点。落实这些规定，将有力推动职业培训工作，调动用人单位和培训机构的积极性，提高劳动者的就业能力和创业能力。

（6）提供就业援助。《就业促进法》专设"就业援助"一章，明确规定，各级人民政府建立健全就业援助制度，采取各种有效措施，对就业困难人员实行优先扶持和重点帮助；拓宽公益性岗位范围，开发就业岗位，确保城市中有就业需求的家庭至少有一人实现就业。同时，规定了就业援助的对象范围、主要措施以及对就业压力大的特定地区实施就业扶持等内容。这些规定为进一步解决好零就业家庭和就业困难人员就业问题，推动就业援助工作制度化、规范化奠定了坚实的基础。就业援助是公共就业服务的一项重要内容，专门强调出来，凸显市场就业中政府的重要责任。

■ **就业工作五项制度**

《就业促进法》通过法律形式将就业工作制度化，从而使就业工作纳入法制化轨道。归纳起来，主要包括 5 个方面，即加强对就业工作组织领导的政府责任制度，加强对劳动者寻找工作的公共就业服务和就业援助制度，加强对市场行为规范的人力资源市场管理制度，加强对人力资源素质提升的职业能力开发制度和加强对失业治理的失业保险及预防制度。

（1）加强对就业工作组织领导的政府责任制度。包括目标责任和考核检查制度，列入经济社会发展规划，建立促进就业工作协调机制。这项制度是政府确立就业工作地位，切实履行职责的重要保证，不仅将政府和有关部门建立促进就业目标责任制度通过法律形式固定下来，而且还充分肯定了当前就业工作联席会议制度的重要作用，并对进一步完善这一制度提出了明确要求，确保对就业工作的齐抓共管持续有效。

（2）加强对劳动者寻找工作的公共就业服务和就业援助制度。包括公共就业服务体系，困难群体和困难地区的就业援助。这项制度是政府履行公共服务职能的重要体现，既从根本上解决了目前公共就业服务工作中的短缺和不足，使公共就业服务的发展有了制度保障，也将有力促进公共就业服务规范化，促进就业援助工作常规化和制度化。

（3）加强对市场行为规范的人力资源市场管理制度。包括培育和完善统一开放竞争有序的人力资源市场，覆盖城乡的就业服务体系，职业中介管理规范，劳动力调查统计制度和就业登记、失业登记制度。这一制度是市场就业的基础，对于打破市场分割、积极推进一体化市场建设、实现市场规范运行、有效促进市场就业具有重要意义。

（4）加强对人力资源素质提升的职业能力开发制度。包括职业能力开发计划，城乡各类劳动者培训制度，劳动预备制度，职业资格证书制度，培训补贴制度。这一制度是提高劳动者就业能力和创业能力的重要手段，进一步明确了职业培训的方向和任务，并使人力资源开发和促进就业的有机结合有了坚强的制度保证。

（5）加强对失业治理的失业保险和预防制度。包括失业预警、失业预防和调控、失业保险。这一制度是治理失业的重要保证，为有效发挥失业保险促进就业作用，加强政府宏观调控，稳定就业局势，维护社会稳定，提供了有力的法律保障。

■ **促进就业十大政策**

政策是政府履行责任的具体体现。《就业促进法》将经过实践检验行之有效的积极就业政策上升为法律规范，主要从 10 个方面进行了规定，即有利于促进就业的经济发展政策、财政保证政策、税收优惠政策、金融支持政策和城乡统筹、区域统筹、群体统筹的就业政策，以及支持灵活就业、援助困难群体就业的政策，和失业保险促进就业的政策。

（1）有利于促进就业的经济发展政策。《就业促进法》规定，县级以上政府统筹协调产业政策与就业政策，通过鼓励发展劳动密集型产业、服务业，扶持中小企业，鼓励、支持、引导非公有制经济发展，增加就业岗位。发展国内外贸易和国际经济合作，发挥投资和重大建设项目带动就业的作用，拓宽就业渠道。这样规定，旨在通过做好经济发展和促进就业政策的协调，最终达到正确处理发展经济和扩大就业的关系，实现发展经济和扩大就业的良性互动。

（2）有利于促进就业的财政保证政策。《就业促进法》规定，国家加大资金投入，县级以上人民政府在财政预算中安排就业专项资金用于促进就业工作，以及就业专项资金的具体用途。同时规定，审计机关、财政部门应当依法对就业专项资金的管理和使用情况进行监督检查。促进就业是政府的重要职责，也是公共财政投入的重要方向。这样规定，有利于保证各级政府对就业工作的财政投入，建立起政府财政投入的保障机制；同时，有利于规范就业资金的使用和管理，进一步发挥资金效益。

（3）有利于促进就业的税收优惠政策。《就业促进法》规定，国家鼓励企业增加就业岗位，扶持失业人员和残疾人就业，对符合法定条件的企业和人员依法给予税收优惠，并对从事个体经营的失业人员和残疾人免除行政事业性收费。税收优惠政策是促进就业政策中最有效的重要手段之一。这样规定，不仅使目前税收优惠政策通过法律形式固定下来，而且在适用范围和适用对象方面都有所扩展，有利于使税收优惠政策对促进就业发挥应有的作用。

(4) 有利于促进就业的金融支持政策。《就业促进法》规定，增加中小企业的融资渠道，鼓励金融机构改进金融服务，加大对中小企业的信贷支持，并对自主创业人员在一定期限内给予小额信贷等扶持。加大金融信贷支持，是促进中小企业发展和劳动者自主创业的关键。这样规定，使金融支持常规化、普惠化，有利于促进中小企业发展更多吸纳就业，有利于发挥劳动者自主创业带动就业的倍增效应。

(5) 城乡统筹的就业政策。《就业促进法》规定，国家建立健全城乡劳动者平等就业的制度，引导农业富余劳动力有序转移就业。实现城乡统筹就业是缩小直至消除劳动者城乡就业差别，实现平等就业的基础性内容，对于改善城乡二元经济结构、促进城乡统筹发展具有重要意义。这样规定，将目前国家促进城乡劳动者平等就业、引导农业富余劳动力有序转移等政策通过法律形式固定下来，可以有效推动政策实施，更能够使农村劳动力转移的整个过程得到法律保障。

(6) 区域统筹的就业政策。《就业促进法》规定，国家支持区域经济发展，鼓励区域协作，统筹协调不同地区就业的均衡增长；支持民族地区发展经济，扩大就业。实现区域统筹就业是促进我国不同区域就业均衡增长和区域经济协调发展的重要方面。这样规定，将进一步规范国家在统筹协调不同地区就业方面应担负的责任，有效实现区域和民族的就业均衡。

(7) 群体统筹的就业政策。《就业促进法》规定，各级人民政府统筹做好城镇新增劳动力、农业富余劳动力转移就业和失业人员就业工作。统筹促进城乡各类群体劳动者就业，是各级人民政府的重要职责。这样规定，有利于进一步明确政府职责，根据各个群体不同时期的不同情况进行就业的统筹安排。

(8) 有利于灵活就业的劳动和社会保险政策。《就业促进法》规定，各级人民政府采取措施，逐步完善和实施与非全日制用工等灵活就业相适应的劳动和社会保险政策，为灵活就业人员提供帮助和服务。灵活就业已成为促进就业的重要途径，《就业促进法》针对当前灵活就业工作中劳动关系不稳定、社会保障制度不健全等薄弱环节，做出相应的保护规定，有利于促进灵活就业规范健康发展。

(9) 援助困难群体的就业政策。《就业促进法》规定，国家建立健全就业援助制度，对就业困难人员给予扶持和帮助。对困难群体实施就业援助，是保障公民实现劳动就业权，维护和改善劳动者生存状况，促进社会公平和和谐的基本要求。《就业促进法》将有关扶持政策形成长期的制度性的安排，也给就业困难人员吃了"定心丸"。同时，《就业促进法》还规定就业困难人员的范围由省级人民政府根据其行政区域的实际情况规定，从而使各地能够从实际出发解决就业困难人员问题，更有利于充分发挥援助政策效应。

（10）实行失业保险促进就业政策。《就业促进法》明确规定失业保险制度保障基本生活和促进就业的功能，并要求加强对大规模失业的预防、调节和控制。

### 2.2.2 大学生就业政策

根据国家有关文件，当前促进高校毕业生就业主要有以下一些政策措施：

■ **鼓励高校毕业生到城乡基层就业的政策**

（1）结合城镇化进程和公共服务均等化要求，充分挖掘教育、劳动就业、社会保障、医疗卫生、住房保障、社会工作、文化体育及残疾人服务、农技推广等基层公共管理和服务领域的就业潜力，吸纳高校毕业生就业。

（2）结合推进农业科技创新、健全农业社会化服务体系等，引导更多高校毕业生投身现代农业。

（3）继续统筹实施好大学生村官、"三支一扶"等各类基层服务项目，健全鼓励高校毕业生到基层工作的服务保障机制。高校毕业生到中西部地区和艰苦边远地区县级以下基层单位就业的，实行学费补偿和助学贷款代偿政策。

（4）高校毕业生在中西部地区和艰苦边远地区县以下基层单位从事专业技术工作，申报相应职称时可不参加职称外语考试，或放宽外语成绩要求。

（5）充分挖掘社会组织吸纳高校毕业生就业潜力，对到省会及省会以下城市的社会团体、基金会、民办非企业单位就业的高校毕业生，所在地的公共就业人才服务机构要协助办理落户手续，在专业技术职称评定方面享受与国有企事业单位同类人员同等待遇。

■ **鼓励小型微型企业吸纳高校毕业生就业的政策**

（1）认真落实《国务院关于进一步支持小型微型企业健康发展的意见》（国发〔2012〕14号），为小型微型企业发展创造良好环境，推动小型微型企业在转型升级过程中创造更多岗位吸纳高校毕业生就业。

（2）科技型小型微型企业招收毕业年度高校毕业生达到一定比例的，可申请最高不超过200万元的小额担保贷款，并享受财政贴息。

（3）对小型微型企业新招用高校毕业生按规定开展岗前培训的，要求各地根据当地物价水平，适当提高培训费补贴标准。

■ **激励高校毕业生自主创业的政策**

（1）2014—2017年，在全国范围内实施大学生创业引领计划。通过提供创业服务，落实创业扶持政策，提升创业能力，帮助和扶持更多高校毕业生自主创业，逐步提高高校毕业生创业比例。

（2）采取措施，确保符合条件的高校毕业生都能得到创业指导、创业培训、工商登记、融资服务、税收优惠、场地扶持等各项服务和政策优惠。

（3）各高校要广泛开展创新创业教育，将创业教育课程纳入学分管理，有关部门要研发适合高校毕业生特点的创业培训课程，根据需求开展创业培训，提升高校毕业生创业意识和创业能力。

（4）各地公共就业人才服务机构要为自主创业的高校毕业生做好人事代理、档案保管、社会保险办理和接续、职称评定、权益保障等服务。

（5）各地区、各有关部门要进一步落实和完善工商登记、场地支持、税费减免等各项创业扶持政策。拓宽高校毕业生创办企业出资方式，简化工商注册登记手续。

（6）鼓励各地充分利用现有资源建设大学生创业园、创业孵化基地和小企业创业基地，为高校毕业生提供创业经营场所支持。

（7）对高校毕业生创办的小型微型企业，按规定落实好减半征收企业所得税、月销售额不超过2万元的暂免征收增值税和营业税等税收优惠政策。

（8）对从事个体经营的高校毕业生和毕业年度内的高校毕业生，按规定享受相关税收优惠政策。

（9）留学回国的高校毕业生自主创业，符合条件的，可享受现行高校毕业生创业扶持政策。

（10）各银行业金融机构要积极探索和创新符合高校毕业生创业实际需求特点的金融产品和服务方式，本着风险可控和方便高校毕业生享受政策的原则，降低贷款门槛，优化贷款审批流程，提升贷款审批效率。通过进一步完善抵押、质押、联保、保证和信用贷款等多种方式，多途径为高校毕业生解决反担保难问题，切实落实银行贷款和财政贴息。

（11）在电子商务网络平台开办"网店"的高校毕业生，可享受小额担保贷款和贴息政策。

（12）充分发挥中小企业发展专项资金的积极作用，推动改善创业环境。鼓励企业、行业协会、群团组织、天使投资人等以多种方式向自主创业大学生提供资金支持，设立重点面向扶持高校毕业生创业的天使投资和创业投资基金。对支持创业早期企业的投资，符合条件的，可享受创业投资企业相关企业所得税优惠政策。

### ■ 促进离校未就业高校毕业生就业的政策

（1）各地区要将离校未就业高校毕业生全部纳入公共就业人才服务范围，采取有效措施，力争使每一名有就业意愿的未就业高校毕业生在毕业半年内都能实现就业或参加到就业准备活动中。

（2）有关部门、各高校要密切协作，做好未就业高校毕业生离校前后信息衔接和服务接续，切实保证服务不断线。教育部门要将有就业意愿的离校未就业高校毕业生的实名信息及时提供给人力资源社会保障部门。人力资源社会保障部门要建立离校未就业高校毕业生实名信息数据库，全面实行实名制就业服务。

（3）各级公共就业人才服务机构和基层就业服务平台要及时主动与实名登记的未就业高校毕业生联系，摸清就业需求，提供有针对性的就业服务。教育部门和高校要加强对离校未就业高校毕业生的跟踪服务，为有就业意愿的高校毕业生持续提供岗位信息和求职指导。

（4）各地区要结合本地产业发展需要和高校毕业生就业见习意愿及需求，扩大就业见习规模，提升就业见习质量，确保凡有见习需求的高校毕业生都能得到见习机会。要根据当地物价水平，适当提高见习人员见习期间基本生活补助标准。高校毕业生见习期间参加职业培训的，按现行政策享受职业培训补贴。

（5）各地区要继续推动离校未就业高校毕业生技能就业专项行动，结合当地产业发展和高校毕业生需求，创新职业培训课程，提高职业培训的针对性和实效性。在高校毕业生集中的城市，要提升改造一批适应高校毕业生特点的职业技能公共实训基地。国家级重点技工院校和培训实力雄厚的职业培训机构，要选择一批适合高校毕业生的培训项目，及时向社会公布。

■ **加强就业指导和服务的政策**

（1）各地区、各有关部门、各高校要根据高校毕业生特点和求职需求，创新服务方式，改进服务措施，提高服务质量，促进更多的高校毕业生通过市场实现就业。

（2）加强网络信息服务，建立健全全国公共就业信息服务平台，加快招聘信息全国联网，更多开展网络招聘，为用人单位招聘和高校毕业生求职提供高效便捷的就业信息服务。

（3）积极开展公共就业人才服务进校园活动，为高校毕业生送政策、送指导、送信息，特别是要让高校毕业生知晓获取就业政策和岗位信息的渠道。

（4）精心组织民营企业招聘周、高校毕业生就业服务月、就业服务周、部分大中城市联合招聘高校毕业生专场活动和每季度的全国高校毕业生网络招聘月等专项服务活动，搭建供需信息平台，积极促进对接。

（5）高校要加强就业指导课程和学科建设，积极聘请专家学者、企业人力资源经理、优秀校友担任就业导师。

（6）各地区、各高校要将零就业家庭、优抚对象家庭、农村贫困户、城乡低保家庭以及残疾等就业困难的高校毕业生列为重点对象实施重点帮扶。

（7）要在高校毕业生离校前，将享受城乡居民最低生活保障家庭的毕业年度内高校毕业生的求职补贴全部发放到位，求职补贴标准较低的要适当调高标准。

（8）鼓励各地结合本地实际将残疾高校毕业生纳入享受求职补贴对象范围。

党政机关、事业单位、国有企业要带头招录残疾高校毕业生。

（9）离校未就业高校毕业生实现灵活就业的，在公共就业人才服务机构办理实名登记并按规定缴纳社会保险费的，给予一定数额的社会保险补贴，补贴数额原则上不超过其实际缴费的2/3，最长不超过2年，所需资金从就业专项资金中列支。

■ **创造公平就业环境的政策**

（1）各地区、各有关部门要积极采取措施，促进就业公平。用人单位招聘不得设置民族、种族、性别、宗教信仰等歧视性条件，不得将院校作为限制性条件。省会及以下城市用人单位招聘应届毕业生不得将户籍作为限制性条件。

（2）国有企业招聘应届高校毕业生，除涉密等特殊岗位外，要实行公开招聘，招聘应届高校毕业生信息要在政府网站公开发布，报名时间不少于7天；对拟聘人员应进行公示，明确监督渠道，公示期不少于7天。

（3）各地区、各有关部门要严厉打击非法中介和虚假招聘，依法纠正性别、民族等就业歧视现象。加大对企业用工行为的监督检查力度，对企业招用高校毕业生不签订劳动合同、不按时足额缴纳社会保险费、不按时支付工资等违法行为，及时予以查处，切实维护高校毕业生的合法权益。

（4）各地区、各有关部门要消除高校毕业生在不同地区、不同类型单位之间流动就业的制度性障碍。省会及以下城市要放开对吸收高校毕业生落户的限制，简化有关手续，应届毕业生凭《普通高等学校毕业证书》《全国普通高等学校毕业生就业报到证》及与用人单位签订的《就业协议书》或劳动（聘用）合同办理落户手续；非应届毕业生凭与用人单位签订的劳动（聘用）合同和《普通高等学校毕业证书》办理落户手续。

（5）高校毕业生到小型微型企业就业、自主创业的，其档案可由当地市、县一级的公共就业人才服务机构免费保管。办理高校毕业生档案转递手续，转正定级表、调整改派手续不再作为接收审核档案的必备材料。

### 2.2.3　农村劳动力流动就业政策

改革开放以后，国家逐步解除了计划经济时代对农村劳动力流动就业的限制。目前，农民工已成为我国产业工人的主体，成为推动国家现代化建设的重要力量，为经济社会发展做出了巨大贡献。党中央、国务院高度重视农民工工作，《国务院关于解决农民工问题的若干意见》（国发〔2006〕5号）印发以来，出台了一系列政策措施，推动农民工转移就业规模持续扩大，职业技能不断提高，工资收入大幅增长，参加社会保险人数较快增长，劳动保障权益维护明显加强，享受基本公共服务范围逐步扩大，关心关爱农民工的社会氛围正在形成。但目前农民工就业稳定性不强，劳动保障权益受侵害的现象还时有发生，享受基本公共服务的范围仍然较小，大量长期在城镇就业的农民工还未落户。为深入贯彻落实党的十八大、十八届三中全会和中央城镇化工作会议精神，国务院下发了《国务院关于进一步做好为农民工服务工作的意见》（国发〔2014〕40号），针对新形势下如何做好农民工服务工作、切实解决农民工面临的突出问题、有序推进农民工市民化进程，进行了全面部署。

在农民工就业方面主要采取以下政策措施：

（1）实施农民工职业技能提升计划。加大农民工职业培训工作力度，对农村转移就业劳动者开展就业技能培训，对农村未升学初高中毕业生开展劳动预备制培训，对在岗农民工开展岗位技能提升培训，对具备中级以上职业技能的农民工开展高技能人才培训，将农民工纳入终身职业培训体系。加强农民工职业培训工作的统筹管理，制定农民工培训综合计划，相关部门按分工组织实施。加大培训资金投入，合理确定培训补贴标准，落实职业技能鉴定补贴政策。改进培训补贴方式，重点开展订单式培训、定向培训、企业定岗培训，面向市场确定培训职业（工种），形成培训机构平等竞争、农民工自主参加培训、政府购买服务的机制。鼓励企业组织农民工进行培训，符合相关规定的，对企业给予培训补贴。鼓励大中型企业联合技工院校、职业院校，建设一批农民工实训基地。将国家通用语言纳入对少数民族农民工培训的内容。

（2）加快发展农村新成长劳动力职业教育。努力实现未升入普通高中、普通高等院校的农村应届初高中毕业生都能接受职业教育。全面落实中等职业教育农村学生免学费政策和家庭经济困难学生资助政策。鼓励各地根据需要改扩建符合标准的主要面向农村招生的职业院校、技工院校，支持没有职业院校或技工院校的边远地区各市（地、州、盟）因地制宜建立主要面向农村招生的职业院校或技工院校。加强职业教育教师队伍建设，创新办学模式，提高教育质量。积极推进学历证书、职业资格证书双证书制度。

（3）完善和落实促进农民工就业创业的政策。引导农民工有序外出就业、鼓励农民工就地就近转移就业、扶持农民工返乡创业。进一步清理针对农民工就业的户籍限制等歧视性规定，保障城乡劳动者平等就业权利。实现就业信息全国联网，为农民工提供免费的就业信息服务。完善城乡均等的公共就业服务体系，有针对性地为农民工提供政策咨询、职业指导、职业介绍等公共就业服务。加强农民工输出输入地劳务对接，输出地可在本地农民工相对集中的输入地设立服务工作站点，输入地应给予支持。组织开展农民工就业服务"春风行动"，加强农村劳动力转移就业工作示范县建设。大力发展服务业特别是家庭服务业和中小微企业，开发适合农民工的就业岗位，建设减免收费的农贸市场和餐饮摊位，满足市民生活需求和促进农民工就业。积极支持农产品产地初加工、休闲农业发展，引导有市场、有效益的劳动密集型产业优先向中西部转移，吸纳从东部返乡和就近转移的农民工就业。将农民工纳入创业政策扶持范围，运用财政支持、创业投资引导和创业培训、政策性金融服务、小额担保贷款和贴息、生产经营场地和创业孵化基地等扶持政策，促进农民工创业。做好老少边穷地区、牧区、库区、渔区农牧渔民转移就业工作和农民工境外就业服务工作。

（4）规范使用农民工的劳动用工管理。指导和督促用人单位与农民工依法普遍签订并履行劳动合同，在务工流动性大、季节性强、时间短的农民工中推广简易劳动合同示范文本。对小微企业经营者开展劳动合同法培训。依法规范劳务派遣用工行为，清理建设领域违法发包分包行为。完善适应家政服务特点的劳动用工政策和劳动标准。整合劳动用工备案及就业失业登记、社会保险登记，实现对企业使用农民工的动态管理服务。

（5）保障农民工工资报酬权益。在建设领域和其他容易发生欠薪的行业推行工资保证金制度，在有条件的市县探索建立健全欠薪应急周转金制度，完善并落实工程总承包企业对所承包工程的农民工工资支付全面负责制度、劳动保障监察执法与刑事司法联动治理恶意欠薪制度、解决欠薪问题地方政府负总责制度，推广实名制工资支付银行卡。落实农民工与城镇职工同工同酬原则。在经济发展基础上合理调整最低工资标准，推动农民工参与工资集体协商，促进农民工工资水平合理增长。

（6）扩大农民工参加城镇社会保险覆盖面。依法将与用人单位建立稳定劳动关系的农民工纳入城镇职工基本养老保险和基本医疗保险，研究完善灵活就业农民工参加基本养老保险政策，灵活就业农民工可以参加当地城镇居民基本医疗保险。完善社会保险关系转移接续政策。努力实现用人单位的农民工全部参加工伤保险，着力解决未参保用人单位的农民工工伤保险待遇保障问题。推动农民工与城镇职工平等参加失业保险、生育保险并平等享受待遇。对劳务派遣单位或用工单位侵害被派遣农民工社会保险权益的，依法追究连带责任。实施"全民参保登记计划"，推进农民工等群体依法全面持续参加社会保险。整合各项社会保险经办管理资源，优化经办业务流程，增强对农民工的社会保险服务能力。

（7）加强农民工安全生产和职业健康保护。强化高危行业和中小企业一线操作农民工安全生产和职业健康教育培训，将安全生产和职业健康相关知识纳入职业技能教育培训内容。严格执行特殊工种持证上岗制度、安全生产培训与企业安全生产许可证审核相结合制度。督促企业对接触职业病危害的农民工开展职业健康检查、建立监护档案。建立重点职业病监测哨点，完善职业病诊断、鉴定、治疗的法规、标准和机构。重点整治矿山、工程建设等领域农民工工伤多发问题。实施农民工职业病防治和帮扶行动，深入开展粉尘与高毒物品危害治理，保障符合条件的无法追溯用人单位及用人单位无法承担相应责任的农民工职业病患者享受相应的生活和医疗待遇。

(8) 畅通农民工维权渠道。全面推进劳动保障监察网格化、网络化管理，加强用人单位用工守法诚信管理，完善劳动保障违法行为排查预警、快速处置机制，健全举报投诉制度，依法查处用人单位侵害农民工权益的违法行为。按照"鼓励和解、强化调解、依法仲裁、衔接诉讼"的要求，及时公正处理涉及农民工的劳动争议。畅通农民工劳动争议仲裁"绿色通道"，简化受理立案程序，提高仲裁效率。建立健全涉及农民工的集体劳动争议调处机制。大力加强劳动保障监察机构、劳动人事争议仲裁院和基层劳动争议调解组织建设，完善服务设施，增强维护农民工权益的能力。

(9) 加强对农民工的法律援助和法律服务工作。健全基层法律援助和法律服务工作网络，加大法律援助工作力度，使符合条件的农民工及时便捷地获得法律援助。简化法律援助申请受理审查程序，完善异地协作机制，方便农民工异地申请获得法律援助。畅通法律服务热线，加大普法力度，不断提高农民工及用人单位的法治意识和法律素质，引导农民工合法理性维权。

(10) 有序推进农民工在城镇落户。进一步推进户籍制度改革，实施差别化落户政策，促进有条件有意愿、在城镇有稳定就业和住所（含租赁）的农民工及其随迁家属在城镇有序落户并依法平等享受城镇公共服务。各类城镇要根据国家户籍制度改革的部署，统筹考虑本地区综合承载能力和发展潜力，以就业年限、居住年限、城镇社会保险参保年限等为基准条件，制定具体落户标准，向社会公布。

## —— 内容小结 ——

1. 目前我国失业率是指城镇登记失业率，它等于城镇失业人数除以城镇从业人员加城镇登记失业人数之和。"十三五"期间我国将正式实施城镇调查失业率，并作为国家宏观调控的重要指标，它是依据城镇劳动力情况抽样调查所取得的城镇就业与失业汇总数据计算的。

2. 迄今为止，被大多数经济学家接受的失业类型有以下几种：（1）摩擦性失业；（2）结构性失业；（3）周期性失业；（4）季节性失业；（5）隐性失业；（6）自愿失业。

3. 党的十八大报告提出，要贯彻劳动者自主就业、市场调节就业、政府促进就业和鼓励创业的方针，第一次将鼓励创业纳入就业方针，并要求引导劳动者转变就业观念，鼓励多渠道多形式就业，促进创业带动就业。新的就业方针进一步明确了劳动者、市场、政府在促进就业中应发挥的作用。

4. 近年来，我国积极的促进就业的政策体系、制度机制得到延续、扩展、调整和充实，可以用"5610"来概括，即，建立了就业工作五项制度、政府促进就业六大职责和促进就业十大政策。

5. 为促进高校毕业生就业，国家出台了一系列政策措施，形成了鼓励高校毕业生到城乡基层就业的政策、鼓励小型微型企业吸纳高校毕业生就业的政策、激励高校毕业生自主创业的政策、促进离校未就业高校毕业生就业的政策、加强就业指导和服务的政策、创造公平就业环境的政策六大政策框架。

## 关键概念

| 就业 | 就业的形式 | 失业 |
| 城镇登记失业率 | 城镇调查失业率 | 摩擦性失业 |
| 结构性失业 | 我国的就业方针 | |

## 问题与应用

1. 深刻理会和把握我国就业方针和促进就业的政策体系、制度的精神实质。
2. 列举当地的失业人员的主要失业类型，并举例说明。
3. 列举当地促进高校毕业生就业的一些政策措施，并编写2个典型案例。

# 第3章 劳动力市场与就业服务

## 1 劳动力市场的概念与功能

### 1.1 劳动力市场的概念

劳动力市场（2008年后多称为人力资源市场，为便于理论研究与国际比较，我们统一采用"劳动力市场"的说法）是指在价值规律和竞争规律作用下，通过劳动力供求双方自愿进行劳动力使用权的转让和购买活动、实现劳动力资源合理配置的机制。劳动力市场是生产要素市场的重要组成部分，和其他生产要素市场一样，也有自身的载体和实现形式，是内在机制和外在形式的统一。劳动力市场涉及劳动者从求职、就业、培训、失业和转业直至退休的全过程；涉及用人单位招聘、报酬给付、提供劳动安全卫生条件、福利待遇、辞退更新职工等诸多环节；涉及劳动关系的确立、调整和终止，以及劳动力市场的中介服务、信息引导和法制管理等。

劳动力市场与其他生产要素市场有着共性的一面：都有需求方、供给方。劳动力市场的存在和运行，以劳动力供求双方的存在及自由交换活动为前提。劳动力的有效供给是社会生产得以正常进行的重要条件。劳动力市场的供给者，是以劳动力为谋生手段的具有理性的自由人。

一个社会所能利用的劳动力数量，取决于人口的规模与年龄构成，愿意工作的人的比例，工作时间制度，劳动强度，劳动力的教育和训练水平。这几个因素的共同作用，决定了在劳动力市场上能用于生产商品和提供劳务的人的供给总量。

劳动力市场的需求者，是拥有一定生产资料的独立自由的经济活动主体，作为独立的法人，他能自主地决定其劳动力需求行为。

劳动力市场具有以下特征：

第一，作为劳动交换当事人的劳动力供给者与劳动力需求者双方，都是理性的，有共同的行为特征和行为准则，这就是"寻求利益最大化"，并以收益和成本的均衡来决定各自劳动力的供给和需求。

第二，劳动力供给和需求双方有互相选择的自由，劳动力能够在各地区、部门、行业和企业之间自由流动。

第三，劳动力市场的价格（工资）由市场上劳动力供求的对比状况决定，是现有劳动力在各部门、行业、地区和企业之间供求状况的显示信号。同时，又是现有劳动力供求状况和分配格局进一步调整的指示信号，劳动力供求双方都根据工资的变动来调整自己的行为，从而通过工资对劳动力自由流动的引导调整劳动力资源地各部门、行业、地区和企业之间的配置。

### 1.2 劳动力市场的功能

劳动力市场的基本功能，就是通过劳动力使用权的转让与购买，实现劳动力资源的合理配置。

任何一个社会中都存在许多部门、行业，这些部门和行业可以划分为许多不同工作类型的岗位，这些不同的岗位决定了劳动力的不同用途。同时，社会上存在着大量具有不同技能的劳动力。市场作为一种劳动力资源的配置方式，起关键作用的是工资的比价（即不同用途之间的劳动比价）。工资比价调节着劳动力资源在多种用途即岗位之间的配置。工资比价对劳动力资源的配置的调节是这样实现的：

劳动力供给者作为一个追求利益最大化的理性人，其供给行为服从以下原则：第一，在竞争的市场上，（同质）等量劳动（在实际生活中表现为相同岗位同一技术等级的劳动）要求获得相同的工资。第二，一定岗位及一定技术等级的劳动力供给者总是倾向于寻求在工资或总福利最高的行业和单位就职。在这种原则支配下，当一个行业或企业的某一岗位一定技术等级的工资很高，超过其他行业和企业的同岗位同技术等级的工资时，其他行业或企业的劳动力就会流向工资高的行业或企业，增加该行业或企业的劳动力供给；反之，劳动力则会通过流出该行业或企业，减少社会对低工资的行业或企业的劳动力供给。这样，工资通过引导劳动力的流动实现了劳动力资源在各行业、部门和职业之间的分配。

在劳动力供给者根据工资的高低选择行业和企业的同时，行业和企业的劳动力需求者也在根据工资选择需求的对象及需求数量。对于需求者而言，劳动与土地、设备、资本一样是其生产不可缺少的要素，为购买这种要素，他必须支付一定的价格（工资），这构成其生产成本。在资本、土地等生产要素既定和技术进步不变的前提下，厂商追加劳动投入所带来的产值具有递减的趋势。因此，厂商会根据劳动边际产值与现行工资的对比，来调整对劳动力的需求。如果劳动力的边际产值低于工资，意味着劳动的成本支出大于劳动所带来的产值增加，他就会减少对劳动力的需求；反之，他将会增加劳动力需求。厂商对劳动力需求的调整直至劳动边际产值与工资相等时为止。

与其他价格的确定类似，竞争性市场上工资也是由劳动力的供给与需求对比状况决定的，供求双方利益的平衡点决定工资的水平或具体位置，工资比价是现有劳动力在各部门、各企业供求状况的信号。

在现实生活中，一些非市场因素的阻碍，使劳动力资源的配置难以达到最有效的状态。这些因素包括传统经济体制的消极影响、垄断因素或超经济的强制力的存在、供求与价格信号的缺乏、政府对劳动力供给或需求一方的不当或过度保护，以及交易成本和市场风险等。为了使劳动力配置接近于最佳状态，重要的是消除这些非市场因素障碍，让市场机制充分发挥作用。

劳动力市场并不是一种完善无缺的资源配置方式，这不仅仅是由于现实中各种非市场因素的存在使之从未达到过理想状态，还由于劳动力市场本身的运行存在一些难以解决的矛盾，如市场信息传导的滞后，劳动力市场中弱势群体需要保护等。因此，在市场机制能较充分发挥作用的前提下，也需要根据市场运行情况，对市场进行调节和必要的干预。

## 2  我国劳动力市场发展的历史回顾

新中国成立后，我国的经济体制经历了一个曲折的过程。相应地，中国的劳动力市场的发展也经历了一个曲折的过程。这个过程与劳动力管理体制有密切的关系。总体看来，我国劳动力市场的发展可分为四个阶段。

第一个阶段：1957年以前，多种经济成分的并存，社会上有几百万人需要就业、而国家没有能力将所有人员都包下来的现实，以及建国初期国民经济的迅速恢复和发展增加了对劳动力的需求，这些因素，为劳动力市场的存在提供了客观要求和现实可能。

第二个阶段：1958—1978年，政府对劳动力分配的计划性加强，灵活的劳动力管理体制也变得越来越僵化，劳动力市场逐步消失。社会主义改造基本完成以后，城镇所有制结构变为单一化，城镇失业人员的就业完全由国家包揽，企事业单位不能自行招工，也不能任意辞退人员。1966年"文化大革命"开始后，国有企业的用工制度基本上成为单一的固定工制度。城镇劳动者的就业渠道基本上被完全堵死。至此，统包统配的劳动力管理体制基本形成，劳动力市场则逐渐缩小以至收缩。

第三个阶段：1979—1992年，劳动力市场重新萌芽。党的十一届三中全会拉开了中国经济体制改革的序幕，也成为劳动力市场复苏的契机。城镇经济结构由单一向多元化转变，出现了多种经济成分；产业结构得到调整，第三产业的发展受到重视。1979年前后，面临着严重的失业高峰，中央确定了"三结合"的就业方针，即"在国家统筹规划和指导下，实行劳动部门介绍就业、组织起来就业和自谋职业相结合"，这就拓宽了就业渠道，形成了劳动力市场的雏形。1981年7月，国务院颁布了《关于城镇农业个体经济若干政策性规定》，使雇工合法化。同时，改革之初，另城乡私营经济得到快速发展，促进了劳动力市场的复苏和发展。另外,"三资"企业也有了很大发展,特别是东南部沿海地区发展迅速。随着国有企业劳动用工自主权逐步扩大,雇佣劳动在国有经济中也逐步产生。总之,在整个20世纪80年代的改革中,尽管制约劳动力市场发展的理论问题和体制障碍没有解决,但劳动力的自由流动却已形成不可阻挡之势,冲击着原来的劳动管理体制。在这股劳动力自由流动的洪流中,作为劳动力价格的工资,在事实上反映并调节着劳动力的供求和流动。

第四阶段:1992年以来,是劳动力市场开始迅速发展阶段。随着非公有制经济的迅速发展,以及国有经济改革的逐渐深入,劳动力市场机制在配置劳动力资源方面的作用和范围也日益扩大。党的十四届三中全会第一次鲜明地提出建立社会主义市场经济体制的要求。要发展劳动力市场,并且要求把培育劳动力市场作为培育市场体系的重点之一。从此,我国劳动力市场的发展进入一个崭新的阶段。

改革的实践证明,作为市场体系重要组成部分的劳动力市场,是市场经济条件下经济正常运转不可或缺的部分,只要是实行市场经济体制,就必须大力培育劳动力市场。

## 3 我国劳动力市场供求的基本形势

### 3.1 我国劳动力市场供求形势概况

20世纪90年代以来,我国确立了社会主义市场经济体制的改革目标,发生了一系列深刻的历史性变化,就业工作取得了举世瞩目的成就。就业规模不断扩大,劳动者素质有所提高,就业结构进一步改善,就业局势保持了基本稳定。

近年来,在党中央、国务院的正确领导下,各地区、各部门深入实施就业优先战略和更加积极的就业政策,就业工作取得积极进展。

(1)就业规模持续扩大。2008年国际金融危机爆发后,在"保增长、保民生、保稳定"战略部署和一揽子政策措施推动下,我国快速扭转就业下滑趋势,2009年下半年就业状况已基本恢复到金融危机前水平。2009—2013年,累计城镇新增就业6067万人。2013年末全国城乡就业人员达到7.70亿人,其中城镇就业3.82亿人。2010年以来城镇登记失业率始终保持在4.1%左右的较低水平。2015年城镇新增就业1 312万人,年末城镇登记失业率为4.05%。从2013年开始,我国连续三年城镇新增就业的人数都在1 300万人以上。重点群体的就业也比较稳定,高校毕业生2015年就业749万人,农民工转移就业也在持续扩大,2015年底农民工的总量达到2.77亿人。

就业结构不断优化。第一产业就业比重过去长期占到50%以上,从2008年开始下降到 40% 以下；第二产业就业比重在 2012 年首次突破 30%；近年来第三产业就业比重持续增加，2011 年首次超过第一产业。2013 年，三大产业就业比重为 31.4：30.1：38.5，就业结构正逐步从原来一产占绝大多数的"金字塔形"向三产比重不断上升的"倒金字塔形"转变。

（2）区域就业格局更加合理。从城镇新增就业看，过去东部地区占全国比重长期维持在 50% 以上，2008 年开始逐步下降，从当年的 50.6% 减少到 2013 年的 44.6%；中西部地区占比持续增加，特别是西部地区连续 18 个月保持同比上升，成为扩大就业的重要增长极。从农村劳动力转移就业看，传统的"孔雀东南飞"格局正逐步向就地就近转移就业转变。据国家统计局调查，2013 年在省内务工的农民工总量比 2012 年增长 3.9%，占农民工总量的 54.3%。

（3）重点群体就业保持稳定。高校毕业生就业形势总体平稳。农村劳动力转移就业稳步推进，2013 年农民工总量 2.69 亿人，比 2012 年增加 633 万人。失业人员再就业和困难人员就业工作取得积极成效，2011 年以来，城镇失业人员再就业每年保持在 550 万人以上，就业困难人员实现就业保持在 180 万人以上。

（4）在经济增速趋缓的背景下，就业局势保持基本稳定，是多种因素共同作用的结果。首先，得益于经济规模的不断扩大。经济增长是带动就业的"火车头"。近年来，我国经济总体保持持续健康发展态势，GDP 增速虽有所放缓，但依然处在中高速增长区间。尤其是经济总量不断扩大，GDP 每增长一个点所创造的财富增量与以往相比已大不相同，对就业的拉动能力也相应增强。其次，得益于产业结构的逐步优化。国际经验表明，第三产业的就业带动效率高出二产 20% 左右。近年来，我国大力发展第三产业，经济模式正从原来的工业主导型向服务业主导型转变。2013 年三产占 GDP 比重为 46.1%，首次超过二产；2014 年上半年三产增速比二产高 0.6 个百分点，占 GDP 比重为 46.6%，继续保持增速快于二产、占 GDP 比重不断提高的势头，从而带动了更多就业增长。第三，得益于改革红利的逐步释放。个体私营经济和小微企业是吸纳就业的重要渠道。近年来，国家大力推进简政放权、小微企业减税、工商登记制度等重点领域改革，改革红利不断释放，市场主体的创新创业活力竞相迸发，个体私营经济和小微企业获得蓬勃发展。实施工商登记制度改革以来，仅 2014 年 3—9 月半年内，全国新登记注册市场主体即达 766.35 万户，同比增长 14.4%，创造了大量就业岗位。第四，得益于政策效应的进一步发挥。各地区、各部门全面落实各项就业扶持政策，强化就业服务和职业培训，多渠道鼓励自主创业、刺激企业吸纳、稳定现有岗位，既化解了城镇就业困难人员的就业难题，也促进了高校毕业生就业创业和农村劳动力转移就业。

## 3.2 我国劳动力市场供求主要矛盾

我国是一个发展中的人口大国,劳动力总量大,城乡二元结构突出,就业问题的艰巨性和复杂性是其他任何国家都无法比拟的。当前和今后一个时期,我国又处在增长速度换挡期、结构调整阵痛期、前期刺激政策消化期三期叠加的特殊阶段,就业形势还将更加复杂严峻,并呈现出不同以往的新特点、新挑战。

(1) 就业供给:劳动力将从无限供给向有限供给转变。2012年,我国16~59岁劳动年龄人口首次下降,比2011年减少345万人,2013年继续减少244万人。同时,农村劳动力转移增速连年下降,2011—2013年下降了2个百分点。劳动年龄人口减少、农民工增速下降这些微妙的数字变化提醒我们,劳动力市场开始呈现新特点,从中长期趋势看,劳动力供给数量和结构都将发生深刻变化。一是劳动力总量仍处高位,但将呈现加速减少态势。二是大龄化趋势明显。2000年我国开始步入老龄化社会,随着老龄化不断加快,大龄劳动者数量和占比快速上升,青年劳动力则会减少,劳动力平均年龄将不断升高。同时,随着高中教育普及和高校扩招,青年劳动力素质将不断提高。

面对劳动力供给的这些变化,一方面,要看到劳动力总量在今后一个时期内仍然很大,必须时刻绷紧总量压力这根弦,否则就会对形势产生误判。另一方面,也要看到传统低成本的人口红利已不可持续。这也意味着,劳动力成本上升是必然的,产业转型升级是必须的。看不到这一点,就不能深刻解释为什么工资不断提高但仍存在普遍性招工难问题,就不能深刻理解转变经济发展方式的必要性和紧迫性。

(2) 就业需求:国内外经济发展中存在的不稳定不确定因素将给就业带来新挑战。就业是经济的派生需求,就业形势的好坏相当大程度上取决于经济环境的发展变化。从国际看,世界经济有好转迹象,美欧日等发达经济体逐步回暖,保持温和复苏态势。但一些深层次的结构性矛盾仍将不可避免地影响全球经济复苏的内生动力。同时,国际竞争格局更加复杂,各类贸易保护主义多发高发,一些国家和地区不稳定因素增多,这些都将影响对外贸易和投资活动。从国内看,经济发展长期向好的基本面没有改变,但经济下行压力依然较大。以往拉动经济快速增长的投资增速持续回落,消费需求短期内难以明显提升,内需缺乏强劲拉动力。同时,劳动力和土地成本上升,资源环境承载压力加大,部分行业产能严重过剩,结构调整进程必然加快,种种阵痛也会随之产生。

国内外宏观环境的变化,在影响经济增速的同时,也会对稳定和扩大就业产生影响。企业用工需求不确定性增加,部分行业企业稳岗压力加大。受需求不足、产能过剩双向挤压,部分行业企业生产经营困难。一些资源性行业、重工业占比较大、产业结构相对单一的地区就业形势值得关注。

（3）就业矛盾：从总量为主向总量压力和结构性矛盾并存转变，结构性矛盾正逐步上升为第一位的矛盾。在结构调整和转型升级过程中，长期积累的就业结构性矛盾进一步凸显，表现为招工难与就业难并存。一方面，部分地区、部分企业招工难，并呈现出一线普工和技术工人双短缺、从阶段性缺工到常年缺工、从东部沿海向中西部地区蔓延等特点。另一方面，部分高校毕业生、城镇就业困难人员由于各种主客观因素难以顺利实现就业。就业结构性矛盾，是经济发展不协调不平衡的结构性问题在就业领域的集中反映，既有产业结构调整因素，也有区域经济格局变化影响，最根本的还是劳动力需求和供给不匹配问题。从需求看，我国仍处于工业化中期，产业结构以低端制造业和传统服务业为主，市场中增加的就业岗位大部分是制造业、服务业的一线普工和服务员，薪酬待遇较低。从供给看，每年新进入市场的劳动力中，高校毕业生将近一半，农民工群体中80、90后新生代已超过60%。新一代求职者更注重职业发展、薪酬待遇、工作条件等，供需对接存在错位。

同时，技能人才长期供不应求，技术技能岗位难以有效补充。从100个城市人力资源市场供求看，技工、高级技工和技师的求人倍率（市场岗位空缺数与求职人数的比率）长期保持在2以上。随着结构调整的进一步推进，产业升级对技能人才需求会进一步增加。但随着青年人口减少和高校招生增加，再加上传统观念影响，愿意上技校、学技术的人在减少。产业需求变化和劳动力供给变化的不同步，将使得技能人才供求不平衡问题更加突出。

（4）就业焦点：从下岗失业人员向以高校毕业生为重点的青年就业转变。过去就业工作长期面对的主要是下岗失业人员、就业困难人员就业问题，而现在以高校毕业生为重点的青年就业已成为焦点。十年来高校毕业生规模扩大了近七倍，2014年达到727万人，今后几年将保持在年均700多万人的庞大规模。从积极角度看，人力资本投入大幅增加，为转型升级储备了大量人才。但当前产业转型升级创造高端岗位的速度远低于毕业生数量的增速，适合毕业生的岗位仍然不足。与此同时，高校人才培养内容和结构在一定时期内会相对稳定，而市场需求则处在活跃的动态变化中，两者存在一定错位，再加上部分高校专业设置、培养模式与企业需求脱节，导致一些毕业生有岗干不了。另外，受传统观念影响，毕业生希望进大城市和大企业工作，而这方面岗位又非常有限。多种因素交织叠加，导致部分大学生就业难，这是前进中的问题，有人也称之为"转型中的烦恼"。

在部分毕业生就业难的同时，困难人员实现就业难、农村转移劳动力稳定就业难的问题也依然突出。在结构调整和产业转型升级过程中，不可避免地会伴随结构性失业的阵痛。其中一些年龄偏大、技能单一、受教育程度较低的劳动者，转换工作更加艰难。同时，在新型城镇化进程中，如何使大多数已进入城镇就业的农民工成为新市民，也是一项十分紧迫的任务。

## 3.3 今后我国促进就业的主要措施

面对新形势、新挑战，做好就业工作任重而道远。党的十八大提出推动实现更高质量就业的新要求，确立了"劳动者自主就业、市场调节就业、政府促进就业和鼓励创业"的新时期就业方针。十八届三中全会通过《中共中央关于全面深化改革若干重大问题的决定》，明确了健全政府促进就业责任制度、创新高校毕业生就业工作机制等八个方面的就业领域重点改革任务。做好新时期就业工作，必须全面贯彻落实十八大和十八届二中、三中、四中全会精神，把改革创新贯穿于就业工作各个方面，从优化劳动力供给和改善劳动力需求两侧精准发力，深入实施就业优先战略和更加积极的就业政策，扎实做好各项就业工作，用社会政策托底经济转型，全力确保就业局势稳定。

（1）深入实施就业优先战略。应把稳定和扩大就业作为经济社会发展的优先目标，建立经济发展与扩大就业的联动机制。首先，保持必要的经济增长速度。没有一定的发展速度，不可能创造新的就业需求，只有把经济"蛋糕"做大了，就业"蛋糕"才能做大。其次，确定合理的经济结构。进行经济结构布局调整，制定行业、产业、区域等规划时，要充分考虑扩大就业规模、改善就业结构的需要。推动高技术产业和先进制造业加快发展、促进传统产业优化升级，创造出更多高质量的就业岗位。大力发展各类服务业、小微企业，吸纳更多人就业。政府的公共投资和项目也应进行就业影响评估。第三，区域发展战略应着眼于满足多层次的就业需要。我国地域辽阔，地区之间资源禀赋和发展差距都较大，这为构造产业梯次转移的"雁阵模型"提供了空间。应把东部地区产业优化升级和中西部地区承接产业转移结合起来，立足于各地比较优势，大力振兴高端制造业，积极发展中端制造业，不轻易放弃传统制造业，既为解决高素质劳动力就业创造条件，也为农村劳动者外出打工留有余地，形成差异化、多层次的产业布局。第四，在新型城镇化建设中应坚持以人为核心，以市民化促进城镇化，以城镇化促进农村转移劳动力稳定就业，让农民工在居住、医疗、子女教育等方面享受更加均等化的公共服务，在城镇实现安居乐业。

（2）落实和完善更加积极的就业政策。我国积极的就业政策产生于2002年，在借鉴其他国家经验和总结地方成功做法基础上，形成了积极的就业政策框架。2005年积极的就业政策得到延续、扩展、调整和充实。2007年"就业促进法"的制定实施，使促进就业的政策体系、制度机制纳入法制化轨道。2008年以来，在应对国际金融危机和重大自然灾害中，政策内容进一步丰富完善，形成了更加积极的就业政策。

政策重在落实，现在关键是抓好现行各项就业扶持政策的全面实施。进一步规范政策操作流程，简化程序，完善服务，提高针对性和可操作性，最大限度地为老百姓享受政策提供便利。加强政策宣传、督促检查和分类指导，及时发现解决执行中存在的问题，确保政策落实到位。同时，政策还需要完善创新。根据形势新变化、改革新要求和劳动者新期待，赋予积极就业政策以新的内涵，不断充实完善政策体系。另外，政策也需要协同推进，加强就业政策与财政、金融、产业等经济政策的协调，加强就业政策与社会保障、教育等社会政策的协调，形成促进就业的综合性政策效应。

（3）突出做好高校毕业生就业工作。在改善需求上，应更加注重高端岗位的创造，劳动密集型产业需要升级，技术密集型产业需要提高，智力密集型产业需要大力发展。在优化供给上，积极推进高等教育改革，完善就业与招生计划、人才培养、专业设置的联动机制，从源头上解决毕业生就业难题。在促进供需匹配上，改进对毕业生的服务方式，使之更加精细化、个性化，从过去的大市场、援助式转向小型化、专业化、网络化，更加适应大学生特点和求职需求。

当前重点是切实抓好两项计划的实施。一是继续实施好大学生就业促进计划，把更多离校未就业毕业生纳入服务范围，落实实名制帮扶措施，扎实做好培训、见习、困难毕业生就业援助工作，确保对离校毕业生的就业服务不断线。二是实施大学生创业引领计划。大学生有创新意识和创业激情，鼓励自主创业是促进大学生就业的重要渠道。大学生创业引领计划的目标是通过加强宣传引导、普及创业教育、强化创业培训、完善扶持政策、推动创业服务等措施，经过几年努力，使大学生创业规模有扩大，创业比例有提高，让更多大学生实现"创业梦"。

（4）妥善做好结构调整特别是化解产能过剩中的转岗再就业工作。将职工转岗再就业纳入化解产能过剩等结构调整工作总体方案，采取有效措施促进需安置人员尽快再就业，用社会政策托底经济转型，努力将结构调整中的失业风险降到最低。主要涉及四个方面：一是将企业退出与保障职工权益统筹考虑，把职工安置摆在化解产能过剩等结构调整工作中更加重要的位置，将财政奖励资金更多用于职工安置。二是及时了解掌握化解产能过剩等工作涉及的职工人数、就业需求，细化完善职工安置方案，并密切跟踪动态变化。三是将就业扶持政策主动及时送到企业，为转岗职工提供个性化的职业指导、免费的职业介绍和有针对性的职业培训，充分发挥政策促就业的实效。四是妥善做好涉及职工的劳动关系处理、社会保险转移和接续工作，落实各项社会保障待遇，解除职工的后顾之忧。

（5）加强公共就业服务。十八届三中全会提出，经济体制改革的核心是处理好政府和市场的关系，使市场在资源配置中起决定性作用和更好发挥政府作用。贯彻这一指向，对就业工作来讲，就是要坚持市场导向的就业机制不动摇，促进人力资源配置效益最大化。大力发展人力资源服务业，健全统一开放、竞争有序的人力资源市场体系，推动建立符合市场规律、反映人力资源市场供求实际的工资决定机制，更好发挥价格信号在市场中的引导作用，提高人力资源配置总体效率。

就业问题既属于经济运行范畴，也属于社会政策范畴，需要将市场作用和政府作用有机结合起来。在这方面，政府的一项重要职责就是提供公共就业服务。下一步，将全力推进公共就业服务体系建设，增强其功能作用。一是健全覆盖城乡、功能齐全、布局合理、方便可及的公共就业创业服务网络，实现服务供给均等化，并落实免费服务制度。这方面也需要各级政府进一步加大资金投入。二是加强就业信息化建设。信息化是当今社会的鲜明特征和重要标志，也是政府履行社会管理和公共服务职责不可或缺的手段。要加快全国招聘信息公共服务网建设，健全全国公共就业信息平台，促进就业信息在全国的互联互通，实现就业服务工作的全程信息化。三是加强对企业的用工指导和服务。企业是就业岗位的主要来源，公共就业服务工作应该坚持为劳动者服务和为企业服务并重的原则。特别是针对当前就业市场中的招工难和稳工难问题，引导企业改善用工环境，提高薪酬待遇，增强企业凝聚力，使人招得来、留得住。四是进一步健全就业援助制度，对那些通过市场机制难以实现就业的困难人员，提供更有针对性的政策扶持和援助服务，包括公益性岗位安置等托底手段，切实落实好政府的兜底责任。

（6）加强职业教育和职业培训。全面提高劳动者职业素质和技能水平，是化解就业结构性矛盾，形成和发挥人才红利的重要途径。经济升级的关键是技术升级、人才升级，必须大力发展职业教育和职业培训，造就一支高素质的产业大军，为经济转型升级提供人力资源支撑。主要努力方向包括：一是构建以就业为导向、体现终身教育理念、面向人人的现代职业教育体系，促进职业教育与其他类型教育有机衔接，畅通人才多元化成长渠道。二是充分运用职业培训补贴和高技能人才补贴政策，鼓励行业企业、职业院校和培训机构广泛开展各类职业培训，创新培训方式，提升培训质量，切实增强劳动者的就业能力和职业转换能力。三是完善有利于技能人才成长的引导、培养、评价和激励机制，引导全社会尊重劳动、尊重知识、尊重技术、尊重创新，促进形成"崇尚一技之长、不唯学历凭能力"的社会氛围。

## 4 就业服务概述

### 4.1 就业服务简介

就业服务是指就业中介组织为满足劳动者求职和用人单位招工的需求而提供的各类服务。国际劳工组织把就业服务看作是以最佳方式组织劳动力、实现和维持充分就业、开发利用生产资源的重要手段。

就业服务按其提供者分为两类，一是由私营机构提供的就业服务，二是由政府提供的公共就业服务。发展公共就业服务是国际通行的做法。19世纪末，为解决工业化大生产中出现的失业和企业用工需求问题，公共就业服务在工业化国家产生，早期主要是从事职业中介，有的开始介入失业保险管理。1919年以后，国际劳工组织通过有关公约，倡导各国应建立免费的公共职业介绍制度，并禁止设立私营职业介绍机构，从而确立了公共就业服务的垄断地位。第二次世界大战以后，公共就业服务在许多国家得到发展，同时禁止私营职介机构的立场有所弱化。到了20世纪70年代，由于石油危机，许多西方国家经济恶化、失业急剧增长，公共就业服务日益成为执行政府就业政策和管理积极劳动力市场项目的手段。20世纪90年代，在经济自由化和全球化的氛围中，国际上放弃了公共就业服务垄断的观念，承认私营就业服务机构若得以适当引导，可以为劳动力市场做出积极贡献。

根据《国际劳工公约》规定，各国应建立一个公共的、无偿的职业介绍全国体系，这一体系应包括连接各地的职业介绍机构网络。公共就业服务机构应具备以下特征：一是由国家建立，在国家领导或监督下开展业务，国家应给予充分的资金保障；二是就业服务机构由中央主管部门、地区性就业服务机构和地方就业服务机构组成，上下形成网络，有足够的数量覆盖全国各地理区域；三是就业服务机构的职员应是政府公务人员性质，应保证其职业稳定；四是公共就业服务机构应向求职者和失业人员提供免费的就业服务，向雇主提供的基本的就业服务也应免费。目前，绝大多数国际劳工组织成员国都按以上要求建立了公共就业服务体系，并免费为公众服务。

公共就业服务的主要目标是：弥补劳动力市场的缺陷，塑造更加公平有效的市场，从而促进劳动力流动、劳动生产率提高、经济增长和社会福利。劳动力市场缺陷包括：市场信息不透明，技能不匹配，工资刚性，招工歧视，劳动力需求总量不足，长期失业，对劳动力流动的限制。

国际社会之所以强调政府应提供公共就业服务，是因为与私营机构的就业服务相比，公共就业服务有独特的优势，包括：提高劳动力市场信息透明度，确保劳动力市场各类弱势群体得到帮助，保持就业服务工作的连续性，避免没有求职经验的弱势群体受到私营中介机构的欺诈盘剥，减少失业保险金发放中的道德风险。

由于国情不同，发达国家公共就业服务的目标任务、组织结构有很多差异，但各国公共就业服务的基本职能有许多共同方面，主要有四个基本职能：一是职业介绍；二是劳动力市场信息开发；三是劳动力市场调整计划；四是失业津贴管理。另外，在一些发达国家，公共就业服务机构还兼有有关就业制度管理的职能，主要是对外国人就业的管理、跨边境工人管理、工厂关闭时雇主与工人协调、检查雇用特殊人群工人的规则适用问题等。前四个职能是公共就业服务的基本职能。在发达国家，公共就业服务四种职能的一体化已经成为一种重要趋势。一体化的方式虽有不同，如以客户为中心的一体化或一站式服务，或是分层次提供服务，但其目标的核心都是更好地实施积极的劳动力市场政策，有效促进就业。例如，日本、加拿大、韩国将失业保险与职业培训、提高失业者就业能力、帮助失业者就业紧密结合，对失业者提供就业补助、收入补助、自营就业帮助等一揽子促进就业措施。

### 4.2 我国就业服务的发展历程

我国的就业服务自20世纪70年代末改革开放之初开始起步，伴随着市场经济体制改革深化和劳动力市场的培育，不断发展并逐步形成体系，为促进就业做出了重要贡献。我国就业服务的发展主要经历了三个阶段：

第一阶段：20世纪80年代，就业服务初创。改革开放之初，就业领域进行了较大力度的改革，改变计划经济体制下政府统包统配的城镇就业制度，市场机制开始在劳动力资源配置中发挥作用。各地逐渐形成了一种新型的社会经济组织——劳动服务公司，这是一种由政府劳动部门倡导，集安置就业和培训于一体的组织形式，承担了组织管理社会劳动力、促进就业的多种职能，成为就业服务机构的雏形。

第二阶段：20世纪90年代，就业服务体系逐步成型。随着市场经济体制的确立，劳动力市场发展，各类职业介绍机构应运而生。劳动部门举办的就业服务机构逐步发展为由职业介绍、就业训练、失业保险、劳动就业服务企业生产自救四项主要服务工作相互配合的就业服务体系，对登记失业人员的生活保障、介绍就业、组织培训、促进就业的一整套制度和优惠政策也初步建立。公共就业服务网络体系初具规模。与此同时，政府鼓励社会团体和公民个人依法举办职业介绍机构，使各类职业介绍机构发展迅速，成为就业服务体系的重要补充。

第三阶段：20世纪90年代后期以来，公共就业服务制度逐步建立。随着国有企业改革深化和经济结构调整，企业职工下岗问题日益突出。为此，1998年党中央、国务院下发通知，要求切实做好国有企业下岗职工基本生活保障和再就业工作。其中将建立市场就业机制作为工作目标之一，要按照科学化、规范化、现代化的要求，大力加强劳动力市场建设。要求公共职业介绍机构开设专门服务窗口，加强对下岗职工的职业指导，并实行免费服务。为落实这一要求，原劳动保障部自1999年开始，组织全国100个大中城市开展劳动力市场"三化"建设试点，着力完善公共就业服务的功能。2000年底，原劳动保障部发布的《劳动力市场管理规定》中，明确规定了公共就业服务的性质、内容、免费服务对象，以及政府组织开展公共就业服务的职责。在2002年9月党中央、国务院召开的全国再就业工作会议上，提出了积极就业政策的初步框架，其中明确要求各级政府建立公共就业服务制度，对全部城镇登记失业人员和国有企业下岗职工提供免费职业介绍，对城镇就业转失业人员和国有企业下岗职工提供免费再就业培训，所需经费主要由地方财政承担，中央财政对困难地方给予适当补助。

### 4.3 就业服务的作用

第一，促进劳动力市场的培育和发展。同其他生产资料市场一样，劳动力市场也是机制和载体的统一。就业服务是劳动力市场的主要载体之一，承担着培育和发展劳动力市场的重要职责。通过就业服务，可以有效调节劳动力市场上的供求关系，促进劳动力资源在劳动力市场上的合理配置，使劳动者和生产资料实现有机结合，促进劳动力的供需平衡。因此，就业服务事业的发展程度直接影响劳动力市场的培育和发展。

第二，促进用人单位和求职者的相互选择，促进劳动力资源的合理配置。就业服务是用人单位选择用人和求职者选择职业的结合点，就业服务通过收集和提供空岗、求职信息，沟通供求双方的相互联系，缩短招聘和求职时间，促进劳动者和生产资料的尽快结合，合理配置。就业服务通过开展职业介绍、职业指导、职业咨询，帮助求职者掌握求职方法和技巧，指导用人单位正确选人和确定招聘方式，从而会极大地提高双方选择的成功率。

第三，促进劳动力的合理流动。科技的进步和激烈的市场竞争，使得产业结构的调整周期越来越短，要调整产业结构，势必要调整不适应新产业要求的富余人员，吸纳新的劳动力，适应产业发展要求，实现劳动者技能的转换，这就客观上要求劳动力能合理流动。就业服务在劳动力流动中发挥着重要作用。通过及时、快捷的就业服务，可以使企业加快劳动力结构调整的步伐，从而促进产业结构的调整。同时，通过开展积极主动的就业服务，可以减少劳动者职业流动过程中的人为障碍，节省其职业转换的时间，提高效率。

第四，帮助困难群体就业，保持社会稳定。政府建立公共就业服务的目的，就是要帮助就业困难群体人员再就业，因为这部分人就业需求最迫切，而由于其自身素质、技能等原因就业面临困难，最需要就业服务的帮助，解决了就业困难群体人员再就业，就能产生事半功倍的效果，就能有效保持社会稳定。

## 5 我国公共就业服务的主要内容

### 5.1 建立公共就业服务的法律、法规制度

我国宪法和劳动法明确规定了公民平等就业的权利，规定了国家应该为公民

创造劳动就业条件。从 20 世纪 90 年代起，我国政府对建立和完善公共就业服务体系提出了一系列要求，出台了大量的政策。

2008 年开始实施的《就业促进法》从法律上对公共就业服务机构的设立、功能、经费保障等做出了明文规定。同时，近些年来，《劳动合同法》《劳动争议调解仲裁法》《劳动保障监察条例》等法律法规的颁布实施，为完善劳动力市场、促进和稳定就业、提升劳动者就业能力、构建和谐劳动关系提供了基本制度保障。

### 5.2 机构建设

政府促进就业的一项重要措施就是为劳动者和用人单位提供公共就业服务。这类服务的载体主要是各级政府按照法律法规设立的公共就业和人才服务机构。

我国的公共就业和人才服务机构主要包括三类：（1）公共就业和人才服务管理机构，承担本地区公共就业和人才服务规划，统筹管理辖区内的各级各类公共就业和人才服务机构和窗口等工作。（2）公共就业和人才服务工作机构，以职业介绍服务为主，按照统一服务窗口的要求，设立专门服务场所，作为直接面向求职者和用人单位提供服务的综合性服务窗口，承担政策咨询、信息发布、职业介绍、职业指导、职业培训、创业服务和人力资源社会保障事务代理等多项服务功能。（3）以街道（乡镇）、社区（村）劳动就业和社会保障工作平台为主的基层公共就业和人才服务机构，承担面向基层群众提供公共就业和人才服务、对就业困难群体提供就业援助等基础性工作。

目前，我国已初步构建了中央、省、市、区县、街道（乡镇）和社区（村）五级管理、六级服务的公共就业服务网络，如图 3—1 所示。在缓解我国就业压力、帮助失业人员再就业、维护劳动力市场秩序、树立市场服务标杆、促进人力资源合理流动和配置、维护劳动者权益等方面都发挥了重要作用。

在国家级，设立了中国就业培训技术指导中心，负责承担就业政策实施、就业服务、职业培训的技术指导和技术支持工作。设立了人力资源和社会保障部职业技能鉴定指导中心，主要承担职业能力开发、职业技能鉴定的技术指导和技术研发工作。设立了人力资源和社会保障部信息中心，承担包括就业服务领域在内的信息监测和分析工作。

在省级，普遍设立了就业管理机构，承担公共就业服务的管理和技术指导工作；同时，设立信息监测中心和一些专业化服务机构；有条件的省份，建立了全省统一信息系统。部分省设立了公共就业服务综合性服务场所，开展职业介绍、职业指导等服务项目，并承担失业登记、就业登记等管理事务。

在市级，大多数地区设立了就业管理机构，承担公共就业服务的管理和技术指导工作；大多数地区设立了公共就业服务综合性服务场所，开展职业介绍、职

# 第3章 劳动力市场与就业服务

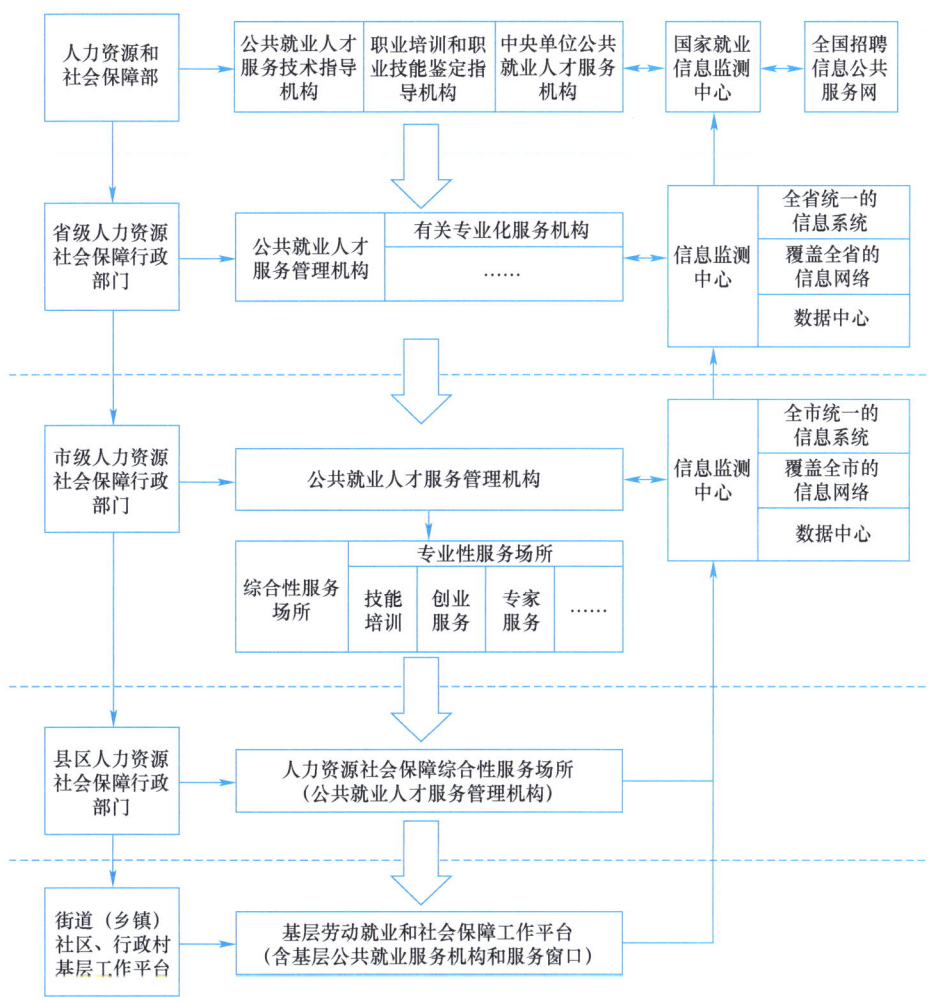

图3—1 公共就业服务体系建设框架

业指导等服务项目,并承担失业登记、就业登记等管理事务。有些地区还设立了技能培训、创业服务、专家服务等专业性服务场所,以及覆盖全市的信息网络和数据中心。

在县级,大多数地区设立了就业管理机构,承担公共就业服务的管理和技术指导工作;普遍设立了公共就业服务综合服务场所。

在街道(乡镇)、社区级,普遍设立了劳动就业和社会保障工作平台,承担着面向基层群众提供公共就业服务、对就业困难群体提供就业援助等工作。在行政村,正逐步设立劳动保障工作组织机构,配备专职或兼职工作人员。

## 5.3 职能范围

依据我国《就业促进法》,公共就业服务机构的职能范围可以归纳为三大类:

### 5.3.1 对劳动者的服务

我国《就业促进法》规定,公共就业和人才服务机构应当免费为劳动者提供 6 项基本服务,基本涵盖了求职者在求职就业过程中应当享有的主要服务内容。受社会发展规划、宏观经济政策、财政预算收入等多方面因素影响,政府提供公益性服务只能承担有限责任,不应当也不可能承担无限责任。具体到公共就业和人才服务来讲,政府只能针对在人力资源市场上相对弱势的求职者群体,围绕就业服务中最直接、最重要的促进就业的服务环节,提供免费的公益性服务。

(1) 就业政策法规咨询。这项服务的主要功能是以简明扼要的方式为用人单位、求职者等服务对象提供常见人力资源和社会保障法律法规、政策等方面问题的咨询指导服务,主要涉及就业扶持政策、社会保障政策、劳动权益保护等内容。这项服务要求公共就业和人才服务机构对人力资源和社会保障法律法规、政策常见问题进行分类、汇编,并在公共就业和人才服务机构综合性服务场所设置政策咨询岗,选派政策、业务精熟人员上岗,以方便、准确地为服务对象提供咨询解答服务。

(2) 信息发布。信息发布服务的主要功能是通过各种媒体以多种形式发布与就业服务对象求职就业、招聘人员有关的人力资源市场信息,供就业服务对象参考选择。发布的信息内容主要包括:①职业供求信息,包括用人单位的岗位需求信息和求职者自愿发布的个人求职信息;②人力资源市场工资指导价位信息;③职业培训信息。此外,还应当提供职业供求分析预测信息、就业服务项目信息、劳动保障和就业政策法规等其他就业服务相关信息。值得注意的是,公共就业和人才服务机构发布的信息必须真实、有效且具有及时性,而且不能含有年龄、性别、健康状况、体貌特征等歧视性内容。

(3) 职业指导。职业指导服务主要是协助求职者选择职业、准备就业、安置就业,并帮助其设计个人职业生涯规划,以期在职业上获得成功。职业指导按指导对象的不同,可以分为对个人求职者的指导和对用人单位的指导;按指导方式的不同,可以分为个体专门指导和专项小组指导;按就业阶段的不同,可以分为就业前指导、就业中(在岗)指导和就业后指导。职业指导服务主要包括以下内容:①调查分析社会职业变动趋势和人力资源市场供求状况,为服务对象提供依据;②开展对劳动者职业素质和就业能力测评;③帮助劳动者了解职业状况,掌握求职方法,确定择业方向,规划职业生涯;④向劳动者提出职业培训建议，并推介职业培训项目；⑤对妇女、残疾人、退役军人、高校毕业生及就业困难人员等群体提供专门的职业指导服务；⑥指导用人单位选择招聘方法，确定用人条件和标准；⑦对从事个体经营、自主创业的劳动者，提供开业和生产经营方面的咨询服务。

（4）职业介绍。职业介绍服务是通过为人力资源供求双方提供媒介服务以促进就业的活动，包括收集、发布职业供求信息，对用人单位招聘人员和劳动者求职就业提供中介服务等。其主要任务是：求职登记、企业用工调查与登记、劳务市场信息收集、就业与用工的指导与咨询，以及就业预测预报。此外，广义上的职业介绍服务还应当包括有组织地劳务输入和输出。公共职业介绍服务一般按以下程序进行：首先，对到公共就业和人才服务机构求职或招聘的求职者和用人单位进行登记。其次，按照服务对象求职或招聘的需求和条件，向服务对象推荐提供相应的职业供求信息。同时，还应当主动匹配已登记的求职招聘信息。最后，根据服务对象的选择或匹配结果，与求职者和用人单位双方联系，开具推荐介绍信，介绍双方面谈。除此之外，公共就业和人才服务机构还应当为求职者和用人单位面对面的双向选择提供现场招聘等配套服务，如按照行业、就业群体等不同类型的需求特点，提供有针对性的专场或专项招聘服务。在接受了用人单位委托的情况下，公共就业和人才服务机构可以依照用人单位的招聘条件，为其提供招聘、面试及录用等"一条龙"的代理招聘服务。

（5）就业援助。就业援助服务是指通过采取专门措施、提供专门就业政策，对就业困难人员实施优先扶持和重点帮助，促进他们实现就业和稳定就业。主要包括以下几个方面：①对就业困难人员开展专门性的指导，提供"一对一"的服务，了解就业困难人员特长和就业需求，分析就业困难成因，寻求适宜的解决方案，引导转变就业观念，缓解就业困难人员心理压力；②对推荐就业的就业困难人员实行跟踪服务和指导，持续了解就业困难人员的就业情况，及时协调解决发现的问题，对不适应工作的就业困难人员及时进行再指导或重新推荐就业；③积极与当地用人单位联系，有针对性地开发适合就业困难人员的公益性岗位；④建立就业援助制度，定期开展针对就业困难群体的专项服务活动，将日常援助与集中援助结合起来。

（6）办理就业登记、失业登记等事务。办理就业登记、失业登记等事务是公共就业和人才服务机构受政府行政部门委托承担的就业和失业管理事务，以此协助政府准确掌握人力资源供求和社会就业失业状况，为制定和调整就业政策提供决策依据。主要内容包括：①对单位录用人员以及自谋职业、灵活就业的人员办理就业登记手续，并建立信息台账；②为法定年龄内有劳动能力及就业要求的城镇失业人员办理失业登记手续，包括指导其填写相关表格，办理失业身份证明，并提供有关就业政策和就业服务方面的咨询服务。此外，还可为失业人员提供核定失业保险待遇、失业人员档案管理、《就业创业证》管理、核定相关政策补贴,以及提供创业担保贷款等配套服务。

### 5.3.2 对用人单位的服务

公共就业服务机构应当积极拓展服务功能,根据用人单位需求提供以下服务:招聘用人指导服务;代理招聘服务;跨地区人员招聘服务;企业人力资源管理咨询等专业性服务;劳动保障事务代理服务;为满足用人单位需求开发的其他就业服务项目。

### 5.3.3 推动落实就业政策

公共就业服务机构根据政府确定的就业工作目标任务,制定就业服务计划,推动落实就业扶持政策,组织实施就业服务项目,开展劳动力市场调查分析,对就业与失业进行社会化管理,并受人力资源社会保障行政部门委托经办促进就业的相关事务。

## 5.4 主要服务领域和服务功能

根据公共就业服务机构承担的主要职能,同时基于我国公共就业服务的工作现状,我国将公共就业服务机构的服务领域初步归纳为咨询服务、信息服务、职业介绍服务、职业指导服务、职业培训、就业与失业管理服务、创业服务、就业援助、受行政委托经办事项、人力资源社会保障事务代理、拓展服务等11个方面。在每个服务领域中又明确了其具体的服务功能(即提供的具体服务项目和内容)。具体如下:

(1)咨询服务。包括政策咨询、业务咨询、举报投诉接待、劳动维权咨询等服务功能。

(2)信息服务。包括政策信息发布、求职和招聘信息发布、培训信息发布、职业供求信息发布、工资价位指导信息发布等服务功能。

(3)职业介绍服务。包括招聘登记、用人推荐、求职登记、推荐岗位、委托代理招聘、现场招聘、网络招聘、劳务输入、劳务输出等服务功能。

(4)职业指导服务。包括法律法规政策指导、职业素质测评服务、就业心理调适、应聘指导、职业适应性指导、用人单位招用工问题诊断、用人单位招用工行为指导等服务功能。

(5)职业培训。包括技能培训推介、组织在岗培训、组织引导性培训、职业技能鉴定推介等服务功能。

(6)就业与失业管理服务。包括就业登记、失业登记、核定失业保险待遇、发放失业保险金等服务功能。

(7)创业服务。包括创业咨询指导、创业项目征集、创业项目推介展示、创业培训推介、创业跟踪指导等服务功能。

（8）就业援助。包括就业困难人员动态管理、"零就业家庭"动态管理、公益性岗位开发、公益性岗位安置等服务功能。

（9）受行政委托经办事项。包括核定公益性岗位补贴、经办发放公益性岗位补贴事务、核定职业介绍补贴等服务功能。

（10）人力资源社会保障事务代理。包括代办退休、代办劳动能力鉴定申报、代办社会保险手续等服务功能。

（11）拓展服务。包括人力资源管理咨询服务等服务功能。

## 5.5 就业服务专项活动

近年来，根据就业工作需要，为有针对性地帮助就业困难群体就业，我国陆续开展了多项就业服务专项活动。

（1）就业援助月活动。自2005年开始，每年举行就业援助月活动。例如，2015年全国就业援助月的援助对象为：①符合认定条件的就业困难人员；②残疾登记失业人员；③最低生活保障家庭中有劳动能力并处于失业状态的人员；④本地区确定的困难家庭离校未就业毕业生、因病致贫家庭成员、失地人员等其他援助对象。活动时间为1月中旬至2月下旬，活动主题为"就业帮扶 真情相助"。

（2）"春风行动"。自2005年开始，每年举行"春风行动"。2015年的"春风行动"，其服务对象主要是：①有转移就业意愿的农村劳动者；②有创业愿望的农村劳动者；③有招聘需求的各类用人单位；④其他有就业创业意愿的劳动者。活动时间为2月至3月底，活动主题为"搭建供需平台 促进转移就业"。

（3）全国民营企业招聘周活动。自2005年开始，每年举行全国民营企业招聘周活动。2014年的全国民营企业招聘周活动，其服务对象是：①各类求职者。以正在求职的高校毕业生为重点，同时面向各类技能人才以及农村进城务工人员、下岗失业人员、残疾人和零就业家庭等就业困难人员。②招聘企业。以民营企业为重点，同时鼓励国有大中型企业、中外合资企业、科研事业等单位参加招聘活动。活动时间为5月份，活动主题为"帮人才就业，促民企发展"。

（4）高校毕业生就业服务月。自2008年开始，每年举行高校毕业生就业服务月活动。2014年高校毕业生就业服务月活动，服务对象重点是2014届有就业意愿的离校未就业高校毕业生。活动时间为9月份。活动主题为"实施就业促进计划，实名登记服务到人"。

（5）高校毕业生就业服务周。高校毕业生就业服务周活动是人力资源社会保障部门在全国范围内统一部署、统一组织开展的，主要面向应届高校毕业生的专项就业服务活动，至2014年已成功举办十二届。服务周期间，各地人力资源社会保障部门、各级公共就业和人才服务机构，以及参加此次活动的其他各类人力资源服务机构将围绕"发挥市场决定性作用，服务高校毕业生就业"的活动主题，集中开展网络招聘会、现场招聘会、就业创业指导、万名企业人力资源经理进校园、就业创业政策措施宣传等活动，为高校毕业生提供多样化的就业服务。服务周上述活动对高校毕业生一律免费，并设立了监督电话。例如，2014年全国人力资源市场高校毕业生就业服务周活动时间是11月24日至12月7日，参加服务周活动的各类人力资源服务机构共计175个，现场招聘会和网络招聘会共预计招聘人数约53万人。

为了帮助高校毕业生就业，还有部分大中城市联合招聘高校毕业生专场活动，每季度的全国高校毕业生网络招聘月，中央企业面向西藏、青海、新疆高校毕业生专场招聘会等活动。

### 5.6 我国公共就业服务的主要特点

（1）强调"托底"功能，突出对就业困难群体的服务。我国坚持"劳动者自主择业，市场调节就业，政府促进就业"的就业方针，通过劳动力市场的"市场调节"机制，引导劳动者自主择业。针对在市场中未能就业的困难人员，公共就业服务机构作为一个公益性的组织，要起到"就业托底"的作用。

针对这些就业特困人员，我国为促进其就业，采取了多种措施：一是要建立健全就业援助制度和工作保障制度，加强对就业困难人员的认定和管理、就业援助和动态管理，认真落实各项帮扶措施。二是继续开展对零就业家庭的就业援助，实现零就业家庭的动态消零。三是加大公益性岗位开发力度，增加各级政府对就业资金的投入，对就业困难人员进行托底安置。四是全面推进充分就业社区建设，拓宽就业渠道，扩大和稳定就业困难群体就业。

（2）社会共促就业，注重发挥各部门和社团组织在就业服务工作中的作用。为加强对就业工作的组织协调，我国政府建立了就业工作部际联席会议制度。联席会议由人力资源和社会保障部牵头，共计31个部门和组织参与。联席会负责统筹协调和指导就业工作，各有关部门各司其职、分工负责，检查督促各项就业政策的落实。其中，妇联、工会、共青团、残联等部门作为联席会成员单位，也开办了各自的职业介绍机构。它们协助人力资源和社会保障部门，为促进就业工作发挥着重要的作用。

（3）推行"人本服务"，提升服务质量和效率。为全面推进公共就业服务体系制度化、专业化、社会化建设，我国在公共就业服务系统打出了"人本服务"的旗帜，推行"以人为本"的服务理念。在实践过程中，我们将人本服务细化为六个内涵：一是主动服务，公共就业服务机构不是被动地等待服务对象的需求，而是要主动走出去，及时了解他们的需求，主动开拓服务项目；二是个性服务，在开展一般性、共性服务的基础上，也要根据服务对象的不同需求，提供有针对性的、有个性特点的职业指导和其他服务；三是贴心服务，要设身处地为服务对象考虑，想其所想，急其所急，从细节入手，为其提供便利；四是诚信服务，信息要准确、可靠，服务承诺要保证兑现，服务成效要经得起检验；五是高效服务，办事程序要做到简便快捷，环境设施要做到处处方便，服务时效要不断提高；六是满意服务，要以所有服务对象对我们的服务过程和服务结果都表示满意，作为我们工作的出发点和落脚点。

推行"人本服务"，其核心目的是提高公共就业服务质量，提升其效率，最终要求是服务对象的满意。为推动"人本服务"，我国也建立了相应的激励机制，通过制度保障调动工作人员的积极性和创造性。

（4）开展专项活动，为困难群体提供针对性服务。针对我国就业结构性矛盾突出、企业"招工难"等问题，开展了旨在以帮助高校毕业生实现就业、促进农村劳动力转移就业、解决困难群体就业问题为重点的，由人力资源和社会保障部门联合有关部门、团体共同组织的，五个全国性公共就业服务专项活动。通过分别举办"就业援助月""春风行动""民营企业招聘周""高校毕业生就业服务月"和"高校毕业生就业服务周"活动，集中为劳动者和用人单位提供有针对性的就业服务，促进充分就业，维护就业局势稳定。

### 5.7 公共就业服务基本原则

（1）保基本。把握基本公共就业服务的公益性质，明确政府的主体责任，以促进社会就业更加充分和优化社会人力资源配置为主要目的，承担基本公共就业服务。

（2）可持续。完善财政保障、管理运行和监督问责机制，形成保障基本公共就业服务体系有效运行的长效机制。创新服务供给模式，引入竞争机制，不断提高服务质量和效率，实现公共就业服务可持续发展。

（3）均等化。按照覆盖城乡、普遍享有的要求，面向全社会提供统一、规范、高效的公共就业服务，方便各类劳动者求职就业和用人单位招聘用工，逐步实现地区间、城乡间基本公共就业服务均等化。

### 5.8 提升公共就业服务水平

（1）健全公共就业服务制度。近年来，我国政府不断加强公共就业服务制度建设，包括政府促进就业的工作责任制度、公共就业服务和就业援助制度、劳动力市场规范管理制度、职业能力开发制度、失业保险和预防预警制度以及劳动关系协调、劳动争议调解仲裁和劳动保障监察等制度初步建立。对劳动者普遍实行了免费的公共就业服务，对就业困难人员开展了就业援助，依法维护劳动者的就业权利，服务对象已扩大至城乡全体劳动者，有力地促进了就业，保持了就业局势的稳定和劳动关系的和谐。

（2）提高公共就业服务专业化、标准化水平。根据经济社会发展的需求，逐步拓展基本就业公共服务范围，充实服务项目，细化服务内容，规范服务流程，完善服务标准，全面提高服务质量和效率，实现公共就业服务专业化。逐步建立公共就业服务标准体系，明确公共服务机构设施建设、设备配置、人员配备等具体标准，为服务对象提供规范、便捷、优质的公共就业服务。

（3）提高公共就业服务信息化水平。建立全国统一的公共就业服务信息系统，健全全国统一的公共就业服务信息指标体系。以"数据向上集中、服务向下延伸、网络到边到底、信息全国共享"为目标，整合各类就业管理服务信息资源；以部省两级为核心建立就业信息数据库，形成覆盖城乡的公共就业服务信息网络和就业信息监测体系，实现就业管理服务工作全程标准化和信息化。

（4）健全公共就业服务绩效考核机制。要以提高公共就业服务绩效为目标，根据公共就业服务机构承担的免费服务工作量、服务效果和服务成本，研究建立公共就业服务绩效考核管理制度，切实提高公共就业服务效率和水平。

—— 内容小结 ——

1. 劳动力市场是生产要素市场的重要组成部分，是在价值规律和竞争规律作用下，通过劳动力供求双方自愿进行劳动力使用权的转让和购买活动、实现劳动力资源合理配置的机制。劳动力市场的基本功能，是通过劳动力使用权的转让与购买，实现劳动力资源的合理配置。

2. 随着我国市场经济体制的逐步建立，劳动力市场机制也得到大力发展。当前我国的劳动力市场还处于发展的初步阶段。发展劳动力市场的方向，是要确立市场机制在劳动力资源配置中的主体地位，建立市场导向的就业机制。

3. 近年来，我国的就业规模不断扩大，劳动者素质有所提高，就业机构进一步改善，就业局势保持了基本稳定。

4. 我国的公共就业和人才服务机构按照工作的重心和职责不同主要包括三类：一是公共就业和人才服务管理机构，二是公共就业和人才服务工作机构，三是以街道（乡镇）、社区（村）劳动就业和社会保障工作平台为主的基层公共就业和人才服务机构。

—— 关键概念 ——

劳动力市场　　就业服务　　就业援助　　春风行动　　人本服务

## 问题与应用

1. 分析本地区劳动力市场的基本供求状况。

2. 了解本地区公共就业服务机构的三大职能范围，并分析其成就和不足之处。

3. 根据本地帮助就业困难群体就业的情况，列举三项有影响的就业服务的专项活动。

# 第4章 职业指导与职业指导多元化服务

## 1 职业指导的概念、功能、作用和基本原则

### 1.1 职业指导的概念

不同国家对职业指导的称谓不一，人们对职业指导概念的理解也不同。例如，美国和加拿大称职业指导，日本称出路指导（专指学校里的职业指导），德国又称职业咨询，原苏联则称为职业定向教育，我国许多人经常将其与就业指导、择业指导混同使用。结合我国职业指导发展具体情况，以及人们对职业指导工作的进一步理解和认识，这里我们主张将职业指导表述为：职业指导是为求职者就业、就业稳定、职业发展和用人单位合理用人，提供咨询、指导及帮助的过程。这个定义意图表达四个方面的内涵：第一，强调指导对象是人力资源市场中求职者和用人单位两个主体，而不仅仅是求职者一个方面；第二，强调指导的最终目标是个人的职业发展和用人单位能够更好地做到人尽其才，而并不仅仅以就业为目的；第三，强调职业指导是一个过程，伴随人的整个职业生涯，而不仅仅是某一个阶段和时期；第四，强调职业指导更深层次的教育和帮助功能作用，而不仅仅是提供职业信息。

### 1.2 职业指导的目标与功能

#### 1.2.1 职业指导的工作目标

职业指导的工作目标主要可以概括为3点：

（1）帮助就业。有效地帮助求职者实现就业是职业指导人员首要工作目标，也是最基本的工作目标。在众多求职者中普遍存在职业意识缺乏、难于定夺职业决策和策略、职业信息匮乏、自我认识不足等各种有碍于个人就业的问题，这些问题的解决自然形成职业指导的重要内容。帮助就业的目标提出，体现了职业指导的重要职责，体现了职业指导在就业服务过程中的重要作用，体现了职业指导对求职者就业的积极促进作用，但更重要的是我国就业形势及其就业服务工作现实的需要。

（2）帮助就业稳定。职业指导帮助就业的目标，远远不能解决求职者、劳动者的客观需求，从更深层的角度讲，也不能认为是已经完成促进就业的使命。许多求职人员在就业上岗后，由于不能适应岗位要求，或难以融入企业文化等问

题，而造成就业的不稳定比比皆是，还有部分灵活就业人员因工资福利、劳动关系、社会保险等方面的不稳定而造成就业的不稳定，因此说职业指导应当在这方面发挥作用。帮助就业稳定与帮助就业的目标相比较，表现出一种递进，这种递进更加反映了职业指导服务要以人为本，反映了这种服务的深入化，同时，也说明了职业指导应用范围和价值，职业指导的工作着眼点应当更加注重个人职业的发展，强调跟踪服务，强调过程服务，这一点对人们重新认识职业指导的工作性质具有重要意义。

（3）帮助实现职业生涯的发展。如果说前两个工作目标是一种必要的过程的话，帮助实现个人职业生涯的发展则是职业指导的最终目标。这个工作目标反映了两方面的含义：一方面，它说明职业指导是一个过程，不论是就业环节，还是在就业后，它将伴随人的职业一生，人们处处需要职业指导；另一方面则更加明确地说明职业指导的工作性质，以及它在就业服务过程中的重要作用。解决每一个劳动者的就业或职业问题，是一种暂时的需要，固然很重要，但更重要的则是促其健康的职业发展。虽然后者的理念与前者相比，似乎显得不是那么具体，但这种工作目标无疑更加丰富了职业指导的内涵，更加考虑从实际需要出发，也更加体现了职业指导工作以人为本的核心思想，对职业指导人员而言，无疑也进一步提出了更高的要求。帮助实现职业生涯发展的工作目标的提出，使我们要重新考虑工作的对象、工作的范围、工作的内容，以及由此而带来的各种影响，职业指导人员应当牢记这个工作目标，不断地积极探索，不断推陈出新，立足为求职者、劳动者提供优质、高效的服务。

### 1.2.2 职业指导的功能

职业指导的功能可以从多方面进行考察，前面已就其对促进就业的作用进行了阐述，这里着重从其对个人和对工作两个方面的影响进行讨论。

（1）对个人的影响。职业指导对个人的影响，概括地讲，在职业准备中具有导向功能，在选择职业过程中具有定向功能，在求职过程中具有信息提供、能力训练的功能，在职业生涯过程中具有促进发展的功能。这些功能具体可概括为以下几点。

1）有利于个人社会化。职业指导帮助个人了解社会对不同职业角色的具体要求，并从这种需要出发帮助个人培养职业角色意识，了解企业文化、价值、经验和规范，从而确定个人职业理想，领悟社会对职业角色期待，懂得自己应该承担的社会责任和义务，增强个人社会适应能力。

2）有利于树立正确的职业观。职业观是人生价值观在对待职业问题上的具体体现，是一个人对待职业的观点和态度。一个人在就业和职业发展的每一个阶段中总是受一定职业观的影响，表现出特定的职业价值取向。职业指导正是在这个方面起着重要的作用。例如，一些大学毕业生通过职业指导后积极主动到基层就业、到中西部地区就业，一些失业人员经历职业指导后萌发了自主创业的想法等。

3）有利于做出明智的职业选择。职业指导一个重要的内容就是帮助个人了解职业，了解自我。对求职者进行诸如行业、产业、职业、岗位等情况的介绍，对职业性质、作用、特点及其发展趋势的宣传，对个人进行职业能力、职业人格、职业兴趣的分析，使得求职者在态度上更加实际，在方法上更加科学，很大程度上避免了择业的主观性和盲目性，对个人做出明智的职业选择起到了重要作用。

4）有利于身心健康和个性发展。人的正常生存所不可缺少的首先是职业活动，职业活动是个人身心健康发展的重要条件，职业指导正是通过帮助人正确选择职业、获得职业、适应职业使人获得满足感，获得愉快，获得幸福，此外，职业指导还帮助人们克服职业生涯过程中的各种心理冲突，例如，面对多种选择时的冲突感，担心失败的紧张感，对自己缺乏认识的自卑感等，这些对个人保持身心健康和个性全面发展都具有积极的作用。

（2）对工作的影响。

1）有助于建立科学开展就业服务工作的意识。人们在开展职业指导的过程中认识到，职业指导是一门科学，应当遵循其科学规律，许多地区在理论和工作方式上进行了有益的探索和尝试，建起了职业指导室，配备了职业指导员，在职业介绍的过程中增加了职业指导的程序，这些内容为就业服务工作注入了新鲜活力，对提高职业介绍、职业指导人员队伍的素质，有效促进就业，提高服务质量打下了良好的基础。

2）有助于促进就业服务工作的质量和效果。人们在进行职业指导的过程中，有意识地运用职业指导的技术和方法，切实解决一些实际问题。例如，利用职业指导技术帮助失业人员转变就业观念，帮助他们了解自我，了解职业，以更加理智的态度去择业等。人们结合自己的工作实践，开始总结出有特色的职业指导方法，如咸秀玉职业指导法、上海黄浦职业介绍所的"三五指导法"等，这些职业指导技术和方法对促进就业、提高就业服务质量起到了积极的作用。同时人们的服务意识受到强化，一批规范的职业介绍机构和优秀职业指导人员脱颖而出正是这种影响的结果。

3）有助于就业服务工作的提升和改革。人们在推行职业指导过程中，开始全面地理解和认识职业指导，从工作理念、发展战略到现实工作方法、技术等，多方面地加以研究和探讨。通过探索，职业指导工作目标更加明确。这个目标就是要紧密结合就业工作的实际，使之更加有效地促进就业，在就业服务工作中最大限度地发挥它的作用。人们深刻地认识到，实施职业指导不仅是要推广一种技术，更重要的是在实施一种战略。通过实施职业指导促进完善就业服务体系，促进提高就业服务质量，增强服务意识，拓展服务思路和范围，改进服务方式和手段。只有很好地在实际工作中找准职业指导的定位，充分发挥其功能作用，才能创造性地解决工作中遇到的各种问题。

4) 有助于就业服务队伍建设。在推动职业指导工作开展的过程中，一个最大的问题就是人的素质问题。因此，自1998以来，人力资源和社会保障部一项重要的工作就是加强职业指导人员队伍的建设。目前，这项工作有了较大的进展。这主要表现在3个方面：①队伍建设的规范化和制度化。制定职业指导人员国家职业标准，制定统一的培训大纲，编写统一的鉴定教材，实施全国统一的职业资格鉴定，彻底结束了过去以短期、临时性培训为主的做法，如图4—1所示。②队伍的总量在逐年增加。截至2014年底，遍及全国31个省、市、自治区有近十万人通过系统的培训和鉴定，获得职业指导人员职业资格证书，其中高级职业指导师1万余人，职业指导师3.4万余人，一支具有较高素质的专业化队伍初步形成。③队伍的人员分布更加合理。2002年前这支队伍基本仅限于劳动部门就业服务人员，截至2015年，这支队伍涵盖了残联、妇联就业服务人员、教育部门、企业人力资源部的人员、就读相关专业的研究生以及一些从事个体职业介绍和猎头公司的人员。人力资源和社会保障政策、就业服务的工作、职业指导的技术和方法正是通过这些人传播到社会各领域。

图4—1 职业指导人员职业资格培训在全国展开

总之，职业指导的推动可以促使人们更加系统、全面地考虑就业服务的性质和作用，强调认识上的提高，工作策略和方法上的改进和创造，强调实际问题的解决。这些内容对今后工作的开展奠定了良好的思想基础。

### 1.3 职业指导对促进就业的作用

职业指导对就业促进的作用，主要以就业服务为载体。这种作用有时直接体现在就业服务的过程之中，有时则间接体现在就业背后诸如教育、培训等环节中。主要可以归纳为四个方面：一是促进人力资源和社会保障政策的贯彻和落实；二是促进人力资源市场的合理有序流动；三是促使人力资源市场健康良好发展；四是促进教育培训的改革。

#### 1.3.1 促进人力资源和社会保障政策的贯彻和落实

职业指导促进人力资源和社会保障政策的贯彻和落实这一积极作用，可以说是无处不在。例如，在对失业人员进行职业指导的过程中，一项重要的工作就是就业和创业扶持政策的宣传，要帮助这些人员了解社会保险补贴政策、创业担保贷款和贴息政策、公益性岗位补贴政策等，促进其尽快实现就业；在对在校毕业生的职业指导中，要帮助他们了解劳动关系与权益保护政策，了解职业培训和职业资格证书制度，了解国家对高校毕业生的创业扶持政策等，促进其顺利实现初次就业或创业；在对农村劳动力进行转移指导时，要帮助他们了解有关权益保护的知识、了解职业培训和劳务输出政策等，促进其有序流动。总之，人力资源和社会保障政策正是通过职业指导这一重要途径而深入人心、得以贯彻的。

#### 1.3.2 促进人力资源市场的合理有序流动

（1）职业指导所具有的中介作用促进了人力资源市场有序流动。职业指导就像架在求职者、用人单位、学校之间的一座桥梁，既维护三者的利益，又促进三者的改革和发展，而更重要的是在三者之间建立起一种紧密的联系，这就是职业指导的中介作用。这种作用主要体现在两个方面：一是，职业指导促进人力资源供需合理匹配。例如，通过心理测试、个人面谈等多种方式帮助用人单位了解求职者的素质现状和求职要求，同时，又帮助求职者了解用人单位的工作环境、行业特点、用工岗位及招聘标准，促使供求双方的要求在最大程度上达成一致，实现人职匹配，促进人力资源的合理流动。二是，职业指导沟通了学校教育与社会需求的联系。社会发展的后备力量主要来自学校，各行各业的人才都由学校输送而来，这就决定了教育和社会的一致性。职业指导就像学校和社会之间的一条纽带，把二者紧密地联系起来。职业指导课程教育可以帮助学生了解社会，主动适应社会需要，提高自己的素质。通过职业指导，学校可以了解社会对人力资源的需求，按照社会需要调整专业设置，培养社会需要的专业人才，增强学校教育对社会需求的针对性。同时，人力资源市场中介服务机构与学校的沟通也有助于职业指导人员对学校学生素质状况的了解，有利于毕业生就业。

（2）职业指导可以促使人力资源的有效利用。随着我国经济的迅速发展，社会分工也越来越细致，形成多层次、多序列的职业岗位。不同的职业岗位对劳动者能力和素质的要求也不同。例如，市场营销人员要求计算能力、思维能力、表达能力、社会活动能力较强，而快递员则比较强调身体条件好、责任心强，对技能要求并不太高。对于每个劳动者而言，他们的工作能力、学历层次、兴趣爱好、身心条件又都有所不同，这些条件又决定着每个劳动者将要选择的职业群存在明显差异，这就必然造成人力资源的流动。

职业指导可以帮助人力资源供需双方进行选择，通过指导帮助求职者选择自己感到满意的工作，能够充满自信、主动积极地工作；通过指导可以帮助用人单位根据岗位需求选择适用的劳动者，提高了劳动生产率。人力资源的合理流动就是对劳动力资源的一种较好的开发和利用。

职业指导促进了人力资源市场对人力资源的流动调控作用。特别是在分析剩余人力资源的结构和社会对人力资源的需求发展趋势后，一方面帮助求职者主动了解自身知识、能力、素质结构，提高全面素质。另一方面，帮助用人单位发现现有人力资源的积极性，合理使用人力资源，根据市场状况调整招聘条件。同时，协助有关部门制定就业政策，扩大人力资源的使用途径和方向，为行业或产业结构的调整提供依据。总之，职业指导减少了人力资源的浪费，实现了人力资源的有效利用。

（3）职业指导可以帮助用人单位获得高素质劳动者。通过职业指导帮助用人单位在较大范围内选择高素质劳动者，是职业指导的又一项重要功能。用人单位在没有进入人力资源市场，缺乏职业指导的情况下，仅仅靠学校推荐或熟人介绍，想得到满意的人力资源是比较困难的，想挑选高素质的劳动者就更不容易，而通过职业指导服务，情况就不同了。职业指导可以帮助用人单位在众多符合条件的求职者中进行选择，用人单位可以通过面试、口试、笔试等方法考核挑选后，确定最合适的人选。这有助于用人单位在较短的时间里获得满意的、具备适用素质的劳动者。职业指导这种能够对高级人才选拔、推荐的功能，正是职业指导努力追求人职匹配的理念以及一系列的科学方法所决定的。

（4）职业指导传递职业信息。职业信息的传递，使求职者、用人单位、学校形成紧密联系。职业指导人员通过各种渠道搜集丰富的职业信息，并对职业信息进行归纳、整理，分析人力资源市场中的人力资源供需状况及发展趋势，然后把相关的职业信息反馈给求职者、用人单位、学校，使三者形成更紧密的联系。得到这些信息后，求职者可以根据自己的具体情况调整自己的求职方向和措施，学校根据信息可以重新考虑调整专业设置和教学计划，用人单位则可以重新确定招聘计划。

### 1.3.3 促使人力资源市场健康良好发展

这种积极作用主要表现在对求职者和用人单位的引导和帮助上。例如，对于许多求职者和用人单位而言，他们在进入人力资源市场时常常表现出一种盲从，在择业倾向、用人倾向以及多方面的问题上都存在着误区，而这些直接影响到人力资源市场正常运行，影响到供需双方的合理配置。显然，职业指导正是通过正确引导来帮助求职者和用人单位走出误区。职业指导一方面帮助求职者客观分析自己、获得职业信息、掌握求职方法、增强就业能力、确定求职方向；另一方面，帮助用人单位确定用人标准、选择招聘方法。整个过程中都在极力促成双方合理配置的成功，以实现求职者能够就业、用人单位能够获得满意劳动者、市场调节机制得到充分体现并不断完善的目标。

总之，职业指导如同一种催化剂，通过它的积极努力，人力资源市场交流范围不断扩大，通过对求职者和用人单位的帮助、引导，使人力资源的供需双方真正达到择业自由、用人自主，实现人职匹配，使人力资源市场中介服务机构在动态过程中实现良性循环，充满生机和活力。

### 1.3.4 促进教育培训的改革

职业指导与学校学生教育工作有着密切联系，它适应应试教育向素质教育转变的需要，特别是适应"职业教育以服务为宗旨，以就业为导向"的职业教育方针，是沟通学校与社会、职业准备与未来就业的桥梁。

为实现"两个一百年"奋斗目标和中华民族伟大复兴的中国梦，我们必须培养数以亿计的高素质劳动者和数以万计的专门人才，这是关系我国社会主义事业全局的问题。多年来学校教育存在着脱离际的问题，例如，教育结构不合理，片面追求升学率，不能为社会培养多层次、多技能的人才；专业设置不合理，学生毕业时所学非所用；学生知识与智能结构不合理，重知识、轻技能，不能适应社会需要。

在学校教育中融入职业指导内容，就是架设了一座连接学校教育培训和社会需求的桥梁。职业指导可以帮助学生确立正确的职业观，培养他们爱业、敬业、勇于奉献的良好职业道德，树立以集体主义为原则、以为人民服务为核心的崇高的职业理想；可以帮助学生了解自己，正确进行自我评价；可以帮助学生了解社会需求，从而明确学习目的、增强学习动力；还可以帮助学生进行升学和就业的选择。职业指导可以帮助学校向用人单位推荐符合单位需求的毕业生，并根据用人单位满意度的反馈和对人才需求的调查，调整教育结构、改变教学方式、提高教育质量、克服教育与社会脱节的弊病，从而使教育更加适应社会发展的需要。

## 1.4 开展职业指导工作的基本原则

（1）以提升就业服务工作质量和效果为出发点。要将职业指导工作作为贯彻就业服务"新三化"要求的重要工作内容。要以充分开发和合理配置劳动力资源为基点，以进一步提高就业服务制度化、专业化、社会化，提高就业服务质量为方向，以有效促进就业和再就业为中心，结合本地区实际情况制定工作计划，确定目标和任务，加快建立职业指导工作网络，建立健全职业指导制度，强化职业指导服务功能，拓展职业指导范围，推广职业指导技术和方法，联结职业介绍、职业培训等资源，促进就业服务工作深入有效开展。

（2）采取科学方法，提高职业指导工作水平。职业指导工作要改变单纯"上大课""说教式"的方法，各类就业服务机构、部门要组织职业介绍和职业指导人员，认真领会职业指导在就业服务工作中的重要功能作用，学习和运用先进的职业指导理念、技术和方法，结合本地区实际情况，采取适合的方式开展职业指导，并逐步实现专业化。要强调可操作性，要解决实际问题，努力帮助劳动者选择正确的求职道路，顺利走上就业之路，实现职业生涯的发展。

（3）从国情出发，结合实际，创造性地开展工作。要紧密结合我国就业形势，结合市场需求，采用有效方法和内容对不同就业群体、用人单位进行指导，职业指导与职业介绍、职业培训要有机结合，开发职业指导应用技术，建立职业指导技术传播的有效途径，拓展职业指导范围，进行技术科学创新，不断总结，不断探索，推广先进工作经验和技术成果，创造性地开展工作。

（4）加强队伍建设，建立孵化机制，发挥骨干作用。要充实职业指导人员队伍，进一步开展职业指导人员职业资格培训和鉴定。要选派具有较高政策水平和业务素质的人员承担职业指导工作，职业指导师、高级职业指导师要通过专业化的培训和传帮带等形式，培养年轻同志，培养区、街道（乡镇）、社区（村）有关就业服务人员；要在做好公共职业介绍机构人员培训和鉴定的基础上，向社会拓展，对残联、妇联、教育培训机构、个体民办职业介绍以及企、事业单位内有关人员进行广泛宣传，创造条件，积极组织他们参加培训和鉴定。逐步建立起一支结构合理、素质较高、规模较大，以公共就业服务机构为龙头、社会各部门为辅助的职业指导队伍。

（5）围绕社区就业，深入开展职业指导。职业指导工作要进入社区，要充分利用基层劳动就业社会保障公共服务平台开展职业指导工作。市级就业服务机构要逐步建立基层职业指导工作网络和工作机制，制定职业指导工作方案，不断汇总社区潜在岗位类型和需求，及时向社区内失业人员发布信息，推荐上岗；职业指导人员要走出职业指导室，开展巡回指导，要进入街道，进入企业，进入学校，进入家庭，宣传就业政策，传播工作方法，处理疑难问题，总结典型经验。贴近劳动者，方便用人单位，直接解决问题。

要以社区岗位开发为重点。要结合社区经济发展，培育小商品市场、物业管理、家政服务、养老服务、医疗保健、商业网点、文化娱乐、便民服务等多种就业渠道，不断创立社区就业服务项目。了解社区岗位，分析社区岗位特征，搜集社区就业岗位信息，与社区及有关部门建立稳定的合作关系，积极引导、推荐失业人员进入社区；要以家政服务岗位开发为突破口，细致调查，摸底分类，对有条件的失业人员，利用典型引路等多种方式，开展针对性指导，将政策、岗位、温暖送到家中，提供跟踪指导，主动搜集反馈信息，及时解决入户后的各种问题。探索社区就业指导的方法和途径，促进提高失业人员进入社区服务领域的人员比例和稳定性。

要做好社区预防性指导。要利用典型，通过现身说法，帮助失业人员转变就业观念，树立服务意识，了解社区就业岗位的职业要求，结合自身特点制定职业发展规划，做好上岗前的心理准备；要结合不同的社区岗位，总结归纳上岗后面临的问题，开展有针对性的指导，帮助人们克服职业心理障碍，掌握基本的服务常识和技能，提供应对措施和方法；要实施跟踪服务，及时帮助失业人员解决各种问题，使之尽快适应新的环境，促进个人就业稳定和个人职业生涯的发展。

（6）围绕困难群体开展职业指导。要对困难群体开展分类指导。要根据困难群体的就业条件进行调查摸底，建立特困指导档案，合理分类，逐一分析，挖掘特困人员自身特点和可利用的就业资源，结合就业政策，制定指导计划，提出具有针对性的援助措施和办法。要选派工作责任心强，具有丰富经验的职业指导人员负责，明确援助对象，明确援助的目标和任务，用爱心和诚心，实施职业指导的全程服务。

要帮助特困人员树立积极的就业意识和生活信念，克服自身弱点，宣传再就业政策，要结合每个人的具体情况，积极主动拓宽就业渠道，实施即时服务，想方设法排忧解难，推荐就业，指导就业。

要将困难群体的职业指导做深做细，做到共性问题共同解决，个性问题个别指导，特殊问题特别对待；要针对特困人员实施一对一的入户跟踪服务，开展多种形式的沟通，了解困难，建立信赖感，动员全社会各方面的力量献上一份爱心，献上一份力量，尽到一份责任；要采取安排专门的职业指导员、建立专门的服务窗口、召开专场招聘会、树立先进典型等多种形式，将就业政策、劳动力市场信息、求职计划、就业指导和训练送上门，对重点人员要提供应急措施，多方面引导，多渠道推荐就业，多层次提供就业援助。

## 2 我国职业指导发展历史及国内外的典型做法

### 2.1 我国职业指导发展历史

我国职业指导工作伴随我国经济社会的发展，经历了萌芽、孕育、发展和提升四个阶段。

(1) 萌芽阶段（—1985年）。职业指导思想的启蒙可以追溯到我国古代的孔子、孟子、荀子等先贤，体现出以礼制分、尊卑有等的职业分层，脑体相别、学优则仕的择业取向，子承父业、师徒传承的从业规律，贵贱分级、重农抑商的职业管理等。

1930年左右，以黄炎培为首的中华职业教育社提出了"大职业教育主义"，受此影响，作为职业教育三大支柱之一的职业指导也步入了快速发展的轨道，其间，私立的上海职业指导所和公立的全国学术工作咨询处发展尤其引人瞩目，堪称职业指导界两朵奇葩。随着《职业介绍法》等法规制度的纷纷颁布，在职业指导的研究方面涌现出了诸如刘湛恩、潘文安、何清儒、顾树森、钟道赞、陈选善等一大批职业指导专家，提出了一系列结合我国国情的职业指导思想。

(2) 孕育阶段（1986—1997年）。在这个时期，我国就业随着劳动制度的改革和劳动法的出台，由市场就业取代了统包统配，公共就业服务体系开始建立，职业指导也有了实践的基础，并开始启动。在认识上，人们对职业指导应用的科学性、专业性有了初步理解；在实践中，已将它作为就业服务的重要内容和手段；在政策上，颁布了《职业指导办法》（1994），为全面开展职业指导工作提供了政策先导；在方法上，将学习引进国外做法同总结开发国内实践相结合。这个时期，职业指导虽初露头角，但已呈现出它日后发展的勃勃生机。

(3) 发展阶段（1998—2007年）。这个时期，解决下岗失业人员的就业问题首当其冲，同时，农村富余劳动力转移速度加快，高校毕业生大批涌入就业市场，我国就业呈现出前所未有的巨大压力。为应对就业压力，我国制定实施了积极的就业政策，全面建立公共就业服务体系，职业指导也得到了长足发展。在公共就业服务机构及院校就业指导中心、残联就业服务场所建立起近万个职业指导室和职业指导窗口。1999年《职业指导人员国家职业标准》出台后，在公共就业服务机构及相关系统组织开展专项培训，培养大批职业指导专业人员，他们边培训、边实践、边总结，成为职业指导工作的骨干；1999年在全国表彰的"十佳职业指导人员"，更树立了一批典型，带动了工作的开展。近十年中，全国形成了10万人的职业指导人员队伍，职业指导的工作领域从最初的公共就业服务机构，扩展延伸到院校、残联、妇联、体育、司法等系统的就业服务机构。职业指导成为公共就业服务的重要内容和手段，一批规范的工作机构和优秀职业指导工作者脱颖而出。

(4) 提升阶段（2008年至今）。这个时期，我国进入就业转型期。《就业促进法》的出台是一个新的起点，应对国际金融危机实行的扩大和稳定就业"六大举措"是一项重大考验。在经济转型中人们对好的工作的追求，对素质就业、平等就业和稳定就业的期望值的提高，更是重要的体现。就业工作战线的同志开始建立新的理念,即:职业指导的本质就是帮助人们实现就业并提升和发展职业生涯,它是人本服务的重要体现,是对公共就业服务更高层次更高水平的要求。许多同志以服务对象的需求作为工作的出发点和落脚点,努力使职业指导更精细、更规范,更具实效。

目前正在制定《职业指导服务规范》国家标准,进行更加科学系统的职业指导方法和技术的研发,一些地方研发职业指导科学管理的系统,一些地方注重窗口、功能建设,从细节上做起,提升指导服务的质量,一些地方结合每年的几大专项服务,将职业指导送到下岗失业人员、农民工和大学生的身边等,都很好地反映出我国职业指导正在向更高层次迈进。

## 2.2 国外职业指导开展情况介绍

国外职业指导大部分起源于心理学的基础理论学科,例如,生理心理学中的反射理论、普通心理学中的个性理论、社会心理学中的社会化理论和态度理论、发展心理学中的终生发展理论等,都为职业指导的发展提供了广阔的理论背景。国外主流职业指导基本可以归纳为两条"支流":一是帕森斯(Frank Persons)所开创的"从个体出发"的职业指导发展路线;二是闵斯特伯格(Münsterberg)所开创的"从职业组织出发"的职业指导发展路线,当前,这两条"支流"汇集在一起,在职业世界中发挥着越来越显著的作用。从各国职业指导工作开展的实际看,他们特点非常鲜明,有的注重职业指导体系建设,有的强调职业指导从学校抓起、从孩子抓起,有的强化自助式职业指导,有的注重职业指导过程的精细化,现将部分国家职业指导工作的典型做法介绍如下。

(1)强化职业指导体系建设。许多国家非常重视职业指导的体系建设,搭建了一套比较健全的职业指导框架体系和组织形式,强调的是职业指导工作的系统性和无缝连接,其中以美国的政府、社会和学校横向三级职业指导体系及法国的中央、地区和地方纵向三级职业指导体系比较具有代表性,具体介绍如下。

美国在政府立法支持下,已经形成了由学校系统、政府系统和社会系统相互补充、协调的完整体系。①在学校系统中,从联邦政府教育总署到州、地方学区都设有专管青少年职业指导的人员,各学校设有职业指导业务机构。②在政府系统中,联邦设有国家职业情报协调委员会,各州也设有职业情报协调委员会,向社会提供就业信息,建立职业供求的数据结构,为劳工部认可的1.3万个职业提供有关资料。③社会系统中,除前述职业指导行业组织和学术组织外,有关社会科学的学者与职业组织合作,在职业问题研究领域中推出了许多在世界范围内产生重大影响的成果,其中,不同流派的心理学家为职业科学的发展做出了重大贡献,这些贡献推动了美国职业指导的蓬勃发展。

法国的职业指导管理体系由中央、地区和地方三级组成。其工作特点是,中央集中领导，依靠校外机构沟通学校与社会各方面的联系，实施职业指导。①中央一级由教育部直接领导，设立职业指导部和全国教育与职业信息委员会。职业指导部负责指导人员的培训，制定职业指导政策，研究职业指导理论；全国教育与职业信息委员会研究全国劳动力市场、经济和教育发展趋势、各种职业需求与要求，编制各种职业和教育信息资料，出版职业指导专业刊物，并负责协调教育部门与社会其他部门的联系。②地区一级设有地区职业信息与指导委员会，主要职责是沟通地方与中央的联系，负责落实职业指导部与上级委员会的政策和计划，向上级通报本地区的职业指导情况；对地方则是负责协调工作和处理人事问题，并负责检查地方职业指导工作，帮助地方职业指导组织与当地其他社会机构加强联系。③地方一级则设立职业信息和指导中心，直接为学校和学生提供服务，并接受社区失业或转业人员的来访，为他们提供帮助。

（2）将职业指导重心前移到学校。许多国家将职业指导的重心前移到学校，强化学校在职业指导的责任，强调职业指导从学校抓起，从孩子抓起。日本和加拿大就是这种预防性职业指导的典型代表。具体介绍如下：

日本的职业指导又称"出路指导"，由政府文部省负责，通过颁发有关文件对全国学校的职业指导工作进行监督。每一所学校都在校长的指导下成立出路指导部，发挥连接企业与学生、直接指导学生职业选择的作用，各校因地制宜地实施出路指导。有的学校不但设有统管全校出路指导工作的主任，还分别设置专人负责全校出路指导的规划与经营、信息资料收集、调查与鉴定、出路教学方面的工作。有的学校还设置对外联络组，负责同有关企业单位的联系和协调。绝大部分学校设立了出路指导委员会，所有指导工作都按文部省规定，有严格的、具体的指导工作计划。文部省编辑出版的《初中、高中出路指导手册》列出了名目繁多的指导计划，供一线的指导管理者根据教学需要选择使用。

加拿大的职业指导强调从小抓起，主要目的是使所有学生从小都能受到职业指导课程的影响，以赋予学生充分发展个人天赋才能的力量。他们从小就培养孩子正确的职业观，提前确定职业生涯目标，将学习的过程变成有针对性的就业准备过程。①在小学阶段，课程目标主要是让小学生初步了解社会上各行各业的工作。小学开设的职业指导课，低年级以模仿、游戏为主，如角色扮演游戏，学生以售货员、警察、记者等身份进行游戏活动，从而使学生了解不同职业的特点。②在中学阶段，课程目标主要是帮助学生选择适合自己的职业，进行职业定向、职业探索，并使他们掌握基本的职业技术技能。他们通过问卷调查、心理测验等形式，让学生清楚、准确、全面地了解自己，认识自己的智力、能力、兴趣、气质等各方面的优缺点。他们还让学生了解社会各行业工作的要求及特点，知晓各行业工作对被聘任者知识水平、智能、个性等胜任条件的要求，知晓各行各业工作的优越性、局限性、报酬、机会、前景等相关方面的情况；通过综合分析自我能力和工作要求的事实及其关系，找出最佳的选择答案。这类工作不但在中学阶段，而且在大学及以后也多次进行。

(3) 强调职业指导的自助性。有些国家在开展职业指导工作时十分强调其自助性，通过搭建职业指导自助平台让求职者实现自我认识、自我实现，这种自助式职业指导比较适合文化程度较高的大学生。

以瑞典为例，他们建立了全国统一的专业职业指导网站，为大学生等就业群体提供网上自助职业指导。这种方式在解决现实职业指导过程中遇到的一般性问题，如分析自己、了解职业等有较好的效果，可以起到一定的替代作用。同时，它还具有信息量大、不受时间约束、符合青年人特点等优点。可以说，这种网上职业指导是现实职业指导的一种很好的补充手段。

在这个全国统一的职业指导网站中，已经明确了求职目标的求职者可在职业指导网站直接输入职业名称，网站就能自动显示符合条件的就业信息（也可以对工资水平、地理位置等相关条件进行限定，再进行针对性的搜索）；没有明确求职目标的求职者，网站可提供"分析自己→了解职业→确定求职目标"的自助服务。网站设有测评功能，通过测试，求职者可了解自己的职业兴趣、职业能力、职业人格，网站可根据测评结果，推荐合适的职业清单，求职者根据清单确定自己满意职业后，查询相关就业信息。这个网站还设有求职地图，供未确定就业地区的求职者使用。

(4) 注重精细化的职业指导。有些国家十分注重职业指导的质量和效果，体现了对不同群体指导的针对性。例如，澳大利亚开展的分级职业指导就体现了这种精细化职业指导的魅力。

澳大利亚对求职者的职业指导工作，主要强调的是分级指导。他们在摸清服务对象基本情况后，按需提供服务项目，确保公共就业服务最大效益化（经费、人员、场地、设施设备等）。他们将求职者按求职困难程度分成1~4个级别，1级难度最小，4级难度最大。求职困难程度依据求职者分类工具确定，该工具包括18个因素变量，如年龄和性别、最新工作经历、求职者接受救助简历、教育程度、职业资格、英语精通程度、出生国家、地理位置、交通便利性、残疾/治疗条件、居住稳定性、家庭情况、生理和心理因素等，每个因素根据不同情况给予不同分数，最后加总，总分是判定求职者就业困难程度的依据，分值越高，求职困难程度越高。求职者就业困难程度确定后，服务机构与求职者共同制定"就业路径计划"，双方签订协议，提供对应级别的服务。"就业路径计划"内容包括计划开展的求职活动、获得新技能或职业资格、获得工作经验、克服其他就业障碍等。

(5) 加强对职业指导人员的继续教育。许多国家非常重视对职业指导人员的继续教育和培训工作，并将此作为做好职业指导工作的重要保障。例如，芬兰公共就业服务机构就建立了职业指导人员继续培训制度，规定每人每年必须达到的培训时间，从制度上保障职业指导人员能够不断提高，不断进步。此外，芬兰还建立了专门的国家培训中心，负责开展职业指导人员继续培训工作，培训内容除通用职业指导技术培训外，还结合当前就业情况，开展一些专项培训。

### 2.3 国内职业指导开展情况介绍

当前，我国职业指导工作还处在起步阶段，但各地公共就业服务机构在做好一般性职业指导工作的基础上，积极探索、勇于实践、不断创新、亮点纷呈，引领和推动了我国职业指导工作的深入开展。现把各地实践探索的做法介绍如下。

（1）开展职业指导标准化建设。有些地方结合各自职业指导工作实践，开展了职业指导标准化建设，北京市自2010年起，由市职业介绍服务中心牵头，开发制定了北京市《公共职业指导服务规范》《公共职业介绍服务规范》等地方工作标准，2015年正式颁布实施。2014年他们又着手制定北京市《公共职业介绍绩效评估》和《公共职业指导绩效评估》等，迈上了职业指导制度化、规范化和标准化建设的新台阶。

（2）推进职业指导进校园、进企业。为使职业指导工作更具针对性，各地纷纷将职业指导工作移到学校、社区、企业，发挥了辐射性的效果。

例如，广东某职业技术学院以"就业创业文化"为主导，建立2000平方米国家级职业指导室，打造就业式校园，形成100多个就业项目，营造就业式的职业教育氛围，学生在校3年明确职业目标、明确就业岗位、明确岗位所需职业技能；同时，创建大学生创业学院、大学生创业指导教研室，为学生创业提供资金、场地、服务等多种形式的帮助。

烟台市人力资源市场在开展企业用人指导试点工作过程中，深入分析"招工难"症结，注重服务精细化，探索推行分步引导"四步法"（调查诊断、研究论证、对症下药、持续跟踪），为企业提供了全面、便捷、高效的用人指导服务。

近年来，许昌市职业介绍服务中心通过"对比法、算账法、保障法"等技术方法，为企业开展用人指导，帮助企业完善招聘方案，制定科学的人力资源管理制度，确保了企业对人才"招得来、留得住、用得好"。

（3）加强职业指导信息化建设。各地充分利用大数据、云平台、互联网等先进技术，使传统的职业指导工作插上了信息化的翅膀，发挥了倍增效应。

北京市职业介绍服务中心组织开发了职业指导计算机信息管理系统，实现了市职介中心和下辖各区县职介中心职业指导信息的互联互通，一线职业指导人员可使用该系统记录指导的开展情况，撰写案例分析等，所有联网用户都可以在线查询、交流有关职业指导信息。目前，北京市职业介绍服务中心已推出多部基于该平台汇集整理的职业指导案例集。

# 创新职业指导——新理念

## 第4章 职业指导与职业指导多元化服务

上海市人力资源和社会保障局开通了在线提供就业指导服务的网络平台——"就业直通车",并在全市推广运用。"就业直通车"是一款通过人机对话模式接受职业指导服务的平台,其中包含个人性格及职业兴趣测试,帮助求职者自我诊断,以及就业政策、咨询、新人求职方法等内容。职业指导员还全程跟踪求职者的学习进度,评估每位求职者的个性化需求,提供配套跟踪服务,帮助求职者走出家门,实现就业。

为帮助大学生了解全国二三线城市和学校各专业对应职业岗位信息,进一步增强求职地域和岗位的针对性和广泛性,曲阜师范大学利用大数据技术,采集制作了二三线就业目标城市信息,截至目前已完成近 200 个城市数据的采集,所得信息做成图表向广大同学展示。二三线就业目标城市锁定在全国 GDP 连续三年增长的地市级城市及全国百强县中人才需求量大、专业限制小的城市。信息数据由三级指标构成:一级指标包括城市的经济发展、就业情况、生活状况、自然环境等四项信息;二级指标包括 GDP 增长水平、工资和生活消费水平、产业布局及结构、就业信息、户籍档案管理、地理位置、人口密度、教育、交通等九项信息;三级指标包括近三年 GDP 增长情况、人均 GDP、大学生起始工资、平均工资、购房价格、户籍档案管理、城市面积、城市人口等 21 项三级指标。

(4)注重职业指导人员的后续培养。各地公共就业服务机构注重对职业指导工作人员的后续培养,他们或是加强对他们的后续教育和培训,或是通过职业指导大赛让他们脱颖而出,进而培训他们成为行业的领军人物,或是关心他们的生活,提高他们的待遇……

北京市职业介绍中心除组织职业指导人员参加国家职业资格鉴定外,还多次组织全市各区县公共就业服务机构的职业指导带头人和部分在一线从事职业指导工作的人员参加职业指导继续教育培训,强化他们的职业技能,提升他们的业务水平。安徽省就业局连续多年在全省范围内面向高校教师和就业服务部门工作人员,组织职业指导培训。被培训学员中有多人在就业促进会和中国就业培训技术指导中心组织开展的两届职业指导师高级年会中被评为星级职业指导师,并有多项职业指导成果和论文获奖。

2011 年北京市人社局举办了"春晖杯"职业指导技能大赛。大赛分为个人赛和团体赛两种形式,面向北京市各级人力资源社会保障公共就业人才服务机构,和社会人力资源服务中介机构。全市共 2 600 多人报名参赛。大赛的前十名选手被聘为"北京市公共就业人才服务机构职业指导巡讲团"专家,多名参赛选手成为各区县职业指导带头人。

2010 年,为加强就业指导师资队伍建设,广东省相关部门制定并实施相关政策,落实高校、技工院校就业指导教师待遇,取得职业指导师、高级职业指导师资格的就业指导老师可分别享受讲师、副教授同等待遇。

（5）打造职业指导工作品牌。为了更加有效、精准地为求职者和用人单位开展职业指导服务，有些公共就业服务机构发挥名人效应，打造品牌职业指导工作室，为服务对象提供个性化、专业化的优质服务。例如，上海市就业促进中心开通了"汪美萍首席职业指导工作室"，烟台市劳动就业办公室推出了"韦一职业指导工作室"等。

（6）开展职业指导特色活动。各地根据自身实际，探索开展了特色职业指导活动，通过这些活动的开展向社会宣传职业指导、普及职业指导，让职业指导成为全民参与的活动。例如，2009年，上海市人力资源和社会保障局联合市委宣传部等多部门实施了"东方讲坛·职业生涯活动"，该活动以疏导青年职场困惑、关注青年职业生涯为宗旨，由上海市近百名公共就业服务机构职业指导专家，通过讲座、演讲、咨询、指导、问卷调查等形式，为广大青年提供面对面的职业指导服务，内容涉及职业定位、岗位咨询、岗位见习、职业指导、职业生涯设计等。活动开展以来已经编制了多本讲座教材、视频光盘等资料。

## 3 职业指导的对象和工作范围

### 3.1 职业指导的对象

职业指导的工作对象包括劳动者和用人单位两个方面。其中，劳动者主要是失业人员、新成长劳动力、农村富余劳动力、特殊群体和在职人员5个主要群体。在此，我们之所以再提出这个问题，主要是为了使职业指导人员更加明确自己的工作重点，以提高职业指导的实际效果。

（1）失业人员。这方面人员可以说是整个人力资源市场相对最弱势的群体，是目前就业问题的主要焦点。对失业职工的职业指导重点是在帮助他们平稳实现职业转换，实现再就业，如图4—2所示。

（2）新成长劳动力。这方面人较其他就业群体相对具有优势，但近年来每

图4—2 对失业人员进行职业指导

年要求就业的人数量激增,而这部分就业群体本身存在心理准备不足、职业意识淡薄、择业观念陈旧等问题,自然成为就业服务所关注的对象,当然,对某些毕业生而言,他们的问题可能不在于暂时的就业问题上,而是他们未来的职业发展问题。可见,对新成长劳动力职业指导除要帮助他们尽快完成初次就业的过渡外,还要帮助他们设计脚踏实地的"今天"和更加美好的职业未来。值得注意的是,高校职业指导工作越来越重要,如图4—3所示,重点包括两个方面,一是对在校学生的职业指导,二是对离校未就业高校毕业生的职业指导工作。

图4—3 对新成长劳动力进行职业指导

(3)农村富余劳动力。这是一支庞大的就业群体,有着吃苦耐劳、朴实憨厚等一些优秀的就业品格,但另一方面也存在着素质偏低、职业技能不足等致命弱点,这些不足在很大程度上影响他们转移就业、就业稳定,以致难以实现职业生涯的发展。可以看到,近年来农村剩余劳动力的就业服务工作明显加强,如图4—4所示,这不仅反映出就业形势的宏观需要,也反映出这方面工作将成为未来很长一段时期内要重点完成的目标,而职业指导必将在其中发挥重要作用。

图4—4 对农村劳动力进行职业指导

(4)特殊群体。特殊群体包括残疾人、复员转业军人、就业困难的失业人员、刑满释放人员等。这类群体在失业人员中占有一定比例,他们由于各种原因在市场化就业竞争中处于劣势地位,特别需要各级公共就业服务的帮助和指导。做好特殊群体的职业指导工作对促进他们的就业和社会的和谐稳定具有特别重要的意义。

（5）在职人员。这主要指那些已经完成初次就业，正在自己的职业岗位上工作的人员，他们可能是国有企业的职工，也可能是小企业中的办事人员，还有可能是国家机关中的公务员，也可能是某合资企业中的职员，总之，他们所在的部门、所从事的职业、年龄不一，职业环境各有不同。不难推测，这一就业群体也是数以亿计的。然而，许多职业指导人员并没有将这些人纳入自己的视野里，其实，这类人群在自己的工作岗位上所遇到的各种职业适应性问题、职业发展问题也亟待我们去解决。由于这些人有时很难找到有资质的职业指导人员，一般问题的解决常是通过周边的非专业人员或干脆被掩盖。从职业指导帮助个人实现职业生涯发展的工作目标上看，面对这一就业群体，职业指导似乎才真正找到了存在的价值。令人遗憾的是，我们在这方面重视程度还不够，工作的推动也远不能满足市场的需求，这是一个重要的工作增长点，也是一块广阔的市场，职业指导人员应当在这方面有所作为，应当引起其足够的重视，如图4—5所示。

图4—5 对在职人员进行职业指导

总之，职业指导工作的对象涉及众多人群，这既反映了职业指导工作的重要价值，反映了它广阔的工作前景，同时也预示着我们的工作任重道远。面对如此多样化的人群及问题，职业指导尚需长时间的提高，所有职业指导人员应当为此做出不懈努力。

## 3.2 职业指导的工作范围

职业指导的工作范围主要包括咨询与指导、信息采集与处理、职业素质测评、职业设计和帮助实施5个方面。按照职业指导人员分工不同，其中的具体内容会产生一些变化。下面针对职业指导师这一职业资格等级所涉及的工作内容，举例加以简要说明。

（1）咨询与指导。咨询与指导是职业指导人员最重要的工作内容，也是最普遍的工作方式，大多数情况下，职业指导人员的工作主要集中在这个方面。其基本内容见表4—1。

第4章 职业指导与职业指导多元化服务

表4—1 职业指导师咨询与指导模块工作要点

| 职 业 功 能 | 工 作 内 容 | 技 能 点 |
|---|---|---|
| 咨询与指导 | 接待登记 | 能够编制求职与用人接待程序 |
| | | 能够编制职业指导业务规程 |
| | | 能够编制录入、建档基本要求 |
| | | 能够处理接待工作中的疑难问题和突发事件 |
| | 信息咨询 | 能够判断来访者信息咨询的要求，并为职业指导员和助理职业指导师等工作人员提供指导 |
| | | 能够为来访者提供全面的信息咨询 |
| 咨询与指导 | 诊断咨询 | 能够进行全面诊断咨询 |
| | | 能够接待疑难问题咨询者 |
| | | 能够归纳咨询的注意事项 |
| | | 能够建立咨询目标和咨询标准 |
| | 择业指导 | 能够对下岗失业人员进行择业指导 |
| | | 能够对大中专毕业生进行择业指导 |
| | | 能够对进城务工人员进行择业指导 |
| | | 能够对有创业意愿人员进行创业指导 |
| | | 能够对职业指导员和助理职业指导师进行工作指导 |
| | 用人指导 | 能够为用人单位提出招聘方式建议 |
| | | 能够为用人单位规范用人、建立劳动关系提出建议 |
| | | 能够指导职业指导员和助理职业指导师等实施择业指导 |

（2）信息采集与处理。职业指导过程中，向求职者、劳动者提供职业信息，与各方面交换信息，帮助人们制定决策等，都决定了职业指导人员需要对各种职业信息进行采集与处理。但应当看到，这项工作内容在一定程度上是一种间接的服务，尤其是由于工作的细化，职业信息分析师这一新职业的出现，职业指导人员在日后工作中将把更多的精力放在为求助者有针对性地提供信息和对其进行解释上，未来的职业指导人员应当格外加强这种能力，掌握其要领。其基本内容见表4—2。

表 4—2　　　　　　职业指导师信息采集与处理模块工作要点

| 职业功能 | 工作内容 | 技 能 点 |
|---|---|---|
| 信息采集与处理 | 采集方案的设计与实施 | 能够设计综合汇总信息报表，并为他人提供工作指导 |
| | | 能够设计实施问卷调查，并为他人提供工作指导 |
| | | 能够示范和指导他人，利用网络和公众媒体采集劳动力市场供求信息 |
| | | 能够与用人单位和其他有关部门保持稳定的客户关系，并为他人建立客户关系进行引导 |
| | 信息的整理与分析 | 能够编制劳动力市场供求信息采集进行登陆、审核、分类整理的程序 |
| | | 能够制作劳动力市场供求信息统计图表 |
| | | 能够对劳动力市场供求信息进行定性的解释 |
| | | 能够对劳动力市场供求信息相对指标分析 |
| | 信息的发布 | 能够进行简单的广告策划 |
| | | 能够选择适合的媒体渠道发布信息 |
| | | 能够指导他人建立信息发布制度 |
| | | 能够组织大型劳动力供需交流会 |

（3）职业素质测评。帮助求助者认识自我是职业指导重要的工作内容，职业素质测评是实现这一工作目标的重要手段之一。这方面内容专业性很强，但许多人却误认为其容易且简单，还有人过分夸大其作用，以致达到崇拜的地步，这些都造成误用、滥用测验的现象比比皆是，显然，职业指导人员正确运用职业测评技术，对提高职业指导的质量有着非常重要的意义。其基本内容见表4—3。

表 4—3　　　　　职业指导师职业素质测评模块工作要点

| 职业功能 | 工作内容 | 技能点 |
| --- | --- | --- |
| 职业素质测评 | 设计测评方案 | 能够设计个人和单位的基本测评方案 |
| | | 能够确定典型职业测评的目标 |
| | | 能够根据测评目标和对象选用适当的测评方法和工具 |
| | | 能够确定测评工具的实施步骤 |
| | | 能够根据测评对象确定测评结果的呈现方式 |
| | 标准化测验施测 | 能够讲解标准化测验的原理 |
| | | 能够按照主试的职责实施职业测评 |
| | | 能够实施测评计分 |
| | | 能够统计并解释测评数据 |
| | 辅助面试和其他测评工作 | 能够实施面试过程 |
| | | 能够实施情景性测评过程 |
| | | 能够评定服务对象的测评结果 |
| | 撰写测评报告 | 能够撰写标准化测验的个体分析报告 |

（4）职业设计。职业设计是职业指导人员工作的难点，几乎所有求助者都要面临这个问题。科学的职业设计方案将有助于个人的发展，但错误的设计将会引人入歧途，甚至贻误终身。职业指导人员要加强这方面的实践，提高能力，为求助者提供更高质量的服务。其基本内容见表 4—4。

表 4—4　　　　　职业指导师职业设计模块工作要点

| 职业功能 | 工作内容 | 技能点 |
| --- | --- | --- |
| 职业设计 | 职业取向分析 | 能够实施职业取向分析 |
| | | 能够为个体撰写职业取向分析报告 |
| | | 能够讲解职业取向分析的基本方法 |
| | | 能够帮助来访者澄清职业取向的设计需求 |
| | | 能够帮助来访者进行自我探索 |
| | | 能够帮助来访者进行职业可能性的探索 |
| | | 能够帮助来访者进行职业环境的探索 |
| | | 能够帮助来访者学会职业取向的决策方法 |
| | | 能够促进来访者做出职业取向的决策 |

续表

| 职业功能 | 工作内容 | 技能点 |
|---|---|---|
| 职业设计 | 培训项目设计 | 能够讲解培训项目设计的基本方法 |
| | | 能够撰写个体职业项目设计的报告 |
| | | 能够根据来访者的需求确定培训项目的总体目标 |
| | | 能够根据培训项目目标和培训对象设定培训项目的内容和方式 |
| | | 能够根据培训项目的内容和方式确定培训项目效果的评估方式 |
| | 岗位用人设计 | 能够实施岗位分析 |
| | | 能够根据用人单位的任务需求确定工作岗位 |
| | | 能够根据用人单位的工作岗位确定用人标准 |
| | | 能够根据用人单位的用人标准设计招聘方法与计划 |
| | | 能够对用人单位岗位用人设计进行评估 |

（5）帮助实施。从表4—5中可以看出，帮助实施的内容与前面所阐述的内容相比较，要求职业指导人员从更加实际的角度，对服务对象实施援助。这种援助已经不仅仅局限在某一个技术环节或某一种方法上，而完全是体现在一种活动中，以项目实施的方式直接针对求助者的就业问题展开。职业指导人员的职业资格等级越高，其活动就越复杂，对运作的能力要求也越高，换言之，越是具有高级职业资格的职业指导人员，越是应当在这些方面发挥重要作用。特别值得提出的是，这些内容完全根据我国就业服务工作实践提出、提炼，对实际工作开展具有重要指导意义。其基本内容见表4—5。

表4—5　　　　　职业指导人员帮助实施模块工作要点

| 职业功能 | 工作内容 | 技能点 |
|---|---|---|
| 帮助实施 | 组织供需交流 | 能够组织或代理中高层次职位的招聘洽谈 |
| | | 能够管理安排较大规模的招聘洽谈会活动 |
| | | 能够组织跨地区劳务交流与合作 |
| | | 能够收集和分析供需双方交流结果信息，对本部门业务进行评估 |

续表

| 职业功能 | 工作内容 | 技 能 点 |
|---|---|---|
| 帮助实施 | 实施职业培训 | 能够联系用人单位、求职人员和培训机构,帮助制定和实施中高等级职业工种的定向培训项目 |
| | | 能够收集和分析中高等级职业培训的报名生源、培训鉴定和人员录用等结合效果,提出优化培训项目的建议 |
| | 联系就业援助 | 能够根据相关政策指导用人单位吸纳属特殊群体的人员就业 |
| | | 能够联系有关单位和社区组织对就业有特殊困难的人员进行保护性安置 |

## 4 职业指导基本原理

从国内外过去的职业指导论述不难看出,在这方面有两个重要的特征,一是几乎所有的观点都来自国外,二是所有观点几乎又都从个人的发展角度进行阐述,例如,弗兰克·帕森斯创立的"特性—因素论",约翰·霍兰德创立的"人格—职业类型理论",萨帕创立的职业发展理论等。可以肯定地讲,这些理论对我们认识职业指导的性质、作用等起到了重要的作用,甚至影响了几代人,从实践上看,它对推动我国职业指导工作也起到了重要的影响。例如,截至今天,我国大多数就业服务机构仍然以"特性—因素论"为指导,开展职业介绍和职业指导。但是,从我国职业指导工作现实需要来看,这些理论已明显暴露出其局限。

这种局限主要反映在三个方面。首先,由于这些理论都从个人角度出发,在一定程度上揭示了职业指导问题解决的机理,但是它却很难说清职业指导工作将怎样开展才能在更大程度上使更多人从中受益,才能在最大程度上发挥其功能作用,而这个问题正是我们在实践中必须解决的。其次,这些理论更重视的是问题发生后的解决,但却没有很好地揭示如何解决问题发生前的预防。在实践中我们看到,对于我国这样一个人口众多的国家而言,预防的问题似乎显得更加迫在眉睫,其意义则更加重大。第三,由于国情的不同,这些理论很难更有针对性地指导我国具体实践。例如,帕森斯的"特性—因素论",它强调的是人职匹配,这个理论的应用要具备一个基本条件,那就是作为求职者和用人单位,两方面的资源应当相对丰富,如果有一方面的资源过于单一或匮乏,那么,这个理论所提出的人职匹配完美和谐的追求就只能成为人们的一种期待了。正如我们所知，我国就业形势的具体情况正是供大于求，劳动者素质普遍偏低，这种情况自然导致人们无法以此指导实践。

为了更好地解决我国职业指导工作实践中所面临的问题，我们从国情出发，在吸收和借鉴国外职业指导理论的基础上，进而提出如下观点。值得提出的是，这些观点都是从如何在更大程度上推动职业指导的角度提出的，通过这些观点的论述，希望能够告诉人们，究竟在什么情况下职业指导才能广泛开展，才能真正解决人们的问题，才能发挥它最大的作用。这里我们已经不再将职业指导仅仅看作是一种技术，而视为一种战略。

## 4.1 预防性职业指导

### 4.1.1 预防性职业指导的概念

所谓预防性职业指导，是指按照服务对象的不同，针对其问题的性质和难度，以提前入手的策略所开展的具有针对性、系统的职业指导活动。从这个定义可以看出预防性职业指导所强调的有5个方面：

（1）不同服务对象所开展的预防性职业指导内容有所不同。例如，对于就业转失业人员的预防性指导，需要侧重的是国家就业援助政策的宣传、自信心的建立等，而对于新成长失业人员，则需要在就业观念、求职技巧、良好职业意识建立等方面加以预防性指导。根据不同服务对象进行职业指导，意味着所提供的指导将更具有针对性，也意味着职业指导今后将按照服务对象的不同进行岗位细分，这对提高职业指导的指导效果以及推广职业指导都具有重要意义。

（2）根据问题的特点和类型开展分层分类指导。例如，对于一些易于解决的问题，主张首先排除解决，尽可能避免服务对象因此而受挫，对于一些复杂的问题则主张，务必提前着手，防止问题恶化。这一点反映了人们当前职业指导工作开展的一个基本趋势，同时也表明了在未来，职业指导必将更加趋于细化的发展需要。

（3）一切强调提前解决。只要能够提前解决，绝不让服务对象将问题带到职业活动过程中。应该说，提倡预防的理念，对广大服务对象尤其是那些就业困难群体而言，都是至关重要的。强调在解决失业人员现实问题的同时，注意针对他们在职业生涯发展过程中将要遇到的问题，提供预防性的支持和指导。很清楚，人们将因此减少挫折频率，减少挫折的强度，从而增加成功的可能性。可以说，这一点是预防性职业指导观点的核心所在。

（4）强调针对性、系统性，不主张那种"蜻蜓点水、一事一议"的做法。只有既有针对性又能够全面考虑的职业指导活动的影响下，才会对服务对象产生好的效果。

（5）强调自助和主动。预防性职业指导价值的一个主要方面体现在未雨绸缪上，但更重要的还体现在唤起自助的理念上。预防性职业指导主张责任分担，主张指导者和被指导者全体人员积极参与，在指导过程中强调被指导人员的主观能动性，促成的不是被动的接纳，而是双方积极的沟通和互动，被指导人员的自主和主动，有时甚至问题解决更多的是依靠被指导人员自身，而不是职业指导人员。这个假设就是，如果能够唤起人们自助和主动，问题才能够得到真正的解决。这种思想在第一级预防中得到更加充分的体现。从这个意义上讲，这一点对推动我国职业指导工作、促进就业具有重大意义。

### 4.1.2 职业指导的三级预防

预防性职业指导核心内容体现在"三级预防"的思想上，具体内容如下：

（1）一级预防主要针对问题未暴露期。其目的是采取各种积极措施，消除和控制在实现就业和稳定就业过程中将遇到的各种障碍因素，防止无问题人群遭遇挫折。能够充分体现一级预防的情况很多，例如，为高中生升学提供指导，帮助其认清自己的兴趣、能力特点、性格和气质等，了解各专业的核心课程、就业方向、未来发展等，以做出最佳选择，避免因专业选择错误而导致的一系列问题。这些都属于一级预防范畴。

这里需要指出的是，在这一级预防过程中，我们更主张责任分担，即更多问题力图通过服务对象自助来解决，在这个阶段中，职业指导人员的工作有许多内容都是在帮助服务对象唤起自助的意识。

（2）二级预防可称为问题前期预防。即在实现就业前期做好"早期发现问题""早期确定问题""早期解决问题"的"三早"预防措施，以防止问题恶化。二级预防讲的就是"三早"，许多问题只要提早着手，就能够收到很好的效果。例如，针对学生就业前期存在的一些问题，如职业定位问题、求职面试问题等，很多学校提前介入，或开展专门职业指导，或开展面试模拟训练，或举办有针对性的专场招聘会等，帮助这些学生实现平稳过渡，相反，如果我们不去重视问题前期预防，所带来的自然是难于避免的不良结果。

（3）三级预防可称为问题预防。主要是对特殊问题群体实施的包括职业指导在内的系统干预。许多情况下，不论是在哪一类就业群体中，总是存在一些具有特别问题的人员，例如，针对离校未就业高校毕业生，开展实名登记、提供职业指导、提供就业信息、提供创业服务、开展重点就业帮扶、组织就业见习、组织职业培训、提供人事劳动保障代理服务、加强劳动权益保护等服务，帮助其尽快就业或参与到就业准备活动中。

从"三级预防"的架构可以看出，首先，职业指导活动的开展是分级进行的，这样就可以满足不同问题人群的需要；其次，职业指导活动可以指向不同类型群体，这样从理论上说就可以将所有就业群体都涵盖在内。预防性职业指导的提出具有战略意义，有利于我们变被动为主动，与当前就业服务工作密切结合，将更加有利于完善职业指导工作体系，有效促进就业。北京、上海等地区开展的跟踪指导，对失业人员开展的社区就业准备训练，对中小企业人员开展的教育和培训，对家政服务人员开展上岗前的训练等都体现了这种思想。

## 4.2 职业指导的工作模式

职业指导伴随人们职业生涯的全过程，一个人职业生涯的发展绝不是职业指导这一个变量所能决定的，这表明，职业指导对个人产生影响并不是孤立存在的，它与其他对个人职业生涯产生影响的重要因素发生关系，产生互动，从而产生它自身应当产生的作用，同时，还会通过这种多因素的共同影响，对个人产生附加作用。我们在此讨论职业指导的工作模式，正是希望能解释在什么情况下职业指导除了发挥自己应有的作用，还能在多大程度上获得更多的附加作用，以发挥出最大、最理想的功能。

实践表明，职业指导在与职业介绍、职业教育培训形成密切结合的情况下，才能发挥更大的作用。这首先可以从一个人的职业历程来说明。一个人在自己的职业历程中必然要遇到职业介绍、职业指导和职业教育培训这三个不可缺少的重要环节，如果其中某一个环节不能发挥其功能作用，这个人的职业发展就会遇到障碍。例如，一位失业人员通过职业介绍人员的推荐，成为一名家政服务员，但这并不等于这个人就能实现个人职业生涯发展。这名家政服务员在她最初上岗的日子里，有很多心理问题影响她的就业稳定，这些问题如不能很好解决，这些人就会很快从岗位上脱离，再次面临失业，根本谈不上职业发展，显然，这需要职业指导来解决，但是，仅仅这些内容还不能完全解决这位失业人员的就业稳定问题，原因是在二次职业转换的过程中，她的职业意识、职业技能还远不能满足岗位需求，自然这又需要有针对性的职业培训来解决。

从这个例子可以明显看出，一个人的职业生涯发展至少受到职业介绍、职业指导、职业教育培训这三个因素影响，而职业指导的作用正是在这样一种关系当中才能发挥其最大的作用。换言之，职业指导一旦脱离职业介绍和职业教育培训，其能量很难得以释放，许多地区或部门之所以职业指导开展不利，一个很重要的原因就是忽略了这一规律的存在。相反，职业指导和职业介绍、职业培训保持紧密的联系，共同影响个人，效果才会更好。例如，我们更加倡导职业指导要渗透教育教学各环节中，就是遵循了这一规律。

职业指导、职业介绍和职业培训这两个变量的关系，可以图4—6的图形加以表示。

图4—6　职业指导工作模型

图4—6显示了两个重要情况：一是职业介绍、职业指导、职业培训三者形成的是一个三角关系，这种关系不仅说明了三者之间密不可分、相辅相成而产生的作用，影响每一个职业人，同时，也反映了三者对每一个人的作用是同样重要的，不存在孰轻孰重的问题。只有三者的这种关系处在一种稳定的状态下，个人才能最大限度地受益；二是，三者不仅不存在孰轻孰重的问题，也不存在孰先孰后的情况，这就是说，对一个劳动者而言，什么时候需要职业介绍、什么时候需要职业指导、什么时候需要职业培训没有严格的限定，三个要素就像一个"圆"，劳动者正是围绕这个圆的轨迹，处于其中，不断地受到影响，但这种影响的产生不能缺少职业指导的联结作用。

总之，上述讨论至少揭示3点：①职业指导需要与职业介绍、职业培训相结合，才能发挥更大效能；②人们的职业发展需要职业介绍、职业指导、职业培训共同作用和影响，职业指导在三者间起到重要的联结作用；③对每一个职业人而言，在其职业生涯发展的过程中可能更需要三个要素中的某一种，但无论怎样都需要职业指导伴随左右。

### 4.3　全员化的职业指导

从我国现实情况上看，其中一个最大的问题就是如何针对如此庞大的就业群体开展职业指导，并能够保证指导的效果和质量。一个最好的策略就是发动群众，打一场"人民战争"。全员化的职业指导的观点就是在这样一个背景下提出的，过去我们只是自己在讲职业指导，现在要通过宣传、动员让身边的人都去讲职业指导，这就是社会化，就是职业指导的公共性概念。有了身边人的参与，有了社会各界的参与，才意味着有了职业指导的工作氛围，有了职业指导的取得好效果的前提。从某种角度上讲，一个国家如果不存在群众性的职业指导，就不会有真正的职业指导。

做到全员化的职业指导应当重点解决两个问题：一是究竟谁是你的成员，即全员指的是谁；二是工作的平台，或者说工作的网络，即通过什么工作系统才能将工作贯彻下去。对于前者，一般的解决方法是尽可能多地动员周边一切与职业指导项目有关的人员，例如，在学校开展职业指导，除动员教师、学生外，还要动员家长和社会各界的参与。对于后者，解决问题则要按照自上而下的原则，分级建立工作系统，例如，公共就业服务的职业指导，可以分为市、区、社区、街道四级工作网络。而在学校里开展职业指导，又可以把它表述为五级工作网络，即一级为校领导班子，二级为中层教学管理人员，三级为就业指导教师，四级为班主任，五级为学生代表，学校职业指导正是通过这样一个工作网络才能得以贯彻。职业指导工作平台的建立保障了工作目标的贯彻，保障了过程的控制。

总之，全员化的职业指导对全面、深入贯彻职业指导具有重要意义，具体可以反映在 3 个方面：（1）可以在最大程度上调动所有人员开展工作，使得服务对象在最大程度上受益；（2）全员参与包括服务对象自己，这里进一步体现了帮助自助、责任分担的理念；（3）全员还包括社会的参与，职业指导只有在开放的市场氛围下才能够生机勃勃。

## 5 失业人员职业指导服务

### 5.1 失业人员的基本概念

失业人员主要有两类，一是就业转失业人员，二是没有就业经历的失业人员（新成长劳动力）。以下内容主要针对就业转失业人员。

按照就业困难程度，有两类人员是职业指导重点服务对象：一是"4050"人员，即城镇失业人员中，女性年龄达到 40 周岁不满 50 周岁，男性年龄达到 50 周岁不满 60 周岁的人员。由于"4050"人员年龄较大，通常在劳动力市场中处于弱势。二是就业特困人员，即那些年龄偏大、技能偏低、身体状况较差、家庭人均收入低于本地城镇居民最低生活保障线、失业较长时间的人员。由于就业特困人员不仅就业难度大，而且家庭经济状况窘迫，解决他们的就业问题意义更加重大。

各级政府在推行市场导向就业机制的同时，对就业弱势群体给予了很多就业优惠政策。针对这一就业群体，职业指导服务形成了许多独特的内容和特点。

### 5.2 失业人员的基本特征

（1）在人格方面，缺乏自信，害怕挫折，情绪急躁，抱怨社会，存在一定程度的人际沟通障碍。他们一方面就业要求迫切，但又不相信自己还会实现再就业，很少能够意识到自己的优势和特点。由于自身的局限性，这些人比其他就业群体更容易遇到挫折。因此也更加害怕挫折。当遇到挫折时，常缺少理性分析，易情绪化。由于大部分城镇就业困难人员家庭经济比较困难，要求重新就业，获得收入愿望很急切，情绪就更易急躁，产生对社会的不满和抱怨，甚至出现过激行为。这一就业群体的人格特征以及他们所处的心境，决定了为他们提供职业指导应当以稳定情绪、分析自我优势及帮助建立自信为主要指导方向。

（2）在职业能力方面，一般能力普遍较低，具有的职业技能单一，大部分已经不适应现在以及将来的职业发展要求，更缺乏社会所需的综合职业技能。这些人适合哪些职业和岗位？在心理上要做好什么准备？接受什么培训更有助于他们转岗转业？如何更好地发挥自身特长适应新的职业要求？这些都是职业指导的主要内容。

（3）在生理条件方面，年龄偏大，主要集中在35~55岁，身体状况不好。在职业指导时，要根据这种年龄特点进行职业设计，开发适于这种年龄特征的就业岗位。

（4）在家庭经济状况方面，多数家庭比较困难，负担比较重，经济压力比较大。要指导他们树立"先就业后择业"的意识，遇到工资不够理想的工作也不要放弃。

（5）在求职技能方面，绝大多数没有求职经历，不懂得如何求职，缺乏求职面试等基本知识和训练。因此，要针对适应新岗位的要求，指导他们参加求职技巧的培训，采取多种就业形式实现再就业，如非正规就业、弹性就业、劳务派遣、自由职业、自谋职业等。

（6）在资源方面，个人拥有或者可以自我挖掘用于就业的资源都很少，往往感到身单力孤，力不从心。在指导时，要把市场就业和托底就业相结合。能够通过劳动力市场就业的，可以到市场中自主选择，竞争上岗；在市场中不能够在较短时间内实现就业的，可以通过政府安置的途径实现就业。

（7）在求职动力方面，失业人员要求就业的愿望比较迫切，求职的动力比较强，但是求职频率不高。在职业指导时，对40周岁以下的失业人员，要鼓励多求职，求职频率越高，求职成功率也越高；对于40周岁以上的失业人员，不要鼓励采取过高的求职频率，否则求职频率越高，求职的成功率越低。

## 5.3　对失业人员的职业指导服务

### 5.3.1　基本原则

（1）具体性原则。在失业人员求职时，往往因为一些小事甚至是细节导致失败。例如，一位年近40岁的女性失业人员因为头发已经花白，看上去感觉比较老，几次面试都失败了，后来职业指导人员建议她把头发染成了黑色，很快就被一家保洁公司录用了。

（2）针对性原则。在就业过程中，失业人员常遇到很多困难，因此，职业指导人员要针对所遇到的问题进行指导。指导越有针对性，越有利于问题解决。例如，一位年龄26岁的女性失业人员，在找办事员工作时要求工资一定要在3 000元以上，职业指导人员为她推荐了几个岗位都是公司办公室的工作，月薪2 500元，环境好又不太累，但是她都谢绝了。职业指导人员以为她观念有问题，就试图帮助她转变观念。在深入的了解中，职业指导人员得知她刚刚离婚，家中有一个刚满1岁的小孩，哥哥是个精神病患者每月需要治疗，母亲已经退休，家中比较困难。后来，职业指导人员为她推荐了一家私人打字室，虽然工作条件较差，工作量很大，每天还要加班，但是收入每月可以挣到3 000元以上，她高兴的应聘了。

（3）及时性原则。发现失业人员存在问题时，要在最短时间内给予解决。例如，职业指导人员在陪同一名失业人员到用人单位面试时，发现这名失业人员烟吸得很厉害，职业指导人员马上告诉他面试时一定不能吸烟，最好在面试之前先吃一块口香糖，去去嘴里的烟味，还嘱咐他进门前一定要敲门，经过同意再进门面试。及时的指导，使得这位失业人员顺利走上岗位。

（4）持续性原则。对失业人员的指导，往往不是一次就可以完成的，有的需要提供几次指导，时间持续几个月，因此，在帮助失业人员时，需要长久持续，持之以恒的帮扶指导，争取最终解决问题。

（5）跟踪性原则。失业人员实现再就业后，由于多种原因，就业的稳定性不高，因此，对他们除了上岗前的指导外，还需要进行跟踪指导，通过连续深入的跟踪指导，可以大大帮助失业人员解决再就业后遇到的各种问题，保持他们就业的稳定性。跟踪性原则不仅在实际工作中具有重要意义，在理念上，也体现了以人为本的服务精神。

### 5.3.2 基本形式

在实践中，各地相互学习，积极探索，不断总结经验，从而形成了不同特点职业指导的方式，这些方式简单易行，便于操作，具有广泛推广应用的价值。这些方式可以概括为递进式职业指导、系统结构化职业指导、辐射性职业指导和多元化职业指导四种形式。

（1）递进式职业指导。递进式职业指导主要体现了普及、粗筛和分类的思想，实现了职业指导的由集中到分散、普及到更具针对性、从大范围指导再到分类个别咨询和干预。例如，北京市东城区的情景效能职业指导"八平台"和西城区的"塔形"模式。

情景效能职业指导"八平台"，它是通过大课堂讲座，面向广大的下岗失业人员集中进行就业知识、就业形势方面的指导，然后，再采取小组互动谈心，对一部分失业人员进行筛选，针对求职心理等问题进行指导，借助个人典型事迹启迪、党员和青年教育、心理测评、职业培训来开展职业指导。"八平台"具体是指谈心会、政策课堂、流动党员之家、心理测评、职业培训、用工指导、职业供求信息传递、青年职业生涯策略8种形式的具体指导。

"塔形"模式也称"多维"模式，就是通过"大群体授课式法规政策指导教育（塔底）"+"小群体互动式成功求职策略培训（塔中）"+"个体多维模式的分类指导（塔尖）"形成塔形，建立求职指导、跟踪指导、特殊指导、专家指导的四级分类指导体系，并以视听、资料、素质测评等为辅助手段，从社会、心理、职业与素质构成等多角度，连贯性地对不同求职者进行指导。

（2）系统结构化职业指导。系统结构化职业指导体现了理论和方法的和谐统一，体现了国外经验与国内实际的紧密结合，体现了咨询与训练的相互支撑，实现了结构相对完整的职业指导，如北京市西城区的"三五结构"职业指导模式。

"三五结构"职业指导模式借鉴了美国职业指导的先进理论和成功经验，结合我国具体实际，在科学理论和方法的指导下，提供更加人性化、规范化的职业指导服务。"三五结构"职业指导模式是由五大理论模型、五大工作环节、五大指导方法构成的职业指导。五大理论模型是安置推荐型、培训指导型、政策咨询型、心理辅导型、创业就业型；五大工作环节是调查、指导、训练、推荐、跟踪；五大指导方法是群体指导法、团体小组工作法、一对一面谈法、案例讨论法和跟踪指导法。

（3）辐射性职业指导。辐射性职业指导体现了服务进企业、服务进街道、服务进社区、服务进家庭的工作理念，在最大程度上发挥了职业指导的作用，扩大了职业指导的影响。例如，大连的戚秀玉职业指导法、南昌的"职业大篷车"和"就业小钥匙"的职业指导法，通过把岗位、政策、技能、服务送到社区和失业人员家中，把服务送到企业和街道，形成了家庭与个人、企业与个人的互动，在互动中，职业指导收到良好的效果。

（4）多元化职业指导。多元化职业指导是目前最具影响力、最具人性化、最具个性化的职业指导服务方式。这种服务方式主要围绕不同的服务对象，采取不同的服务形式，开展不同的服务内容，充分尊重个性因素，把职业指导的作用发挥到最佳程度。多元化职业指导方式就是要将失业人员细分成就业特困人员、残疾人、"4050"人员和其他人员，根据他们的特征和情况，提供更有针对性的职业指导。目前，北京市的职业指导采用的就是多元化职业指导的服务方式。

### 5.3.3 基本内容

对失业人员的职业指导服务内容，主要包括就业形势介绍、就业政策咨询、职业信息咨询、职业培训咨询、求职与择业观念咨询、职业心理咨询和调整就业心态等。

（1）就业形势介绍。是指向失业人员介绍目前的就业形势，劳动力市场职业供求状况，以及供求对比情况等内容。这方面的指导对制定符合实际的就业计划和确定适宜的择业要求具有重要作用。

（2）就业政策咨询。是指向失业人员介绍国家和当地制定的就业法律法规，以及促进就业的各项优惠政策，如创业政策、社区灵活就业政策、社会保险补贴政策、减免税费政策、创业贷款政策、最低生活保障政策等。这些内容的介绍对稳定失业人员的心态、增强自信都有非常良好的作用。

（3）职业信息咨询。是指为失业人员提供岗位用人信息，以及岗位对职业技能的要求等。这些内容的指导对失业人员进一步了解市场、审视自我、更好地面对未来具有积极作用。

（4）职业培训咨询。是指为失业人员提供职业技能培训的信息，为他们推荐培训机构和培训的职业（工种）等。

（5）职业心理咨询。主要是围绕失业人员的求职技巧、择业观以及职业适应等问题提供咨询和指导，目的是帮助失业人员转变择业观念，树立自信心，理解现代企业文化，学习求职技巧等。

## 6　新成长劳动力职业指导服务

### 6.1　基本概念

新成长劳动力是指年满 16 周岁的未能升学的各类学校毕业生，即没有就业经历的、新进入劳动力市场的人口。目前多指城镇新毕业的学生，主要包括初高中、职业高中、中专技校及大学以上毕业生。在一些情况下还包括其他初次失业的年轻人。

### 6.2　基本特征

由于新成长劳动力就业主体大部分是学校毕业生，所以，他们就业有初次性、专门性、群体性等特殊性，其就业基本特征主要表现在以下几个方面：

（1）具有较强的竞争力。新成长劳动力中大多数人受过专业知识和能力训练，具有较高的学历层次，是人力资源中的优质产品，也是劳动力市场上的优势群体。一般情况下，他们就业单位科技含量高，发展潜能大，就业岗位知识含量高，工资待遇好。所以，他们在就业竞争中处于十分有利的地位，具有广阔的就业前景。如何使这些人才找准自己的定位，尽快发挥个人作用是职业指导服务的重要内容。

（2）具有较大发展潜力。由于他们当中多数人的职业取向考虑的是职业自身发展和今后长远的发展机会，所以，就业地区的主要流向是经济相对发达的中心城市。从业领域也表现出"三多"现象，即考公务员多、出省多、去国企多。以上结果表明，只要积极引导，新成长劳动力在中西部等地区和东北老工业基地还可以大有作为；集体企业、私营企业、外商投资企业等非国有单位也是吸纳毕业生的重要渠道。由此可见，新成长劳动力的就业需要较强的适应性，这也正是职业指导服务的重要内容。

（3）不同学历、专业和性别影响就业。随着经济的发展，社会对新成长劳动力的需求在不断增长，但供需结构矛盾依然突出，所以这个群体的就业状况存在差距。从学历看，对研究生的需求高于本科生，本科生需求又大于专科生；从不同学科看，理科、工科类毕业生就业率相对高一些，文科类相对低一些，即专业技术领域的毕业生就业状况要比人文与科学专业好得多。

（4）缺少就业能力和工作经验。就业能力是指获得与保持工作的能力，即指劳动力在劳动力市场上自由流动，通过持续就业而实现潜能的能力。由于新成长劳动力就业绝大多数属于初次就业，没有工作经验、知识能力储备不足，择业技巧与社会实际状况之间存在较大差距，所以，一部分毕业生因不能适应劳动力市场的需要而不能立刻就业。而且"经验准入"门槛过高也限制了毕业生就业。职场普遍要求求职者具有一定的相关工作经验（往往是2~3年）。有数据显示，35%的应届毕业生表示是因为缺少实际工作经验而难以落实工作。

（5）就业预期非理性化。主要表现在两个方面，一是他们的就业单位选择预期与人才市场的实际需求有较大差异；二是对主观预期的收入水平过多地高于实际市场价值，就业预期的非理性表现必然导致求职过程的难度加大，寻找与磨合过程加长。

## 6.3　新成长劳动力的职业指导服务

对于首次面对职业市场，面临择业的新成长劳动力而言，促进其就业依然也要遵循市场规律，需要建立专门的职业指导服务体系。要建立就业信息系统，实现各地劳动力市场信息联网，以保证提供充分、有效的就业供求信息；要建立职业指导服务机构，指导他们进行有效的自我评估，及时了解市场需求和变化，帮助制定求职策略，进行职业决策和职业规划；要开设职业指导课程，建立顾问队伍，帮助更新就业观念，掌握求职方法，学会维护自身合法权益等，使职业指导服务朝着职业化、专业化和专家化的方向发展；要加强和完善学生实习、见习制度，与用人单位建立长期的供需伙伴关系，从而形成稳定的就业基地。以下专门谈一谈对在校学生和离校未就业高校毕业生如何开展职业指导服务。

### 6.3.1 对在校学生的职业指导服务

■ **基本思路**

（1）通过职业指导，使学生对就业有良好的心理准备。要通过让学生了解就业形势和劳动力市场供求状况，进一步理解社会需求的变化，理解今天的劳动力市场是买方市场，以及求职者期望值过高或过低、薪酬和职位层次的下降、毕业生求职成本增加、求职时间增长等在选择职业过程中存在的各种问题，树立正确的就业观念和就业意识，保持良好心态。

（2）通过职业指导，帮助学生掌握就业的方法和手段。要通过各种指导和训练，帮助学生在就业和创业两个方面了解职业、了解自我，能够做出明智的选择。要让他们掌握就业政策，懂得维护个人劳动权益，掌握最基本的就业技能和创业技能，还要让他们懂得现代企业对他们都提出了哪些要求，帮助他们建立责任意识、规范意识、服务意识，学会与人沟通、学会团队合作。这些内容正是教育培训体系中所缺乏的。

（3）通过职业指导，重塑学校公众形象。不论是哪一所学校，在塑造自身形象方面都做了许多，也获得过各方面的认可，但这里提倡要更上一层楼。要通过学校的行动，让学生看到他的教师正在向他伸出援助之手，努力帮他预见困难、提升能力、克服困难；要让家长看到，学校在孩子就业的问题上不是说空话，而是"先家长之忧而忧"，着眼于孩子更健康长远的职业发展，努力引导孩子踏踏实实地做人做事；要让用人单位看到，学校培养出的人才，不仅有学识，还具备一定的职业素养和能力。

（4）通过职业指导，促进学校办学理念和实践的探索。从某种角度说，如果一所学校培养的学生没有人要，或是不能被市场所接受，那么这所学校一定是在办学的思路上出了偏差。推行职业指导可以使学校的工作紧密联系社会，紧密联系市场，紧密联系实际。学校要从就业角度研究学生的类型、用人单位的类型，研究探索在教学中如何开展职业指导，研究教职员工在职业指导中如何发挥作用，研究不同类型学生的就业促进与课时的有效衔接、毕业生的跟踪指导、教学（基础、专业）中的职业指导，研究职业指导的效度等，使学校工作更加有效地帮助学生就业，帮助他们就业稳定，帮助他们真正地成为社会有用人才。

■ **具体措施**

（1）要开展预防性的职业指导。学校职业指导是滴水穿石，耳濡目染的工程，因此，需要尽早抓起，防止那种"临时抱佛脚"的做法。要进行全程化的指导，从学生初入校门就要开设职业指导课程，结合所学专业，结合学校各种活动开展指导，寓指导于教育教学环节之中；要针对就业观念转变等主要问题开展指导，采取各种积极措施，消除和控制在实现就业和稳定就业过程中将遇到的各种障碍因素，防止无问题人群遭遇挫折；要针对问题前期开展指导，即在实现就业前期做好"早期发现问题""早期确定问题""早期解决问题"的"三早"预防措施，以防止问题恶化；要针对特殊问题群体开展指导，实施包括职业指导在内的系统干预。总之，要建立多梯级、多阶段、多目标的系统的职业指导预防体系，保障各种问题得到妥善解决。

（2）要实施公共性的职业指导。学校职业指导要体现公共性，这种公共性主要体现在两个方面，一方面要体现全员参与，另一方面要力争在校园内搭建职业指导工作平台。

所谓全员参与，是指在校教师、学生、家长以及社会的参与。这种参与不是一种笼统的表述，而是存在具体标准的。

教师参与主要体现在：能够接受职业指导的理念，了解职业指导的功能和作用，具有主动的应用意识；能够认真贯彻学校职业指导工作部署和方案，在教育教学环节中渗透职业指导，主动将授课内容和活动计划与就业实践紧密联系；能够主动学习提高，创造性地开展职业指导工作。

学生参与体现在：能够接受职业指导的理念，了解职业指导对自己今后职业生涯发展的作用，具有主动参与意识；能够积极投入到职业指导教学训练中，不断提出反馈；能够积极主动地进行体验和实践。

家长参与体现在能够接受职业指导的理念，理解学校开展职业指导的意义和作用，具有主动的配合意识；能够支持、敦促学生投入到职业指导训练中；能够为学校和孩子提供具有建设性的建议；能够为孩子职业生涯发展提供帮助。

社会参与体现在：联结公共就业服务机构和各类职业介绍机构，争取人力资源和岗位信息开放共享最大化；联结企业，争取企业的认知与自我调整、改进；联结各类职业培训机构，争取人力资源开发利用最大化；联结社会化的舆论宣传，推动校园网站建设，并引进整合各类资源，争取更大程度上的社会认知，为学校就业服务。

所谓学校职业指导工作平台，是指由校领导班子、中层教学管理人员、职业指导教师、班主任、学生代表所组成的工作网络。这种工作管理网络上下衔接，融会贯通，各级都有自己的工作职责、任务和目标。一方面保证在全校范围的联动以及总体目标和意志的贯彻，另一方面又将最基层的经验和问题以最快的方式进行集中，以便对整体工作进行细微调整。但更重要的是，这种工作纽带关系、上下联动系统才是全员参与的最基本的载体，否则，全员参与的理念无法得以全面的贯彻和落实。

（3）要实施两个"联结"的职业指导。两个联结是指职业指导一方面要联结职业介绍，另一方面要联结职业教育和培训。职业指导不能单打独斗，孤军作战。若要切实发挥职业指导的作用，需要和职业介绍、职业教育培训结合在一起，只有在这种情况下，职业指导才能产生最大的效果。也正因为如此，目前在一些有条件的学校中已经建立了职业指导工作室和职业介绍工作室，也已经把职业指导和专业课、实习课教学相结合，这些做法对促进学校职业指导的深入开展具有重要意义。

（4）要实施系统、持久、有针对性的个性化支持。在学校开展职业指导最大的优势是人员集中，层次单一，问题具有普遍性，但这不等于那种零敲碎打、断断续续、蜻蜓点水式的职业指导就能够奏效。在开展普及性的指导过程中，要注意针对学生就业资源的占有状况进行分类，要针对他们存在的问题进行分类，实施系统、持久的指导。个性化的支持保证了指导的针对性，系统持久的指导则进一步保证了这一过程的有效性。目前有些学校之所以职业指导效果不是十分理想，这是一个主要原因。那种期待着以说教的方式，上几堂职业指导课，就想取得好的效果的想法显然是不现实的。

（5）要以"活动"为主要形式，以"实践"为主要特征，寓指导于生动活泼的活动之中。这个措施的提出，关键是由于过去学校职业指导问题所致。人们看到，几乎没有一位学生喜欢说教，或仅仅满足于以上大课的方式开展职业指导。换言之，这样的做法不仅不会促进指导效果转化，还会导致学生对职业指导失去兴趣。以"活动"为主要形式，以"实践"为主要特征，寓指导于生动活泼的活动之中，可以大大提高职业指导的效果，促进学生全身心投入指导过程，体验新的感觉，产生新的认知。

（6）要利用现代训练技术和手段、灵活多样的训练方式，寓指导于真实有效的训练之中。利用各种有效方法，争取最大程度上取得有效的指导效果，是这项措施的宗旨。目前，人力资源和社会保障部在技工学校、职业培训机构推行的《职业指导教学训练大纲》就采用了现代训练技术，常用的技术方法有案例分析、小组讨论、情境模拟、拓展训练、团体指导、实习演练、自我调查、文件分析、知识竞赛、社会实践等，这些技术方法对有效开展职业指导起到了重要作用，同时也带动了学校其他课程教学的改进。

■ **教学训练**

（1）关于职业指导教学训练。2003年5月，原劳动和社会保障部正式颁布出版了《职业指导教学训练大纲》及其配套教材，如图4—7、图4—8和图4—9所示。规定以此规范技工学校、就业训练中心和职业培训机构的职业指导教学工作，列为技校学生和培训机构、劳动预备制培训学员的必修课程。

《大纲》的颁布和职业指导教学训练课程的开设，旨在通过实施系统的教学训练，帮助学生了解就业形势，更新就业观念，熟悉就业政策，提高就业竞争意识和依法维权意识；了解社会和职业状况，认识自我个性特点，激发全面提高自身素质的积极性和自觉性；了解职业素质要求，熟悉职业规范，形成正确的职业观，养成良好的职业道德；掌握就业与创业的基本途径和方法，提高就业竞争能力及创业能力。职业指导教学训练课程是将技术学生、培训机构学员与劳动力市场紧密结合起来的重要纽带。

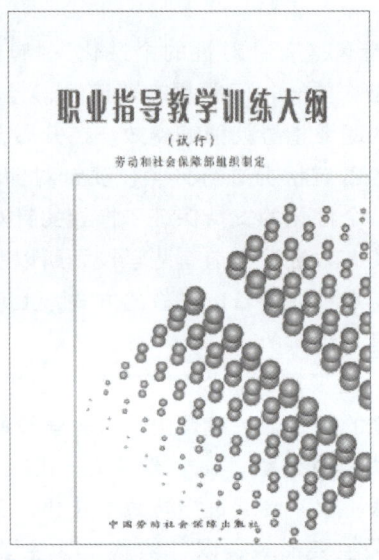

图4—7　职业指导教学训练大纲

图4—8　职业指导教学训练教师手册

职业指导教学训练大量采用正反两方面典型案例分析、情景模拟训练、小组讨论、师生互动、角色扮演、社会调查等各种生动活泼、新颖别致的教学方式；提供了19个训练项目，应用20多种现代训练技术和方法，以及1 000余个问题分析和数百条专家点评，从政策到技术，全方位、多视角地剖析了目前

 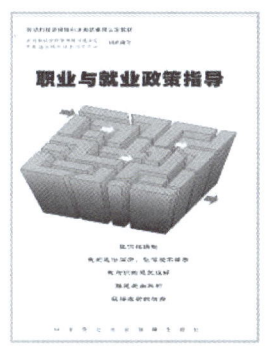

图4—9　职业指导教学训练教材

求职、就业和创业中可能遇到的各种困难和问题，使学生面对就业挑战做到胸有成竹；采用了以实践为主要特征的互动式教学方法，形式新颖、内容活泼、覆盖面广、操作性强，能够激发学生全面提高自身素质的积极性和自觉性，使学生真正做到学为所用、寓教于乐；创造性地纳入了教师和家长动员以及教学氛围设计的内容，使教师和家长充分认识到职业指导教学训练的重要性，调动了各方面的积极性，给学生创造了一个有针对性的、个人化的教学训练的有利环境。

为了更好地推广职业指导教学训练，目前，人力资源和社会保障部在200余所大专院校、技工学校、培训机构建立了职业指导教学训练基地，为其提供职业指导师资培训和技术支持，帮助其提高职业指导实际效果，探索符合本地和学校实际的职业指导形式和方法，促进毕（结）业生就业率的提高。

（2）职业指导教学训练课程设置。课程采用模块式教学训练方法，各模块具有系统性与渐进性，同时也具有相对独立性。下面是技工学校的课程设置方案。课程设置方案总学时为80学时，见表4—6，学校可根据实际情况安排在2~3学年内完成。

表4—6　　　　　　　　　　　职业指导课程设置方案

| 序　号 | 训练模块 | 训练项目 | 建议学时 |
| --- | --- | --- | --- |
| 一 | 动员准备 | 1. 课程导入：你的就业路如何走 | 2 |
| 二 | 职业与就业政策指导 | 2. 就业与职业发展：破解就业疑惑　规划职业人生 | 4 |
| 二 | 职业与就业政策指导 | 3. 职业与就业准入：盘点360行　探究职业能力 | 4 |
| 二 | 职业与就业政策指导 | 4. 劳动关系与权益保护：解析劳动关系　保护合法权益 | 4 |
| 三 | 职业意识训练与指导（一）职责与服务 | 5. 工作责任意识训练：体验责任　赢得信赖踏职场 | 4 |
| 三 | 职业意识训练与指导（一）职责与服务 | 6. 规范意识训练：感受规范　维护方圆走四方 | 4 |
| 三 | 职业意识训练与指导（一）职责与服务 | 7. 质量意识训练：认知质量　获取信誉得保障 | 4 |
| 三 | 职业意识训练与指导（一）职责与服务 | 8. 服务意识训练：学会服务　立足奉献 | 4 |
| 四 | 职业意识训练与指导（二）人际沟通 | 9. 沟通能力训练：胸怀理解　善解人意 | 5 |
| 四 | 职业意识训练与指导（二）人际沟通 | 10. 团队合作意识训练：合作　成功之本 | 5 |
| 五 | 就业技能的基础指导 | 11. 个人形象设计：让你记住我 | 2 |
| 五 | 就业技能的基础指导 | 12. 撰写求职简历：我的这份简历让你爱不释手 | 2 |
| 五 | 就业技能的基础指导 | 13. 体验求职面试：我对你的感觉很好 | 4 |
| 五 | 就业技能的基础指导 | 14. 掌握求职途径：路是走出来的 | 4 |
| 五 | 就业技能的基础指导 | 15. 制定求职计划：获得成功的诀窍 | 6 |

续表

| 序 号 | 训练模块 | 训练项目 | 建议学时 |
|---|---|---|---|
| 六 | 创业技能的基础指导 | 16. 个人创业条件分析：正确认识自己 | 4 |
| | | 17. 学会市场调查和分析：我的目标市场在哪里 | 4 |
| | | 18. 学会理财：聪明的老板会理财 | 4 |
| | | 19. 撰写创业计划书：梦想成真的试金石 | 4 |
| | | 复习考试 | 2 |
| | | 机动 | 4 |
| | | 合计 | 80 |

■ **主要内容**

对在校学生开展职业指导服务一般主要包括如下内容：

（1）就业观念指导。就业观念指导是职业指导的重要内容，主要引导学生树立正确的职业理想，明确职业目标，建立正确的人生观、人才观及就业观，帮助他们理性对待就业。这方面要重点帮助学生制定就业决策和策略，处理好以下两个问题：

——了解职业。学生就业绝大多数属于初次就业，他们对劳动力市场的状况没有充分的了解，对职业的了解也是模糊的，很难确定自己的职业目标和理想。因此，要帮助他们了解职业，了解职业的特点、职业的文化、存在的利弊等，尤其是要结合职业的需要，促进其学习知识，掌握技能，更加有针对性地提高自身素质，最终帮助他们确立正确的职业观，树立崇高的职业理想。

——了解自我。如何获悉个人情况更适于做什么，尤其是可能存在的局限，是阻碍学生确定职业目标的一个关键。因此，帮助他们认识自我，了解自己的兴趣、气质、性格和能力，从职业需求的角度对个人状况进行中肯的分析是非常必要的。通过对职业的了解，自我的分析，学生的择业标准开始呈现多样化的趋势，有更多人开始以更加理性的态度选择职业。

（2）就业政策法规指导。政策指导是职业指导的重要内容。在就业过程中，一些人由于对就业和创业政策缺乏了解，择业和创业时往往在思想上带有很大的随意性和盲目性。通过职业指导，使学生了解国家和有关部门及省市制定的行业性和区域性就业创业政策，以及所在学校制定的具体实施意见，并按有关规定就业。只有广泛宣传就业政策，才能引导他们根据国家需要并结合个人实际，有针对性地选择职业，走出择业的"误区"。

（3）就业心理指导。学生就业过程是职业理想向社会现实转变的过程，随着就业竞争的日趋激烈，他们的择业心理问题近年来呈现上升趋势。例如，患得患失，难以抉择，急躁焦虑，临阵怯场，缺乏自信，自卑自弃等各种心理障碍，影响他们顺利走向社会。所以，在职业指导过程中要加强对择业心理的指导，增强对心理承受力和心理健康的指导，以利于他们尽快适应职业，完成角色转换，实现人生价值。

（4）就业信息指导。就业信息是求职择业的基础，进行就业信息指导是学校职业指导不可或缺的内容。职业匹配的核心在于向求职者提供就业信息，并根据这些信息接受职业指导，进行有效的职业决策。学生就业预期缺乏理性，一个根本原因就是信息占有不足，不能充分了解市场，了解需求。所以，要通过多种渠道收集和掌握社会需求信息，通过整理、归纳和分析，预测就业动态和人才的供需矛盾，了解和掌握用人单位对人才素质的要求，并及时将信息传递给学生。

（5）就业技巧指导。求职是一门艺术，求职的技巧会对学生能否成功择业产生一定影响，即该方面的指导具有较强的实用性。因此，指导学生掌握求职的方法与技巧对保证其初次求职免遭挫折，建立自信，求职顺利等都具有重要意义。就业技巧指导主要包括个人形象设计、求职简历撰写、自荐技巧、面试技巧、求职计划撰写等内容。

（6）社会适应指导。学生走向社会，是人生道路上的一大转折，在这个过程中要完成"从学生到社会人"的角色转变。如何尽快适应环境，进入新的角色状态，完成工作以后的心理调适，这是职业指导需要解决的问题。要通过走向社会的指导，帮助学生及时调整自己的心理，尽早进入新的角色状态，尽快适应环境，适应社会，树立信心和责任感，用自己所学知识在实际工作中乐业、敬业，脚踏实地地干一番事业。

### 6.3.2 对离校未就业高校毕业生的职业指导服务

近几年，随着高校毕业生就业难问题突出，"离校未就业高校毕业生"的职业指导工作显得更加重要。在实践中，我们总结了影响离校未就业高校毕业生就业的6个主要原因：一是缺乏职业定位或定位有偏差；二是缺乏求职技巧，如求职渠道狭窄、简历制作无针对性、应试心态欠佳等；三是性格缺陷，如部分高校毕业生过于内向封闭，回避与人沟通等；四是适应能力较差，如频繁跳槽或失业后长期待业；五是多次求职受挫，逃避现实；六是有其他打算，暂无就业需求等。具体措施如下：

（1）提供上门服务。对部分不愿走出家门，信息闭塞或不能客观认识自身存在问题，尚无接受职业指导意愿的离校未就业高校毕业生，采取由社区（村）劳动保障协理员亲自上门走访发放宣传材料的形式，让他们了解就业服务内容、了解就业优惠政策，激发他们的就业意愿，鼓励他们走出家门，走向社会。同时，根据摸底调查结果，选择离校未就业高校毕业生感兴趣的行业、企业，组织大学生专场招聘会，设置职业指导咨询台，现场提供有针对性的指导帮扶建议，有效推广职业指导服务。

（2）创新服务形式。对因指导形式单一、指导内容枯燥导致职业指导缺乏吸引力的问题，要结合离校未就业毕业生的实际需求，探索小班体验式培训课程。课程形式包括游戏、分享、影片观摩、模拟场景等，向离校未就业高校毕业生传授职业定位、简历制作、面试技巧、职场适应等方面的技术方法，提升他们的就业能力。离校未就业高校毕业生可根据需求参与相关主题的培训，课程结束后指派专门的职业指导人员负责后续的岗位推荐及跟踪服务，力求创造轻松愉快、乐观向上、积极实践的求职环境和氛围。

（3）提升职业指导团队水准。对因职业指导人员水平参差不齐，在接待较高学历来访者时能力受限的状况，一是要积极开展职业指导案例分析、研讨交流等职业指导实战内训活动。也可以在社区征询有职业指导需要的大学生志愿者，由职业指导人员对其进行一对一的指导，并全程录像，事后由（高级）职业指导师进行点评，并结合来访者本人的感受及指导成效为职业指导人员评分。这样的实战训练可以让职业指导人员的能力得到大幅度提升。二是要引进外部优质资源参与"离校未就业高校毕业生"的指导工作。合作伙伴可以包括高校教育学专家、专业心理咨询机构、社会职业指导机构、企业 HR 等，全方位、多角度的为离校未就业高校毕业生提供就业帮扶。

（4）创建服务平台。要整合就业、创业、培训资源，创建多位一体的服务平台。如，上海徐汇区建立"离校未就业大学生乐业起点"服务平台，该平台是一个综合性、多元化的青年就业创业服务平台，它的创立有以下几个特点：一是服务场所年轻化。服务对象以16~35周岁的青年人为主，从服务功能设置到服务环境营造，均以青春、灵动、展望为元素。二是服务方式多元化。在功能设置上，以"一对一"的服务方式为主，尊重青年个性化需求，同时，配以模拟面试、创业之家等互动式情景演练，不断提升大学毕业生的就业创业能力。三是运作模式会员化。推行会员制度，并采用微信等青年人喜闻乐见的形式，及时向会员推送就业创业服务信息。

## 7 农村富余劳动力职业指导服务

### 7.1 基本概念

农村富余劳动力，一般是指由于农业劳动生产率提高、土地相对减少而产生的富余人员。目前，全国有大量的农村富余人员走出自己的家乡，来到城镇就业或创业，形成数量庞大的农村进城务工人员群体。因此，对农村富余劳动力的职业指导服务具有深远意义。

## 7.2 主要类型

我国形成如此庞大的农村富余劳动力队伍，原因是复杂且多方面的，其主要类型有：

（1）积累型富余劳动力。产生这种富余劳动力一方面是由于农村劳动力的自然增长量大于农业自身消化量，其大于部分向其他部分转移量又极为有限，最终只能沉淀在第一产业，另一方面，是由于农村劳动力不断增长同耕地面积锐减的矛盾，导致农村劳动力因为失去耕地而变为富余者。

（2）结构型富余劳动力。这种富余劳动力产生的原因：一是城乡结合模式不合理，把城市和农村人为地隔离，限制劳动力流动，使农村富余劳动力只能潜伏在农村；二是农村产业结构不合理，农村劳动力只能在有限的土地上进行耕作，不能向异地有丰富资源的地区进行战略性转移。

（3）效益型富余劳动力。这种富余劳动力产生的原因是，农村实行联产承包责任制后，农民劳动强度增大，劳动年龄和劳动时间延长，致使农业实际需要的劳动力相对减少。

（4）替代型富余劳动力。这种富余劳动力是由于科学技术和农业机械化程度的提高，机械化代替了人工作业而富余。农业机械化程度越高，需要的劳动力数量越少，而富余的劳动力数量越大。

（5）技能型富余劳动力。这种富余劳动力产生的原因是，农村劳动力素质不能适应社会发展需要，限制了农村劳动力向第二、第三产业转移的条件。

（6）观念型富余劳动力。农村劳动力长期受传统观念的影响，满足于小农生活，由于观念原因不能从第一产业中脱离出来，而成为富余劳动力。

## 7.3 农村进城务工人员的职业指导服务

近几年，政府相继出台很多有关农民工问题的文件和措施，就做好农民工的就业、社会保障、培训等工作提出相应要求。为落实国家对农民工的有关政策，我国公共就业服务机构针对农村进城务工人员应提供哪些更加有效且针对性强的就业服务，进行了积极的探索。2006年8月，在财政部及原劳动和社会保障部国际合作司、培训就业司的大力支持下，亚洲开发银行与原劳动和社会保障部联合进行"农村进城务工人员就业服务国际合作项目"（以下简称该项目）研究，并正式立项。项目组对农村进城务工人员在进城就业整个过程的想法进行了详细调研，通过不同方式和不同人群，了解农村进城务工人员在不同时期的不同想法，以此来分析他们的需求，思考公共就业服务如何完善服务功能，更好地为他们做好服务。

### 7.3.1 主要类别与阶段划分

为了更加科学地阐述农村进城务工人员就业服务实际情况，该项目提出"五点四阶段"模型假设。项目组调查发现，按照时间进程进行划分，农民进城务工可以分成五个点、四个阶段（以下简称"五点四阶段"）。如图4—10所示，"0"点指最初萌生要出门打工思想的一刻，"4"点指上岗后半年的一刻。随着这个人出门上路，来到城里，又可以确定三个点，即"1""2"和"3"点。为便于表述，0~1点称为萌动阶段，1~2点称为出门阶段，2~3点称为进城阶段，3~4点称为上岗阶段。每个阶段的基本情况可以进一步解释如下。

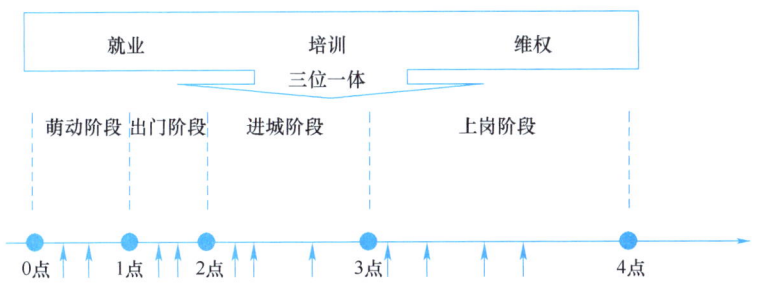

图4—10 农村进城务工人员"五点四阶段"模型示意图

萌动阶段：这个阶段的时间一般为1~2个月，甚至时间更短。这一阶段一般可以认为是农村进城务工人员进城务工的心理准备期，也可称准备阶段。由于各种不同的原因，人们萌生了要进城打工的念头，但又表现出不同的心态和动机，多数人在心理、生理等各方面的准备是不足的，对进城务工的实质意义也存在各种认识，对进城务工结果的预计常常表现出一种盲目性。由于信息闭塞，多数人缺乏获取务工信息的途径，再加上他们普遍文化程度不高，缺少专业技能，对掌握什么技能才能具有市场竞争力也知之甚少，因此，这一阶段常常还需要以信息、培训服务为主的就业服务支持。一般认为，信息服务、职业指导和引导性培训是这一阶段就业服务支持的重要内容，对进城务工人员就业顺利与否具有深层次的影响。

出门阶段：这个阶段的时间一般在1个月以内，也可称为起步阶段。在这一阶段中，通常存在着两个时段，一是准备出门的阶段，二是踏上征程的阶段。许多情况下，萌动阶段和准备出门的时段，在时间上没有明显的界限。这一阶段对农村进城务工人员将自己的想法付诸于实践，是一个关键期，对许多人而言，进行能力储备和信息准备是这个阶段的一个工作重点，除此之外，对那些初次进城务工的人员，心灵上还将经历一场巨大的震荡。一般认为，在这一阶段，就业服务的内容常常已经不仅仅局限在它自身的定义范围内，诸如适应性指导、出门必备指导、旅途指导，甚至一些人文关怀，都将成为重要内容。但是，无论怎样，这种服务对每一个农村进城务工人员都是必需的，服务的质量对他们的转移仍然起着重要作用。

进城阶段：这个阶段的时间一般为数天到 1 个月。有组织转移就业、靠亲朋好友带出来的农村进城务工人员，进城寻找工作的时间一般较短，而盲目出来的农村进城务工人员，进城寻找工作的时间则长一些。这是人们实现就业的重点阶段。在这一阶段中，大多数进城务工人员的情况是复杂的，有人带着憧憬和梦想，有人急于找到岗位，以缓解生存困难，有人事与愿违，屡遭挫折，面临窘境，甚至有人受到凌辱和欺骗，付出昂贵的就业成本。一般认为，有效的岗位信息提供、针对性的指导，以及包括生活安置在内的一些服务内容是至关重要的，这些支持对农村进城务工人员成功就业，具有极大帮助和决定性意义。

上岗阶段：指上岗后的一段时间，一般周期为 6 个月，对少数人而言，可能时间会更长一些。这一阶段是人们得以顺利实现稳定就业的关键期。在这个阶段，虽然，人们的就业梦想得以实现，但是由于环境适应能力、文化冲突、技能局限、劳动维权等各种各样的原因，一系列的新情况、新问题直接影响着他们就业稳定和职业生涯发展。一般认为，技能提升培训、跟踪指导服务，以及帮助他们进行劳动权益维护是这一阶段就业服务的重要内容。

从四个阶段的介绍和分析，可以清楚地看出，这些农村进城务工人员对就业服务的需求可以概括为如下六点：

（1）既有针对性又有时效性的需求。农村进城务工人员在 0~4 点这一过程的周期一般为 8~10 个月，最多不超过 1 年。在这个周期下，每个点位和每个阶段上，他们都具有特定而鲜明的典型问题，也就是说，不同的点，不同的阶段，会有不同的带有规律性的问题出现，同时，这些典型问题的解决又伴随着强烈的时效性需求，这就是说，人们不仅需要有针对性地解决问题，还需要准确、及时地予以支持。

（2）转移前期支持力度和强度的需求。农村进城务工人员在萌动和出门阶段问题解决的质量影响以后两个阶段顺利与否，同时，这种支持的力度和强度与整个转移效果呈现着极高的正相关。

（3）转移后期全方位的支持需求。转移后期是指进城和上岗阶段。这两个阶段对农村进城务工人员实现就业、稳定就业起着关键性作用。进城阶段的就业服务是至关重要的，并且，这一阶段的工作如果能全面到位，则可以在很大程度上弥补前两个阶段的不足。

（4）全过程系统的支持需求。农村进城务工人员一旦顺利越过"4"点，对大多数人而言，相对进入稳定期，如果在每个点和阶段上都能为农村进城务工人员提供有效的就业服务，那就意味着，他们将在很大程度上顺利走过最艰难的阶段。

（5）多元化的服务需求。农村进城务工人员越过"4"点后，将进入稳定和发展阶段，意味着就业服务的支持需要进一步深化和多元化。职业生涯的规划指导、创业项目推介和咨询服务、小额贷款、就业扶持政策的帮助落实等一系列拓展性的就业服务，将成为重要的工作内容。

（6）不同阶段服务内容权重变化的需求。农村进城务工人员在四个阶段中需要的就业服务主要有"就业""培训""维权"三个主题。对于这三方面在每一阶段中，人们普遍存在着迫切的需要，但是它们所表现出来的权重，则随着每一阶段发展，而产生新的变化。例如，萌动阶段需要职业指导和引导性培训的权重大一些；在出门阶段，信息服务和培训服务的权重要加大；在进城阶段，职业介绍和职业指导的权重要加大；在上岗阶段，服务内容的主要权重应当放在维权和在岗培训两个方面。不同阶段服务内容权重变化的需求规律进一步显示了，就业服务应当从粗放化向精细化运作发展，同时，也提示我们，应当据此确定不同阶段下的工作重点和内容。

### 7.3.2 就业服务需求与指导要点

农民在进城务工"五点四阶段"的进程中，对就业服务有不同的需求，见表4—7。

（1）萌动阶段的需求。在萌动阶段，农民的就业观念普遍具有盲目性，他们动机单纯，就业观念和心理准备存在着偏差，需要澄清和帮助。如果能开展耐心细致的职业指导和引导性培训及信息服务，就能为他们扫清进城就业的心理障碍，帮助他们平稳度过心理准备期。

（2）出门阶段的需求。处于这个阶段的农民，普遍存在着到哪去、去干啥、跟谁去、怎么办和学什么5个问题。这5个问题从一个侧面反映了，帮助他们进行能力储备和信息准备是这个阶段的工作重点，主要包括信息服务、技能培训和出门必备指导。

（3）进城阶段的需求。处于进城阶段的农村进城务工人员，他们的需求就更直接、更具体，集中体现在对岗位的需求上，他们要求就业服务"短、平、快"。需要开展职业介绍、职业指导、培训推荐等。

（4）上岗阶段的需求。处于上岗阶段的农村进城务工人员，他们的需求主要集中在岗前培训、权益维护以及跟踪服务方面。

表4—7　　　　　　农村进城务工人员就业服务需求一览表

| 阶段 | 工作内容 | 就业服务支持点 | 主要功能 |
|---|---|---|---|
| 萌动阶段 | 一、转移前职业指导 | 1. 就业观念指导 | （1）破除封闭意识和小农意识<br>（2）树立转移就业就是脱贫致富的重要途径的意识<br>（3）了解职业，认识自我，避免盲目就业 |

续表

| 阶段 | 工作内容 | 就业服务支持点 | 主要功能 |
|---|---|---|---|
| 萌动阶段 | 一、转移前职业指导 | 2. 转移方向指导 | (4) 了解国家和各地区的就业形势 |
| | | | (5) 了解转移地域、行业、职业和岗位 |
| | | | (6) 了解转移地域劳动力市场供求状况 |
| | | 3. 相关法律法规指导 | (7) 了解鼓励农民转移就业的各项优惠政策 |
| | | | (8) 了解相关社会保障政策 |
| | | | (9) 了解相关劳动权益保护政策 |
| | 二、转移前培训 | 4. 引导性培训 | (10) 树立做城市文明居民的观念 |
| | | | (11) 引导自觉遵守道德规范、法律法规 |
| | | | (12) 介绍城市生活基本常识，掌握日常生活事务处理方法 |
| | | 5. 技能培训 | (13) 学习基本职业常识 |
| | | | (14) 掌握专项职业技术 |
| | | | (15) 掌握专项职业核心技能 |
| | 三、信息服务 | 6. 需求信息收集 | (16) 了解企业用工信息 |
| | | | (17) 了解用人单位工作环境、劳动合同执行状况等内容 |
| | | | (18) 规避企业不合法用工 |
| | | 7. 就业信息提供 | (19) 了解输入地市场供求信息状况、工资指导价位等信息 |
| | | | (20) 定位就业方向及工资期望 |

续表

| 阶段 | 工作内容 | 就业服务支持点 | 主要功能 |
|---|---|---|---|
| 萌动阶段 | 三、信息服务 | 8. 信息获取与甄别技术提供 | （21）了解获取岗位信息的一般途径和方法 |
| | | | （22）掌握通过公共就业服务获取信息的途径和方法 |
| | | | （23）掌握甄别虚假信息的方法和手段 |
| | | 9. 培训信息提供 | （24）了解获取培训信息的方法和途径 |
| | | | （25）了解培训项目和培训内容 |
| | | | （26）帮助合理选择培训项目，降低培训成本 |
| | | 10. 岗位信息发布 | （27）获得企业空岗信息，减少农村进城务工人员的盲目流动 |
| | | | （28）清晰岗位基本要求，结合自身状况选择岗位 |
| | 四、劳务输出组织工作 | 11. 求职技能指导 | （29）提高面试、笔试技巧 |
| | | 12. 组织劳务输出 | （30）提高劳务输出的组织化、规范化程度 |
| | 五、女性专项服务 | 13. 女性专门指导 | （31）摆脱家庭羁绊，妥善处理外出与家庭之间的关系 |
| | | | （32）摆脱传统重男轻女的思想束缚 |
| | | | （33）缓解社会及就业压力 |
| | | | （34）获得教育和就业机会 |
| | | | （35）明确务工方向等 |

续表

| 阶段 | 工作内容 | 就业服务支持点 | 主要功能 |
|---|---|---|---|
| 出门阶段 | 六、出门指导 | 14. 目的地基本情况介绍 | （36）了解目的地基本概况 |
| | | | （37）了解用工需求大的行业、当前紧缺工种 |
| | | | （38）了解人文环境、生活习俗等内容 |
| | | 15. 出门必备指导 | （39）熟悉出门须携带哪些必备物品 |
| | | | （40）做好出门的心理和物质准备 |
| | | 16. 旅途指导 | （41）选择行程线路、确定交通工具 |
| | | | （42）了解应急事件处理办法 |
| | | | （43）掌握出行时机 |
| | | | （44）降低交通和时间成本 |
| | 七、旅途指导 | 17. 旅途服务 | （45）感受人文关怀，克服离愁别 |
| | | | （46）稳定出门心态，坚定外出务工就业信心 |
| | 八、女性专项服务 | 18. 女性专项培训 | （47）掌握家政、餐饮、纺织等适于女性的职业岗位技能 |
| | | | （48）了解如何参加相关专项培训 |
| | | 19. 女性专项职业指导 | （49）了解如何降低培训成本，享受优惠政策 |
| | | | （50）了解怎样做到边打工，边学习 |
| | | | （51）了解如何参加女性农村进城务工人员专场招聘会 |
| | | | （52）提高就业竞争能力 |

续表

| 阶段 | 工作内容 | 就业服务支持点 | 主要功能 |
|---|---|---|---|
| 进城阶段 | 九、职业介绍 | 20. 信息服务 | （53）在特定时间内，快速了解满足生活和保障需求信息 |
| | | | （54）在特定时间内，快速了解具体、有效的岗位信息 |
| | | | （55）在特定时间内，了解迅速找到工作的途径和方法 |
| | | 21. 求职登记 | （56）提供有效的求职登记和前台指导 |
| | | | （57）提供有针对性的政策咨询和指导 |
| | | | （58）进一步需要提供空岗信息和培训信息 |
| | | 22. 推荐介绍 | （59）提供查询、推荐符合求职意愿和个人条件的岗位信息 |
| | | | （60）提供一般性的职业指导 |
| | | 23. 招聘会服务 | （61）在春节前后就业高峰期，组织及时的专场招聘会 |
| | | | （62）经常持续性地，组织针对农村进城务工人员特点的现场招聘会 |
| | | 24. 输出地的"一条龙"服务 | （63）派专人送农村进城务工人员上岗，提高他们就业的组织化程度 |
| | | | （64）督促单位签订劳动合同 |
| | | | （65）缴纳社会保险 |
| | | | （66）配合单位开展在岗培训 |
| | | | （67）提供跟踪服务，及时解决相关问题，提高农村进城务工人员的就业提供率和就业稳定性 |
| | | 25. 输入输出地的对接服务 | （68）提供输出和输入的就业服务机构加强联系和合作 |
| | | | （69）提供人员接站 |
| | | | （70）落实食宿和生活问题 |
| | | | （71）督促单位依法签订劳动合同，缴纳社会保险 |
| | | | （72）监督企业按合同约定落实他们的工资待遇、加班报酬等 |

续表

| 阶段 | 工作内容 | 就业服务支持点 | 主要功能 |
|---|---|---|---|
| 进城阶段 | 十、职业指导 | 26. 求职指导 | （73）结合自身特点和企业需求，提供职业指导 |
| | | | （74）提供心理疏导 |
| | | | （75）及时调整职业心态 |
| | | | （76）学习求职技巧和求职技能 |
| | | 27. 生活指导 | （77）进行生活指导，改变生活习惯，适应新环境 |
| | | | （78）了解熟悉周围环境、交通路线 |
| | | | （79）了解熟悉生活相关信息，如商店、医院、派出所、劳动部门举报电话、工会组织、妇联、输出机构电话等 |
| | 十一、职业培训 | 28. 培训推荐 | （80）为缺乏劳动技能的人员提供具有针对性的培训信息 |
| | | | （81）推荐短期技能培训，帮助提高劳动技能 |
| | 十二、女性专项指导 | 29. 监督、咨询和指导 | （82）监督企业落实对妇女的保护政策 |
| | | | （83）指导女性找到维护自身平等就业权益的方法和途径 |
| | | | （84）帮助女性不受用人单位的歧视和不公平对待 |
| | | | （85）特别指导女性提高对骗局的识别能力，防止上当受骗 |

续表

| 阶段 | 工作内容 | 就业服务支持点 | 主要功能 |
|---|---|---|---|
| 上岗阶段 | 十三、职业培训 | 30. 岗位适应性培训 | （86）提供入职岗位技能培训，满足用人单位岗位设置要求 |
| | | | （87）帮助快速了解企业及企业文化、相关规章制度，尽快适应企业要求 |
| | | 31. 技能提升培训 | （88）提供技能提升培训，提升技能，帮助获得职业发展 |
| | | | （89）提供文化学习，提高自身素质 |
| | 十四、务工指导 | 32. 职业适应指导 | （90）提供心理辅导，保持思想稳定 |
| | | | （91）提供企业文化指导，帮助职业角色转换 |
| | | | （92）提供职业生活指导，帮助实现稳定就业 |
| | | 33. 职业发展指导 | （93）引导注意经验的积累和技能的提升 |
| | | | （94）提供职业发展指导，帮助规划出职业发展路线 |
| | | | （95）提供职业发展的途径和方法 |
| | 十五、跟踪服务 | 34. 创业指导 | （96）帮助学习创业有关知识 |
| | | | （97）帮助了解如何选择创业项目 |
| | | | （98）帮助制定创业计划 |
| | | | （99）帮助规避创业风险等 |
| | | | （100）指导开业，帮助鼓励迈出创业第一步 |
| | | 35. 协调劳动关系 | （101）及时接受权益的诉求 |
| | | | （102）及时协调和沟通，帮助落实相关权益 |

续表

| 阶段 | 工作内容 | 就业服务支持点 | 主要功能 |
|---|---|---|---|
| 上岗阶段 | 十五、跟踪服务 | 36. 协助权益保护 | （103）提供工资支付、劳动合同签订和履行、劳动权益维护、社会保险交纳等方面的指导 |
| | | | （104）在农村进城务工人员权益被侵害时及时提供帮助 |
| | | | （105）通过加强劳动保障监察执法，依法严厉查处侵犯农村进城务工人员权益的犯罪行为等 |
| | | 37. 回访服务 | （106）及时了解务工人员工作、生活、学习的情况，掌握情况，提供关怀 |
| | | | （107）及时帮助稳定情绪，解决疑难问题，保持就业稳定 |
| | | 38. 春运服务 | （108）配合企业做好春运期间农村进城务工人员返乡工作 |
| | | | （109）配合企业做好春节后回城的工作 |
| | | 39. 协助处理突发性事件 | （110）在出现上访、罢工、事故、伤亡等突发事件时，及时协调处理 |
| | | | （111）充分保障农村进城务工人员的利益，防止发生恶性事件 |
| | 十六、女性专项服务 | 40. 女职工权益维护 | （112）督促企业严格执行国家规定对妇女的保护政策，落实对"三期"期间妇女的劳动保护 |
| | | | （113）在女性受到侵害时，能够及时获得维护自己权益的途径和方法 |
| | | | （114）在女性受到侵害时，能够及时获得援助等 |

## 8 其他重点就业群体的职业指导服务

### 8.1 基本概念

其他重点就业群体主要是指那些由于自身或环境因素而导致相对就业更加困难的人员。一般包括残疾人、退役体育运动员、刑释解教人员、吸毒人员、复员转业军人及征地拆迁劳动力等。这些群体由于自身素质条件等方面的原因,导致他们在就业竞争中处于弱势地位,需要给予更多的指导和帮助。而且,这种情况自然就决定了对重点群体职业指导的特定内容和形式。

### 8.2 基本特征

归纳其他重点就业群体的特征,主要表现在以下几个方面:

(1) 就业观念落后、意识陈旧,很难适应市场经济条件下的就业形势。

(2) 就业或创业的信心不足。例如,大部分残疾人认为自己身体有缺陷,不具有正常人寻找工作的优势;刑满释放人员,普遍认为自己犯过罪,有前科,受社会歧视。

(3) 部分重点就业群体年龄偏大,他们很难在同等条件下与年轻人竞争。

(4) 文化程度偏低。据调查,重点就业群体中,小学以下文化程度的占26%,初中文化程度的占47%,高中文化程度的占20%,大专以上文化程度的占7%。由于文化程度偏低,他们很难适应高科技产业的用工需求。

(5) 技能素质较差。在重点就业群体中,受过专门技能培训的很少,他们很难适应新时期就业岗位的技能需求。

### 8.3 主要程序

对重点就业群体进行职业指导,更需要树立以人为本的服务理念,要采取多种方式,更加用心、关心和有耐心,根据不同对象的具体情况,实施有针对性的职业指导,主要的服务程序如下:

(1) 深入实际,调查研究,必要时入户走访。详细了解重点就业群体的就业意识和愿望,掌握第一手资料。

(2) 换位思考。首先应该具有对重点就业群体的爱心,将心比心,以心换心,充分取得重点就业群体的信任。认真听取他们对就业的认识,对于他们提出的一些过激要求,要做好耐心细致的思想工作,必要时可利用身边的就业成功事例进行启发诱导,帮助他们树立对未来美好生活的信心,努力克服心理障碍,学习新技能,为适应职业要求做好准备。

（3）建立个人信息档案。对重点就业群体要建立"一对一"档案，为个性化的职业指导和有针对性的后续跟踪服务提供线索。档案内容包括姓名、性别、年龄、婚姻状况、文化程度、兴趣爱好、职业取向、未就业原因、技能培训经历、技能等级、家庭住址、联系方式等。

（4）制定职业指导方案。主要内容包括心理调适方案、职业测评方案、技能培训方案、岗位搜集方案、应试与推荐方案和后续跟踪方案等。例如，在个性化的岗位搜集方案中，应具体到"聋哑人可从事噪声大，不需要语言交流信息的工作"，"小儿麻痹后遗症患者可从事财会、出纳、文字录入、家用电器维修等工作"，"盲人可从事推拿按摩类工作"，"大龄就业困难人员可从事交通协管、城市绿化、社区保洁、家政服务等工作"，"复员转业军人可从事城市保安、钞票押运、私人保镖类工作"，突出因人而异、因材施教的人本服务理念。

（5）建立一对一服务制度。为一名重点就业人员至少配备一位职业指导人员以帮助实施就业计划，并将阶段性成果列入职业指导人员的定期考核目标。这种做法对促进重点就业群体就业具有很好的效果，北京及部分地区已在实际工作中广泛应用此制度。

（6）提升就业能力。要在最大程度上根据重点就业人员个性特点和就业障碍制定培训计划，组织培训，引导他们在就业前进行有针对性的技能培训或转岗培训，帮助他们增长就业竞争力。

（7）实施一帮一创业活动。针对有创业愿望且有一定创业能力的人员，实施职业指导人员"牵线搭桥一帮一"创业活动。

（8）提供政策咨询服务。要针对重点就业人员提供随时随地、不间断的就业政策咨询服务，如城镇最低生活保障、残疾人就业政策、大龄就业困难人员优惠政策、复员转业军人安置政策等，并协助他们将各项就业政策落实到位。

（9）后续跟踪服务。及时收集反馈信息，认真做好跟踪服务。对于进入用人单位的就业者能否顺利通过试用期，要进行实时跟踪和反馈，随时提供相应的跟踪帮助，确保职业指导服务的完整性与延续性。

## 8.4 残疾人职业指导服务

### 8.4.1 残疾人就业服务

我国关于残疾人（Disabled）的定义是："在心理、生理、人体结构上，某种组织、功能丧失或者不正常，全部或者部分丧失以正常方式从事某种活动能力的人"。这一定义与联合国、世界卫生组织和其他国家基本一致。

在我国，残疾人就业服务是各级残疾人就业服务机构提供的公益性就业服务，残疾人就业服务内涵十分丰富，包括职业康复、职业能力评估、职业介绍、职业指导、职业培训、就业训练、就业岗位开发、就业跟踪服务、创业指导、残疾人创业金融服务等诸多服务种类。

残疾人就业服务与一般就业服务的不同之处在于，通过对残疾人进行职业评定、职业训练、职业咨询和职业指导等，使残疾人从依赖他人生活、缺乏自信走向独立生活，树立生活信心，使其身心得到调整和康复。残疾人就业服务是连续的、统一的、全面康复过程中的一部分，是为残疾人就业、就业稳定、参与或重新参与社会生活而进行帮助的过程。

### 8.4.2 残疾人职业指导的主要做法

（1）开展摸底调查。要根据残疾人的就业条件进行调查摸底，建立指导档案，合理分类，逐一分析，挖掘残疾人自身特点和可利用的就业资源，结合就业政策，制定指导计划，提出具有针对性的援助措施和办法。

（2）提供精细化指导。要对残疾人的残疾类型和程度做细致分析，要结合就业岗位的职业要求，推荐合适的就业岗位；要结合不同的社区岗位，总结归纳上岗后面临的问题，开展有针对性的指导，帮助残疾人克服职业心理障碍，掌握基本的服务常识和技能，提供应对措施和方法；要采取安排专门的职业指导员、建立专门的服务窗口、召开专场招聘会、树立先进典型等多种形式，将就业政策、人力资源市场信息、求职计划、职业指导和训练送上门，对重点人员要提供应急措施，多方面引导，多渠道推荐就业，多层次提供援助。

（3）加大企业宣传力度。要积极与用人单位联系，介绍就业优惠政策，推荐残疾人就业。要重点宣传三方面内容：一是要鼓励企业承担相应的社会责任，树立良好的社会形象；二是要强调吸纳残疾人就业的好处，如吸纳一定比率的残疾人就业，可以不缴或少缴残疾人就业保障金，可以享受社会保险补贴、税费减免等优惠政策；三是残疾人在某些岗位上可能具有一定的优势。与正常人相比，残疾人获得工作岗位更有感恩之心，就业稳定性较强，某些残疾人具有一定的特长，如盲人的听力可能比较好，聋哑人的视力可能比较好。

（4）提供跟踪指导。对已就业的残疾人提供跟踪服务，考察企业工作环境，包括工资待遇、食宿情况、是否加班、企业无障碍设施等，通过与残疾职工面对面座谈交流和考察，了解残疾职工的就业状况（工作情况、工资待遇、加班情况等）和工作适应能力（心理状况、人际关系等），及时帮助残疾职工解决各种问题，使之尽快适应新的环境，促进个人就业稳定，促进个人职业生涯的发展。

### 8.4.3 残疾人精细化就业服务技术支持平台

很多地方开发了"残疾人精细化就业服务技术支持平台"，集理论研究和工具应用融为一体，如《残疾人辅助性就业测评系统》其主要功能为：①判断残疾人岗前通用技能；②诊断残疾人基本常识水平；③诊断残疾人生活能力状况；

④诊断残疾人社会适应能力；⑤诊断残疾人职业适应能力状况；⑥用户信息管理；⑦测试结果管理。其特点有：①支持网上远程测试；②家长、职业指导师、培训教师可以协助测试；③能够提供详细的评估报告；④支持手机、平板电脑等多终端学习。

## 8.5 退役体育运动员的职业指导服务

退役体育运动员作为为国家做出特殊贡献，被社会广泛关注的一个群体，其退役后的职业转型和长远发展问题，关系到他们的切实利益，关系到体育事业全面、协调、可持续发展，关系到和谐社会与和谐的体育建设。为此，国家高度重视，社会普遍关注，运动员也甚为期盼。

2007年国家出台多项文件，确定运动员职业辅导工作和运动员退役时实行"职业转换过渡期制度"，要求体育部门做好运动员心理调适、职业指导、技能培训、就业服务等工作。在体育系统引进职业指导理念，树立运动员长远职业发展和人生发展思想，推广和提供科学化、专业化的职业指导服务，对帮助运动员顺利实现职业转型和长远发展具有重大的现实意义和作用。

### 8.5.1 基本特征

运动员群体是一个特殊的群体，他们在人生成长、心理成熟、职业养成、职业转型等各方面都具有独特的特点，这也决定了对退役体育运动员开展职业指导工作的重要性和特殊性。这些特征体现在：

（1）职业年龄和职业环境的特殊性。运动员大都在青少年这个人生极为重要的发展成长期就进入运动队，在封闭和半封闭的环境中进行着艰苦的、长期的、挑战生理和心理极限的训练。在这个时间段，运动员只有超负荷的、长年累月的训练，只有教练、领队、队友等单纯的社会关系，而没有像同龄人那样在正常的社会环境中成长，没有经历和体验到同龄人应该经历的社会角色，没有经历同龄人应该经历的社会心理成长、成熟过程。从心理学角度讲，运动员在成长和退役时没有经历过正常的社会化。但当运动员退役时，已是20多岁甚至是30岁的成年人，他们要重新回归社会，要马上面对他们之前不了解的社会规范和环境，要马上承担他们不熟悉和不知道的社会角色、社会责任，这会给运动员退役后的职业转型造成巨大的心理困扰和心理压力。

（2）职业意识和价值观的特殊性。我国运动员在运动队中接受的是非常强烈的爱国教育、拼搏教育，多年的运动员身份使他们具有极强的国家荣誉感、自豪感、成就感以及强烈的组织归属感。运动员封闭或半封闭的生活特点，也使他们习惯了专注于训练而不闻不问其他生活事务。退役后回归社会时，必然会因为失去组织归属感、价值感、人生目标等，而造成心理上、职业上、生活上的巨大落差、反差，给他们的职业转型带来困扰。

（3）生活生长环境单一的特殊性。运动员因为从小就过着封闭或半封闭的生活，生活环境单一；同时，高强度的训练必然产生的学训矛盾，也使他们无暇顾及其他，加之当前的一些体制等因素，必然造成运动员对社会的不了解，对社会职业的不了解，以及综合素质、职业能力等方面的弱势。这些都是运动员走向社会、实现职业转型的不利因素。

### 8.5.2 主要思路

退役体育运动员群体的基本特征，要求我们要把帮助运动员认识自我、认识社会、积极回归社会这项心理调适工作放到针对该群体职业指导工作的第一位。退役运动员职业指导的主要思路：一是利用退役运动员的优点推荐合适的岗位，如他们普遍身体条件较好、心理素质佳、不惧竞争，据此特征推荐其合适的岗位。二是要结合退役运动员以前从事的运动项目，有针对性地推荐其从事相关工作。主要的服务程序和内容如下：

（1）加强基础性职业指导工作。大量收集、整理与积累基础性职业指导素材，包括退役运动员职业转型宣传材料、转型案例、转型途径、就业信息等，为职业指导提供参考依据。

（2）加强体育职业信息平台建设。建设开通专门的体育类求职招聘信息网，为运动员及其相关工作人员提供联通社会的职业信息共享平台。

（3）引进推广专业测评软件。通过专业的职业测评软件对该群体进行测评，加强职业指导人员的科学化、专业化服务水平和能力。

（4）积极推进职业指导工作室建设。有效推进"退役运动员职业指导工作室"建设工作，深入探索专业化的运动员职业指导服务思路与科学有效的技术方法。

（5）大力培育体育系统职业指导师队伍。通过培训或引进，形成一支包括各个层级、各个方面的既有运动员保障工作经历又有专项理论和职业资格的退役运动员职业指导队伍，其中包括保障工作一线工作人员，为落实推进该群体职业指导工作奠定基础。

（6）积极推动专业服务机构的建立。鼓励、支持地方体育局成立专门的运动员保障和职业转型工作机构，壮大服务队伍。

（7）积极开展理论研究和基础专项工作。如，国家体育总局开展国际合作，引进、推广国际奥委会运动员职业发展项目。该项目专门为促进运动员全面、均衡、长远发展而设，包括运动员的教育、生活技能培训、就业三大模块。

### 8.6 刑释解教人员的职业指导服务

"刑释解教"人员就业是一个社会难题，也是影响社区安定的重要因素。这部分人一般心理负担较重，大多数具有求职心理障碍，害怕被别人歧视。做好刑释解教人员就业和社会保障工作，是预防和减少重新违法犯罪，维护社会和谐稳定的重要措施，也是以人为本的基本要求。

对刑满释放人员进行职业指导，需要具有更多的耐心、爱心、恒心和细心，针对他们的特点和就业难点，通过基础排摸、政策扶持、强化部门合作、开展职业培训等措施，实施有针对性的职业指导。

### 8.6.1 基本特征

在实践中，我们总结出刑释解教人员在就业方面呈现的基本特征主要体现在以下几个方面：

（1）学历偏低且技能缺乏。以上海市闸北区刑释解教人员调研数据为例，初中及以下学历者为1 126人，占58%，三校生学历者为435人，占22%，大专以上学历者为396人，占20%。

（2）身体状况差且就业观念淡漠。部分刑释解教人员因各种原因造成身体状况比较差。以上海市闸北区某街道为例，刑释解教人员共计400人，其中20%的人患有肾病、肝病等疾病，只能从事简单劳动；40%的人无法适应搬运等劳动强度较大的工作。此外，刑释解教人员在回归社会后，无法面对激烈的市场竞争和严峻的就业形势，且贪图安逸、拈轻怕重，眼高手低，宁愿躺在低保线上，也不愿参加工作。

（3）就业稳定性差且隐性就业居多。该群体多因工作太累不愿干，或与同事处不好而辞职，或是犯了错误被单位辞退，就业稳定性比较差。此外，许多刑释解教人员就业之后因各种原因没有社会保险缴的记录，成为"隐性就业"群体。

（4）就业机会较少。该群体受自身条件所限，能做的工作岗位本就不多，且多数岗位需要政审，例如，保安、超市类工作岗位都严禁"刑释解教"人员担任。因此，很多"刑释解教"人员因派出所政审通不过而与就业失之交臂。

### 8.6.2 主要做法

（1）职业指导服务前移。将就业服务前移，开展职业指导"进大墙"活动，主动赴户籍人员服刑监狱开展职业指导、职业培训、开业指导和劳动保障政策咨询等服务，帮助即将刑满释放的服刑人员提前做好就业准备。

（2）职业指导服务全覆盖。开展刑释解教人员的调查摸底工作，认真做好该群体基本情况的详细记录，做到"六清"，即住址清、犯罪性质清、释放时间清、思想动态清、社会关系清、家庭情况清。根据调查，排除已就业的，正在享受各类补助（低保、临时补助、廉租房、家庭供养、自给自足等）且没有就业愿望的，以及因身体原因或有其他收入等原因暂不要求就业的人员，对有就业愿望仍未实现就业的人员进行重点关注，逐一为他们提供基础的职业指导。职业指导的内容大致有三点：一是了解他们的求职意向和求职状态；二是引导他们树立正确的就业观念；三是宣传促进刑释解教人员就业的相关政策。

（3）提供个性化分类指导服务。为该群体提供一对一职业指导服务，根据他们的具体情况，制定个性化帮扶方案。例如，针对有能力自主就业的刑释解教人员传授求职技巧，引导其自主求职；针对难以实现市场就业的人员，认定为就业困难人员，通过公益性岗位进行就业托底安置；针对隐性就业的人员，加大对用人单位和刑释解教人员有关养老保险、失业保险和工伤保险等劳动保障政策的宣传，指导用人单位和个人按照相关规定及时办理手续，使该群体的隐性就业显性化；针对能力缺乏的求职者，进行培训指导；针对有志创业的人员，帮助其通过创业实现就业。

（4）就业推荐与培训介绍相结合。对刑释解教人员的职业培训旨在通过开展针对刑释解教人员的技能培训及就业推荐，使他们掌握一定的就业技能，积极探索该群体培训、就业、安置新途径，从而提高就业率。例如，保安培训班可以根据用人单位的需求，制定教学方案，主要设置职业指导、保安服务与职业道德、消防安全知识、保安防范和防卫技能、保安基础知识与工作细则等课程，帮助该群体端正就业观念、掌握求职技巧、了解从事保安职业的基础信息。

（5）落实积极的就业政策。要加大配套政策支持力度。一是研究制定符合"刑释解教"人员实际和市场需求的技能培训，尤其是定向培训，提升个人职业技能并最终通过培训实现市场化就业。二是研究制定有针对性的扶持政策，引导和鼓励用人单位吸纳"刑释解教"人员。三是研究制定适合大龄刑释解教人员的就业补贴政策。

## 8.7 复员转业军人的职业指导服务

这类就业群体一般年龄较轻，身体健康，有严格的组织纪律性，随着部队开展军地两用人才的培养，有相当一部分人能够熟练掌握1门甚至多门民用技术，但从普遍意义上讲，他们所接受文化教育、掌握的技能，还远不能直接参与市场化竞争。这些人因为长期在部队中生活，转到地方初期都存在不同程度上的不适应。妥善安置他们，使他们各得其所，在各个工作岗位和生产战线上发挥积极作用，是国家一项长期的重要政策，也是各级政府和全体人民群众一项经常的、光荣的政治任务，关系到国家的经济建设、国防建设和社会稳定。

### 8.7.1 基本特征

在实践中，我们总结出复员转业军人在就业方面呈现的基本特征主要体现在：

（1）学历知识含量较低。该群体文化水平总体呈上升趋势，具有高学历层次人数逐年增多，但其学历的"含金量"不足，中等学历者占一半以上。

（2）知识结构单一。该群体在服役期间大都获得了军事知识，马克思主义的专业知识及管理知识等，而现代社会需要的专业知识明显不足，如法律知识、经济知识、计算机网络知识、外语知识等。

（3）就业技能不足。该群体在服役期间掌握的各种技能与现代社会需求的就业技能有明显距离，就业竞争能力较弱。

（4）择业面较窄。据调查，在转业军人择业考虑的要素中，依次排列的是工作稳定舒适、实现人生价值、较高物质待遇、个人兴趣爱好、人际关系宽松融洽。从择业意向上看，以到国家机关、事业单位为主，国有企业为辅，希望到外企或民营企业工作的寥寥无几。这种现象表明，越来越多的转业军人在择业时一味地追求稳定，是影响该群体就业的一个主要因素。

此外，复员转业军人也有其就业的优势，如政治思想品德良好，具有坚韧不拔、顽强拼搏的品格，雷厉风行、英勇果敢、敢打硬仗的工作作风和超强的组织纪律性等。

### 8.7.2 主要程序和内容

（1）树立正确的就业观念。对于该群体来说，找到一个岗位并不太难，关键是一定要对自己有信心，从最基础的岗位做起，把眼光放长远，并利用休息时间充实自己，寻求机会，在工作中学习一些有用的知识，为以后更好的发展积累资本。

（2）提升职业技能。引导该群体参加职业培训提高技能，把自己变成一专多能的复合型人才，提高就业竞争力。

（3）调整心态。该群体在求职和工作的道路上会遇到很多问题，尤其是一些单位觉得退伍军人只能从事安保类、司机等工作，据此，要引导他们保持好的心态、变压力为动力，在基层工作岗位中努力工作，充实自己，用实际行动证明自己的能力，争取更适宜的岗位。

（4）制定职业发展规划。引导该群体依据自身实际情况制定职业发展计划，如，首先找到一个能够让自己接触了解社会、充实能力和学习有用知识的平台及机会，再结合行业岗位的发展前景和自身潜力，积累工作经验，实现更高质量的就业。

## 8.8 征地拆迁劳动力的职业指导服务

随着城市的不断扩大，征地拆迁劳动力的就业问题已是大中城市就业的一大难题。因为这个重点群体年龄参差不齐、文化偏低、没有技能、适应新的工作环境和城市文化都有一定的困难。如何帮助该群体在获得拆迁款后，精神、思想、技能水平也能够共同"富裕"起来，过上品质生活，是各级政府尤其是各级公共就业服务机构需要承担的重要职责和任务。北京市丰台区就该类群体的职业指导服务做出了大量的研究和实践，在此提出，以供参考。

### 8.8.1 基本特征

在实践中，我们总结出征地拆迁劳动力在就业方面存在"三难"问题，其特征主要体现在：

（1）依赖性强，转变观念难。该群体在征地前主要在集体、村经济体制企业就业，外出就业经验少，思想还沉寂在计划经济体制中，就业观念保守陈旧，择业期望值较高，找工作过程中，首选工作轻松、收入稳定的国有企业或集体企业，对民营、私有企业的关注度较低。

（2）技能单一，适应就业形势难。该群体职业技能和文化素质偏低，与用人单位设定的招用条件落差大，竞争力较弱，内心易产生"等、靠、要"及留守思想，主动就业的意愿较弱。

（3）职业能力弱，用人单位吸纳难。该群体在过去的集体经济体制中工作，多数养成了懒散的工作习惯，难以适应现代企业规章制度的约束与管理，与同事沟通、关系处理等方面的能力也较差，导致用人单位心存顾虑。

### 8.8.2 阶段性特征

经实践总结，我们发现征地拆迁劳动力的就业心态是阶段性变化的，具体可分为四个阶段：

第一阶段（拆迁前）：蓄势待发期。即得知拆迁信息后纷纷辞职，专心投入到拆迁的谈判工作中，目的是多要些拆迁款。

第二阶段（刚拿到拆迁款）：心态消极期。征地拆迁劳动力的心思多放在如何消费上面，就业、培训的心态消极，易草率放弃，小富则安思想严重。

第三阶段（拆迁半年至3年）：盲目求职期。拆迁半年后，枯燥、乏味的生活有些单调了，多数拆迁劳动力开始进入求职萌动期，但因技能单一、观念落后、攀比心理严重等问题，就业难度较大。

第四阶段（拆迁3年以后）：回归现实期。拆迁多年后，由于家庭或自身没有合理规划拆迁款等原因，迫不得已赶往求职现场。但积蓄花完殆尽，技能尚无，年龄偏大……就业难上加难，即沦为人力资源市场的重点就业群体。

### 8.8.3 主要程序和内容

针对该群体的就业难点和不同阶段的特征，建议采取"双师型"的职业指导模式，即理财规划师与职业指导师相结合的服务模式。通过理财指导帮助该群体合理规划拆迁款，建立合理的理财观和消费观；通过职业指导帮助该群体树立合理的就业观和择业观。主要的程序和内容归纳为以下几点：

（1）提前介入，防患未然。对处于蓄势待发期的拆迁劳动力要提供预防性指导，尤其是理财服务，即通过入户走访、群体指导等形式，为该群体提供拆迁政策、就业政策及理财知识，帮助该群体提早树立正确的理财消费观。

（2）因人而异，分类指导。为处于消极心态期的拆迁劳动力提供有针对性的职业指导服务，此阶段多以群体指导为主。即在入户走访，掌握该群体就业服务需求的基础上，提供个性化的帮扶建议。例如，为有就业愿望的人们组织"人岗"对接专场招聘会；为有创业愿望的人们提供创业项目展示、指导与政策类培训；为有培训愿望的人们提供技能培训建议，提升就业及职业转换能力；对尚无就业愿望的人们进行典型案例宣传，引导其合理规划拆迁款，通过参加插花、十字绣、宠物驯养培训班，提升他们的生活品位和品质。

（3）针对个案，积极引导。对处于盲目求职期的拆迁劳动力暴露的就业问题，要通过"一对一"个案管理与指导引导其认清形势，转变就业观念，变"被动等待"为"主动争取"。例如，征地拆迁劳动力张先生，30岁，高中学历，拆迁之前开出租车，拆迁后嫌开车太累而辞职，在家待业一年后开始寻找工作，但因一味追求体面就业，工资要求较高等，屡次面试屡次失败，本人表示出无所谓的样子，自认为村里会找上门为其安置工作……据此，职业指导人员上门约见张先生，帮助其分析了当前的就业形势和自身的就业资源，告知其要提升守住财富的能力，不能坐吃山空，要主动就业，把主动权掌握在自己手里……最终，帮助张先生找到一份货运司机的工作。

（4）突出职能，重点帮扶。发挥公共就业服务机构对就业特困群体的就业援助职能，对拆迁后因赌博、精神消费、不理性投资（买股票、基金）而一败涂地，或因各种原因最终被动求职的拆迁劳动力给予足够的帮助和关怀。在他们需要的时候，随时提供重点帮扶与优先推荐，把"以人为本"的思想贯穿于就业服务中的各个环节。

## 9 在职人员的职业指导服务

### 9.1 基本概念

在职人员主要指那些已经完成初次就业，正在自己的职业岗位上工作的人员，他们有可能是国有企业的职工，也有可能是小企业里的办事人员，还有可能是国家机关中的公务员，也可能是某合资企业的职员，总之，他们所在的部门、所从事的职业、年龄不一，职业环境各有不同。这一就业群体数量庞大，而许多职业指导人员似乎没有将这些人纳入到自己的视野里。其实，这些人群在自己的工作岗位上遇到的各种各样的职业适应性问题、职业发展问题都亟待我们去解决。由于这些人有时很难找到有资质的职业指导人员，一般问题的解决常通过个人周边的非专业人员，或干脆被掩盖。从职业指导帮助个人实现职业生涯发展的工作目标上看，面对这一就业群体，职业指导似乎才是真正地找到了存在的价值。令人遗憾的是，我们在这方面重视程度还不够，工作的推动也远不能满足市场需求。这是一个重要的工作增长点，也是一块广阔的市场，职业指导人员应当在这方面有所作为，应当给予其足够的重视。

## 9.2 不同工作时期的基本特征

2009年以来，北京市顺义区就以关注个体职业稳定和职业生涯健康发展为核心，以在职人员在不同工作时期、不同阶段遇到的各种问题为切入点，进行深入的研究、分析与实践，相继撰写了在职人员的专题调研报告及部分指导技术和方法类的图书。分别从常见问题、定义特点、指导对策、典型案例分析、常用指导工具及情景模拟训练6个方面加以列举和论证，帮助初次就业的人们规避职场陷阱，为加快在职人员成长速度提供切实有效的疏导方法和建议。在三个特殊时期，在职人员呈现出不同的特征：

（1）职场蘑菇期的基本特征。一般出现在初入职场3年内，由于面对不被关注、得不到提携、职业发展缓慢等压力而出现心理消极、缺少归属感、牢骚满腹、精神萎靡等轻度抑郁症状。原因主要为：职业与性格错位、缺少职业规划、缺乏沟通能力、缺乏主动学习能力。

（2）职场倦怠期的基本特征。一般出现在工作后5~10年内，由于长期处在深度工作压力下，对工作的投入和产出感知到的显著差异，而出现心理枯竭、热情减退、消极怠工、筋疲力尽等倦怠症状。原因主要为：个人成就感缺失、抗压能力缺失、职业错位和性格干预。

（3）职场焦虑期的基本特征。一般出现在转岗或晋升后1年内，由于来自工作、人际、家庭及自身职业发展的压力增大或长期处于高压状态而出现自我否定、脾气暴躁、胸闷心悸等焦虑症状。原因主要为：规划缺位、能力缺乏、学习缺乏、情感缺失和工作缺氧。

## 9.3 主要程序和内容

对在职人员开展职业指导服务，要结合个体的主要特点和成因分析，给予个性化的指导帮扶建议，帮助提高个体主动适应社会、适应职场的能力。主要程序和内容如下：

（1）判断问题类别。一是参照职场蘑菇期、倦怠期和焦虑期这三个阶段的特征，沟通了解在职人员的工作年限、跳槽、转岗、晋升等情况，判断其所处的职场阶段，为选取相对应的指导对策打基础。二是选择职业指导常用测试工具。结合个体咨询的实际需要，选择适宜的测评工具，为确定最佳职业指导路径提供更为科学的参考和依据。如，职业锚测试（职业定位测试）、"决策平衡单"小工具模板、个人"SWOT分析法"小工具模板、工作倦怠量表小工具模板和焦虑自评量表小工具模板等。

（2）制定帮扶方案。依照在职人员的个性特点，所在单位的工作环境、岗位特点以及企业文化等，着眼个人未来职业发展规划，制定切实可行的帮扶方案。必要时，要积极与所在单位的人事负责人或主管领导进行沟通，尊重客观实际，确定指导形式，开展指导思路，以稳岗或提升就业能力后争取在本单位晋升或转岗。

（3）提供具体的指导建议。对在职人员开展职业指导的过程中，需要结合个体的主要特点和成因分析，给予个性化的指导帮扶建议，主要包括以下几点：

——心态调节。引导在职人员通过倾诉、换位思考、积极的自我暗示等，暂时躲开导致心理困境的外部刺激，以求得长远价值目标的实现。

——生涯规划。一是引导在职人员通过对自我职业性格、职业兴趣和职业技能的评估了解，完成自我认知。二是引导其通过考察客观环境，了解职业分类、职业性质及组织情况，实现职业认知。三是引导其根据自己的特点和现实条件，确立阶段性职业生涯目标与相应的学习计划。四是引导其建立正确的心态，选择继续学习的领域，采取有效方法实现职业生涯各环节的执行与落实。五是引导其根据个人需要和现实的不断变化，对职业生涯目标与计划进行评估和调整，并及时根据变化因素对职业生涯规划进行修订。

——能力提升。引导在职人员根据职业岗位的性格特点和需要，健全自己的职业性格，培养和提升必要的职业能力，包括团队合作能力、人际沟通能力、专业技术能力，开发个人领导力，以及学习与驾驭职场礼仪的能力等。

——减压训练。引导在职人员通过运动调节、饮食调节、音乐调节、参加公益活动等，抒发负面情绪释放的重负。

——建立平衡。引导在职人员通过主动管理自己的情绪，包括与家人、朋友共享时光，自觉保持永远快乐的心境，实现工作、学习与生活的有效平衡。

## 10　对招用工难的用人单位开展职业指导服务

"招工难"这个词近些年出现的频率越来越高。很显然，同"求职难"一样，这一现象同样对人力资源市场常态运行有着重大影响，我们应当予以高度关注。职业指导人员要从帮助企业分析招工难和用工难问题的成因入手，帮助他们走出误区，特别是要引导有条件的企业转变观念，树立人力资源为第一资源的理念，在提高工资待遇和福利、保障员工权益、改善生产条件、提供技能培训机会、提供晋升发展空间、建立好的企业文化等方面，以及在改善招用工方法上下功夫，促使一批企业适应新形势，提升招用工管理水平，化解招工难问题。

## 10.1 基本特征

（1）用人待遇偏低。用人单位因是低赢利企业、新开办企业、小企业，或过度追求利润空间等原因，在员工薪酬、劳保、住房等待遇方面与其他同行业企业相比明显偏低。

（2）员工保障机制不健全。一些用人单位为节省成本、短期赢利，在用工上采取一些违反劳动政策法规的做法，制度欠缺，有法不依，职工的权益保障不到位，导致出现招工困难、员工流失严重、劳动纠纷不断。

（3）微型企业不具有号召力。一些规模小、资金少、人员少、行业低端的企业在招用人员的过程中，被大中型企业冲击，缺乏足够的吸引力，不能及时、足量招用到所需人员。

（4）岗位劳动强度大、工作环境差。用人单位因自身生产要求限制或是管理不规范，没有提供必要的劳动保护措施等，导致工作岗位环境差、劳动强度大，致使企业招人难、留人难。

（5）岗位工种特殊、专业性强。主要是指需要接受培训具备一定专业技术并具有相关工作经验才能胜任的岗位，这种岗位专业性要求高，一般负责具体的技术操作工作，也正是由于该类岗位的技术要求特殊，易出现人员匮乏、招用困难的现象。

（6）临时性、季节性用工。企业为了完成临时性、季节性、突击性的生产任务需要临时性、季节性招用大量工人，从事的主要是一线的技术含量较低的手工劳作，企业根据所要完成的生产任务或工作，自主决定用工数量、用工期限，工作完成后即解除合同。

（7）企业在偏远、经济欠发达地区。企业所在地区偏僻，经济欠发达，生活居住等配套设施不完善，当地人员不能满足企业用工需求，外地人员又不愿意到当地工作、生活，导致企业招人困难。

（8）信息发布渠道不畅。企业用工信息发布渠道单一，信息无法及时有效地发布到目标人群中，导致企业招聘时门可罗雀、无法招到合适人才。

## 10.2 基本措施

企业招工用人要遵循规律，这一规律的核心就是要"以员工为本"。我国公共就业服务专业委员会组织高级职业指导师研修班学员，经过反复研讨修订，总结出45条解决招工难的办法，为企业和公共就业服务机构解决"招工难"问题送来了"及时雨"。简要概括为以下四点：

一是要随市场变化提高工资待遇水平。企业支付工资要根据效益和劳动生产率，但也必须考虑到社会平均工资水平。近年来，全社会生产和消费水平提高，物价上涨等，导致工资水平普遍提升。在这种情况下，企业只有相应提高工资水平，才能满足劳动者打工的基本需要。相反，如果还想以过去较低的工资使用劳动力，则很难招到人，也更留不住人。

二是要落实法律法规，保持员工就业稳定。与员工签订劳动合同和参加社会保险是保持劳动者就业稳定的基础。企业依法保护员工劳动权益，按时缴纳社会保险，使员工在遇到养老、医疗、失业、工伤、生育等问题时均能享受到社会保险，实质是给员工吃了定心丸。在遇到经济波动和经营困难时不轻易裁员，用多种方法保住员工就业岗位，也是增强企业凝聚力的重要举措。相反，则必然失去员工信任，难以稳定现有用工，更影响新招用工。

三是要采取多种人性化措施增强企业吸引力。企业在保证工资按时足额发放和水平相应提高的同时，为员工改善生产生活条件，提供相应劳动保护，如提供工作餐、文化娱乐设施，帮助解决住宿问题及配套生活设施，协调子女上学，以及免费体检、组织旅游、提供返乡探亲费用等，体现企业对员工的关怀，都会大大提高员工对企业的向心力和归属感，也会成为企业吸引新员工的重要因素。相反，则必然导致员工对企业的冷漠和离心。

四是要提供学习、晋升的机会和空间，增强招人留人的后劲。新一代打工者更追求平等，追求个人发展。企业如果能够为员工培训、学习和提高技术技能提供支持和帮助，不仅会大大提升员工的工作能力，而且会大幅提高企业的竞争力。特别是在企业内形成公平竞争和凭业绩晋升的机制，更能激发员工积极向上，使员工感到个人发展有奔头，个人价值能体现，从而增强对企业发展的认同感。

显然，解决企业招工难问题，仅仅做到上述四点还是不够的。在实践和操作层面上，还有许多需要了解和掌握的内容。作为公共就业服务机构，要加强对企业招工用人的指导，帮助分析企业本身问题所在，提供好的案例，指导企业改善招工用人行为；作为企业劳动人事管理者，应该加强研修学习，提高人力资源管理水平，特别是结合本身问题的分析，提出改进企业招用人的具体措施。同时，我们还要加大宣传，推广新的理念和方式、方法，继续开发相关技术和工具，组织人员培训进修，配合"春风行动"，在全国开展多种方式宣传指导活动，多种方式并举，综合各方面的力量，争取取得实效。

## 10.3 典型做法

近些年来，各地区在帮助企业缓解"招工难""用工难"的实践过程中，通过深入研究人力资源市场发展规律，不断强化服务意识，使企业用人指导工作更具针对性、特色化，对保障企业用人，缓解结构性就业矛盾，服务经济社会发展起到了积极作用。

### 山东省烟台市实行"三个四"工作法开展企业用人指导

山东省烟台市紧紧围绕企业在用工方式、用工理念、用人机制等方面存在的问题，深入分析企业"招工难"症结，坚持分类指导、分层推进、分步实施，实行"三个四"工作法，帮助企业打破了传统招用工的模式，提升企业对经济转型、产业升级和人力资源更新的适应力。

（1）针对四类企业不同用工需求，开展差异化分类指导。

——劳动密集度强的生产加工型企业。因其具有劳动强度较大、工作时间较长、一次需求人数较多等特点，主要指导其改善生产条件和工作环境，提高薪资福利待遇，加强对职工的尊重、关怀、爱护，丰富职工业余文化生活，减轻心理压力，培养职工对企业的归属感，避免"一边招工、一边流失"的恶性循环，实现"工作效率、工资报酬、职工心理"三者之间的最佳配置。

——人员流动性大的商业服务型企业。因其分布范围广、发展速度快、岗位适应性强、竞争激烈、人员流动频繁，重点指导他们加强与相关职业院校的合作，建立学校培养与操作实习相结合的用工方式，做好稳定的人力资源储备。

——岗位素质要求高的科技研发型企业。这类企业生产条件和工作环境较好，企业具有一定的优势和吸引力，但岗位素质要求高，侧重求职人员的专业技术等级和职称，用工人数较少，虽然用工相对稳定，但存在培养的人才和骨干力量经常被其他公司和大型企业挖走的现象。应指导这类企业以猎头的方式开展针对性招聘，在更大范围内挑选所需人才；指导其建立健全内部激励机制，对管理人员和技术骨干实行年薪制和股份制，重点在留住人才上下功夫，吸引社会人才的加盟。

——经营稳定性弱的小微企业和困难企业。这类企业有的因为规模较小，经营单一，人员不稳定因素高，生产经营容易处于困境，导致用工吸引力低下；有的因为受宏观经济形势和项目成熟度不高、劳动力成本上升、资金紧张等因素影响，生产经营难度加大，用工不稳定。指导重点主要包括两个方面：一方面加强经营管理指导，实行专家结对帮扶，注重指导企业管理人员提高经营管理素质，转变经营理念，帮助企业分析解决生产、用工过程中的困难和问题，提高企业自身的市场适应能力和竞争能力；另一方面加强就业政策指导，让企业更多地了解国家、省、市各项积极的促进就业政策，通过加大小额担保贷款发放力度、给予社会保险补贴和岗位补贴、降低社会保险缴费比例等政策扶持，帮助他们顺利走出困境，实现可持续经营，稳定职工队伍。

（2）结合四种企业人员岗位特点，注重精细化分层推进。

——对企业高层负责人，通过"书信交流法"指导。按照企业所属行业进行分类，通过发放调查问卷、现场查看和用工分析等方式，了解企业不同时期、不同阶段的生产用工情况以及在招用人方面存在的重点、难点问题，设计形成

# 创新职业指导——新理念
## 第4章 职业指导与职业指导多元化服务

《企业用工指导诊断书》，对企业人力资源的结构状况和流向进行诊断，对企业所需工种市场存量变化进行预测，帮助企业负责人解决现实招用工过程中存在的问题，及早预见企业未来用工形势，未雨绸缪，科学决策，提前做好人力资源规划。

——对企业中层人力资源经理，采取"讲堂座谈法"指导。人力资源经理担负着制定和实施企业招用工计划的职责，需要了解更多的政策、掌握信息、借鉴经验。为此，他们通过举办"就业服务大讲堂"、人力资源经理座谈会，组织企业人力资源经理到经济发达地区企业进行实地考察等系列活动，推广优秀企业用工经验，提供招人用人政策支持和指导服务。

——对企业执行层招募专员进行"现场介入法"指导。为提高企业用人指导效果，按照指导师受理招聘登记情况进行分工，采取谁受理谁负责的指导服务模式，每场招聘会前，利用半小时时间，与新进入市场的企业招聘人员进行交流，了解企业的招聘计划和招聘方案，查找存在的缺陷和原因，采取集中指导和"一对一"讨论的方式现场介入，解决企业招聘过程中用工对象定位、岗位要求描述、薪资福利设计、工作时间安排等影响企业招工的关键问题，帮助企业实现现场招聘效果最优化。

——对企业其他管理层人员开展"走访宣讲法"指导。为扩大企业用人指导范围，提高企业各管理部门整体用人水平，结合各项促进就业政策的实施和阶段性就业状况的变化，坚持每月深入相关企业走访，了解重点企业、重点部门、问题部门的用工情况，宣讲政策，解决问题；同时，利用电视、报纸、网络、就业刊物等媒体，宣传典型企业招聘用人经验，发布当地人力资源市场的职业供求状况，进行企业用工情况分析，解读市场工资价位，加强对企业用人的整体宣传指导，提高指导工作覆盖面。

■ **河南省许昌市"企业用人指导实用方法与技术"**

河南省许昌市在开展企业用人指导试点工作实践中，探索创新了对比法、算账法和保障法3种工作方法，有效帮助企业解决在招用人方面存在的难题。

——对比法。对比法是指每期专场招聘会后，及时汇总、编印参加招聘会企业的招聘条件及待遇一览表，招聘企业可通过对比招聘效果好的企业与效果差的企业的招聘待遇数据，找出企业发布的招聘条件与市场实际需求之间的差别，有针对性地改进招聘方式、提高招聘待遇。

——算账法。算账法是指为企业集中开展用人指导或一对一开展用人指导，在企业因待遇较低而影响招聘效果时，通过客观分析职工每月所必须支出的住宿费、就餐费、交通费、通讯费、社会保险费等各项生活成本，让企业真实了解职工最低现实需求和期望值，根据职工合理需求，修正、调整招聘方案，广泛吸引人才。河南某食品有限公司是一家以研发、生产和销售冷饮、速冻产品为主的企业，具有较强的季节性用工特点，员工流动性很大，招得进、却留不住是该企业一直头疼的事。通过测算"职工生活成本账"，职工的工资除去住宿、餐费、通讯、交通、保险等生活必须开支外，几乎所剩无几，职工感觉是辛辛苦苦干了一个月，到头来却挣不到钱，白白为企业尽了义务。如果不增加职工福利待遇，等职工都跳槽了，再花费人力、物力、财力去招聘新员工，不仅会增加经营成本，还不利于企业健康发展。该企业通过算账法，认识到了留人难的核心问题，迅速调整工资待遇，并购置4台大巴车接送职工，新建职工宿舍，增加夜班补助，提供免费工作餐和补贴，全额报销外地员工探亲休假的交通、食宿等费用，有效稳定了职工队伍，保证了企业健康持续发展。

——保障法。一是提供政策保障，及时将社会保险补贴、职业培训补贴、税费减免、小额担保贷款贴息等创业就业扶持政策送到企业，为企业降低用工成本，提高企业吸纳就业的积极性。二是提供人力资源保障，建立人力资源数据库，根据企业用工需求从数据库筛选人才，顺利填补用工缺口，企业为回报社会主动招收大龄就业困难人员。

对比法、算账法、保障法具有简单、直观、可操作性强等特点，得到了用人单位和广大员工的一致好评。借鉴先进地市的好经验、好做法，把行之有效的企业用人指导工作方法推广应用到更多的企业，通过完善的公共就业服务，支持企业发展壮大，带动更多劳动者创业，创造更多的就业机会，为扩大就业、稳定就业做出应有的贡献。

—— 内容小结 ——

1. 职业指导对象是劳动力市场中求职者和用人单位两个主体，而不仅仅是求职者一个方面；职业指导的最终目标是个人的职业发展和用人单位能够更好地做到人尽其才，而并不仅仅以就业为目的；职业指导是一个过程，伴随人的整个职业生涯，而不仅仅是某一个阶段和时期；职业指导具有更深层次的教育和帮助功能，而不仅仅是提供职业信息。

2. 职业指导的工作目标是帮助就业、帮助就业稳定、帮助实现职业生涯的发展。最后一个工作目标更加丰富了职业指导的内涵，体现了职业指导工作以人为本的核心思想，对职业指导人员而言，无疑也提出了更高的要求。

3. 职业指导的工作对象包括劳动者和用人单位两个方面，其中劳动者主要是失业人员、新成长劳动力、农村富余劳动力、特殊群体和在职人员这5个主要群体。随着人力资源市场的变化，以高校毕业生为主的青年群体和就业困难人员的就业和创业指导将成为我国职业指导服务的重中之重。

4. 职业指导的工作范围主要包括5个方面：咨询与指导、信息采集与处理、职业素质测评、职业设计和帮助实施。

5. 预防性职业指导主张按照服务对象的不同，针对其问题的性质和难度，以提前入手、唤起自助的策略，开展有系统的职业指导活动。预防性职业指导提出的"三级预防"有利于我们变被动为主动，与当前就业服务工作密切结合，将更加有利完善职业指导工作体系，有效促进就业。

6. 全员化的职业指导应当重点解决两个问题：一是整合各方面资源，唤起全体人员参与，二是工作平台的建立。只有这两个问题得到解决，职业指导才能得以贯彻。

## 关键概念

| | | |
|---|---|---|
| 职业指导 | 出路指导 | 职业生涯发展 |
| 预防性职业指导 | 职业指导三级预防 | 职业指导的两个联结 |
| 全员化职业指导 | 城镇失业人员 | "4050"人员 |
| 递进式职业指导 | 系统结构化职业指导 | 辐射性职业指导 |
| 多元化职业指导 | | |

## 问题与应用

1. 什么是职业指导？请说明职业指导的对象、工作目标、工作模式和工作范围。

2. 结合当地情况，分析不同群体所面临的就业难点，提出职业指导服务的重点内容，并制定实施计划。

3. 怎样理解预防性职业指导？结合自己工作岗位，提出改进方案和具体措施。

4. 请针对递进式等四种职业指导方式，结合自己所在岗位存在的问题，提出改进设想。

5. 分析在学校开展职业指导教学训练会遇到哪些困难？提出解决办法，分析学生最急需的指导内容。

6. 了解我国职业指导发展历史及国内国外的典型做法。

7. 了解当地用工形势，并编写对招用工难的用人单位开展职业指导服务的典型案例。

# 第 5 章　职业与职业发展

## 1　职业及其相关概念

### 1.1　"职业"的定义

"职业"是指在业人员所从事有偿工作的种类。职业是人们在社会中所从事的有稳定、合法收入的活动，既是人们为社会做贡献、实现人生价值的舞台，也是人们谋生的手段。有稳定、合法的收入，是职业这种特定的劳动区别于其他社会活动的主要特点。

职业存在于社会分工之中，在不同工作性质的岗位上，人们的社会角色迥异，所从事的工作在目标、内容、方式与场所上存在很大的差别。一定的社会分工或社会角色的持续实现，就形成了职业。

人们一般习惯于使用"工种""岗位"等概念，实质上就是将职业按不同需要或要求进行的具体划分。一般一个职业包括一个或几个工种，一个工种又包括一个或几个岗位。因此，职业与工种、岗位之间是一个包含和被包含的关系。其间有着密切的内在联系。例如，"焊工"职业就包含"电焊工""气焊工"等 12 个工种。

工种是根据劳动管理的需要，按照生产劳动的性质、工艺技术的特征或者服务活动的特点而划分的工作种类。目前，大多数工种是以企业的专业分工和劳动组织的基本情况为依据，从企业生产技术和劳动管理的普遍水平出发，为适应合理组织劳动分工的需要，根据工作岗位的稳定程度和工作量的饱满程度，结合技术发展和劳动组织改善等方面的因素进行划分的。

岗位是企业根据生产的实际需要而设置的工作位置。企业根据劳动岗位的特点对上岗人员提出的综合要求形成岗位规范，它构成企业劳动管理的基础。

### 1.2　职业要素

职业由下述几个要素构成：

（1）职业名称：职业的符号特征，它一般由社会通用称谓来命名。

（2）职业主体：从事一定社会分工活动的劳动者，必须具有承担该职业活动所需要的资格和能力。

（3）职业客体：职业活动的工作对象、内容、劳动方式和场所等。

(4) 职业报酬：通过职业活动所取得的各种报酬。

(5) 职业技术：劳动者在从事职业活动中所运用的自然技术、社会技术与思维技术的总和。它体现在人们从事职业活动使用工具、材料、工艺方法的发展和应用，也包括尚未形成系统的经验。

职业要素体现了职业是社会与个人、整体与个体的联结点，社会整体依靠每一个个体通过职业活动来推动和实现发展目标，个体则通过职业活动对整体做出贡献，并索取一定的回报以维持生活。整个社会因众多的职业分工和从业者的工作构成人类共同生活的基本结构。

### 1.3 职业的意义

从职业主体看，职业对于个人的发展是十分重要的，它不仅是一个人谋生的需要，同时也是贡献社会、实现自我的途径。对于每个从业者而言，职业的意义在于：

（1）职业首先是谋生的手段。"民以食为天"，个人通过就业实现生存的需要，获得个人最基本的安全感。在谋生的过程中，个人通过职业活动为社会创造着无尽的财富，为人类的繁衍提供保障。

（2）职业使人获得了社会地位。职业依人们参加社会劳动的性质和形式，形成了不同的社会集团，即不同的社会层次。它区分人们在社会劳动分工中的具体劳动方式及承担的具体工作类型。一方面，由于各种职业主体的劳动方式、经济收入的不同，形成了不同的职业层次；另一方面，又由于政治、经济、文化、历史等方面的差异，形成了特定的等级、地位与身份。

（3）职业为个人发展自我个性、实现自我价值提供了空间。人生价值的实现，无论从哪个方面看，都离不开职业活动。职业规定了一个人的工作岗位及其奋斗目标，个人只有以工作岗位为起点，才能实现与社会整体的融合。一个人将丰富的知识、熟练的技能出色地运用于职业活动时，就会创造出一定的效益来回报社会，从而实现自己的人生价值。通过职业活动，一方面满足了个人对社会、集体与单位的归属感，并提供了个人为社会做贡献的场所；另一方面也满足了个人对归属、爱、尊敬与被尊敬的需要。

### 1.4 职业的特性

职业特性反映了职业主体在长期的实践活动中所形成的与其他形式的劳动相区别的本质属性。

（1）社会性。职业充分体现了社会分工，是社会生产力发展的产物，每一种职业都体现了社会分工的细化，体现了对社会生产和社会进步的积极作用。社会成员在一定的社会职业岗位上为社会整体做贡献，社会整体也以全体成员的劳动成果作为积累而获得持续的发展和进步。职业的社会特性反映出不同的职业承担着不同的社会责任，不同职业人应当了解自己承担的职业角色，完成自己的使命，这一点应是职业指导人员努力宣传的，同时作为职业指导人员也应当在更大程度上、更大范围上了解不同职业的特性。

（2）经济性。职业活动是以获得谋生的经济来源为目的的。劳动者在承担职业岗位职责并完成工作任务的过程中要索取报酬，获得收入，一方面这是社会、企业及用人部门对劳动者付出劳动的回报和代价，另一方面，劳动者以此维持家庭生活，这是保持整个社会稳定的基础。让人们了解职业的经济特性，目的是更客观地审视所要从事的职业，但这不等于这种特性就完全决定一个人的职业选择，职业指导人员在对求职者的咨询中，应当特别注意把握这种尺度，既不能排斥这一特性的存在，又不能过分强调它在职业选择中的地位，要特别注意引导人们更多考虑职业角色、个人发展等积极的要素，这一点在解决那种所谓摩擦性事业的问题中显得尤为重要。

（3）技术性。从某种意义上说，职业的技术特性标示了职业的专业色彩。尽管每一种职业所表现出来的技术性要求程度不同，有的甚至具有较大的差异性，但它们都是职业得以存在的基本表现形式。因此，自职业诞生之初，社会上就不存在没有技术的职业。任何一个职业岗位，都有相应的职责要求，能胜任和承担岗位工作的人，除了达到该岗位职业道德、责任义务、服务要求以外，至少要达到持证上岗的技术水准。比如，所有岗位对学历证书、职业资格证书、专业技术考核证书、上岗培训合格证、专业工作年限等，都有具体的规定，只有达到起点要求才能上岗。针对职业指导，上述技术特性的讨论至少反映了两个重要问题：一是每一位求职者或劳动者都应当十分清楚，他所从事或准备从事的职业，对他提出了什么要求；二是他是否能够胜任，怎样才能达到胜任的资格。职业指导过程中，常常需要花费大量的时间，帮助人们去了解这些内容。

（4）稳定性。任何一种职业都要经历一个从酝酿到形成，从发展到完善，再到消亡的变化过程。一般来说，构成职业生存的社会条件变化是比较缓慢的。职业的生命周期具有相对的稳定性。但是，这种稳定性是相对的，随着现代社会经济、科技、文化的快速发展，特别是科学技术的日新月异，促使原有职业活动产生变化。如果这种变化只是在量的层面上，说明这个职业为社会所提供的功能仍然存在，如果这种变化反映在质的层面上，则意味着这个职业已经没有存在的价值，完成了它的历史使命，或被新生职业所取代。这里之所以讨论这种职业的稳定性变化的问题，主要意图是提醒职业指导人员，及时把握职业变迁的两端，一端是新职业的诞生，另一端是老职业的消亡，当然也不能忽视职业在稳定期内所产生的一些重要变化，这方面的信息提供对求职者而言有时是非常宝贵的。

(5)群体性。职业的存在常常和一定的从业人数密切相关。凡是达不到一定数量从业人员的劳动,都不能称其为职业。群体性并不仅仅表现为一定的从业人员数量,更重要的是一定数量的从业人员所从事的不同工序、工艺流程表现出的协作关系,以及由此而产生的人际关系。从业者由于处于同一企业、同一车间或同一部门,因此,他们总会形成语言、习惯、利益、目的等方面的共同特征,从而使群体成员不断产生群体认同感。个人对相关职业特征的了解和认同,能够促进其更有效地实现就业和进一步的职业生涯发展。因此,职业指导人员了解不同职业群体的相关特征,能够更有效地开展职业指导工作。例如,可以指导求职者融入目标职业群体或帮助他认识具有参照性的群体成员,不仅能够帮助求职者获得对该职业更具体的直观认识,还能够帮助提高求职者自己获得职业信息的能力。

(6)规范性。职业的规范性有两方面含义:一是,职业主体所从事的职业活动必须符合国家法律规定和社会伦理道德准则。在我国,某些人所从事的活动尽管具有前述各种职业特征,但是他们的活动目的和内容不符合国家法律规定,或有悖于社会伦理道德的准则要求,如有组织的非法生产加工、非法包工、贩毒活动等,因而这些社会群体活动并不属于正当职业范畴。二是,从业者本身应遵守的法律法规,如某些职业的从业者应持证上岗,某些职业的从业者在操作过程中须遵守特定的法律法规等。毫无疑问,了解和遵守职业规范对个人职业生涯的发展非常重要。职业指导工作者应帮助求职者建立职业规范意识,了解相关的职业规范或法律法规。

## 2 职业分类的概念及知识

### 2.1 职业分类的概念及作用

所谓职业分类,是指采用一定的标准和方法,依据一定的分类原则,对从业人员所从事的各种专门化的社会职业所进行的全面、系统的划分与归类。它是一个国家形成产业结构概念和进行产业结构、产业组织及产业政策研究的基础,它对于社会各个行业的发展有着十分重要的意义,任何一个国家的职业分类都影响并制约着其国民经济各部门管理活动的成效。

我国是人力资源大国,合理开发、利用和综合管理社会劳动力,提高劳动者素质,对于民族的兴旺、国家的昌盛意义重大。职业分类作为国家经济发展的一项重要基础性工作,涉及社会生活的各个领域,特别是对劳动力的管理具有直接的影响,其科学性很强,因此,不断总结职业分类的工作实践,探究职业分类发展的理论,根据社会经济与职业自身发展的趋势及时、准确地修订现有职业分类体系,为国民经济的发展提供必要的服务，是现阶段我国职业分类工作的总目标。

职业分类的发展也是职业自身发展的需要。一个国家职业体系结构的形成，为人们了解社会职业领域的总体状况提供了基础，同时职业分类的形成也增强了人们的职业意识，促使从业者不断提高职业素质。社会经济的发展促使那些与现有职业相比更具有竞争力或更能满足社会需要的新的职业类别或领域产生，形成新的职业群。

### 2.2 职业分类的基本依据和方法

职业分类的基本依据是工作性质的同一性。职业分类包括职业的划分与归类，按照工作性质的同一性进行职业分类，一方面是根据职业活动工作特征的相异程度进行职业的划分，另一方面是根据职业活动工作特征的相同程度进行职业的归类。

任何一个国家的职业分类都是建立在一个分类结构体系之上的，针对体系中的每个层次，依据不同的原则和方法，才能实现总体结构的职业划分与归类。根据国际职业分类的通行做法，职业分类一般划分为大类、中类、小类和细类四个层次。大类层次的职业分类是依据工作性质的同一性，并考虑相应的能力水平进行的；中类层次的职业分类是在大类范围内，根据工作的任务与分工的同一性进行的；小类层次的职业分类是在中类范围内，按照工作环境、功能及其相互关系的同一性进行的；细类层次的职业分类即为职业的划分与归类，它是在小类的基础上，按照工作分析法，根据工艺技术、对象、操作流程和方法的同一性进行的。

职业分类的基本方法是工作分析法。职业分类工作分析法是指将任何一种职业活动依据其工作的基本属性进行分析，按照工作特征的相异与相同程度进行职业的划分与归类。

### 2.3 美国职业分类介绍

#### 2.3.1 美国标准职业分类系统（SOC）

1977年，美国联邦政府开始考虑建立国家的标准职业分类系统（Standard Occupational Classification System），并在1980年对该系统进行了重新修订。其后，美国成立了标准职业分类修订政策委员会（Standard Occupational Classification Revision Policy Committee，SOC Committee）来推进这项工作。

美国现行国家职业分类系统是2010年修订的标准职业分类系统（2010 SOC）。该系统根据职业工作活动以及技能要求的相似性将类似的工作进行归类，将美国的职业分为23个大类、97个中类、461个小类、840个细类（职业），对具有相近工作职责、技能训练水平、教育水平的具体职业岗位归属于一个细类中，包括了从洗碗工、搬运工到经济学家、律师等各个职业。2014年美国启动了2018 SOC修订工作。

### 2.3.2 O*NET职业网络信息

O*NET职业网络信息（http://online.onetcenter.org）是由美国劳工部组织开发的一种新的计算机化的职业信息数据库，又被称为O*NET字典。它于1998年初首次亮相，并替代1991年做了最后修订的《职业名称字典》（Dictionary of Occupational Titles，DOT）。它是一个带有每一种职业许多细节内容的数据库，除了叙述性的职业描述外，O*NET中的每一个职业都包含445项数据要素描述的资料。用户可以详尽地了解到工作任务、必备的知识、主要的技术和能力、工作行为、工作条件、必需的教育和培训、相关的职业和符合自己状况的薪金等信息。人们无论是选择和调换工作，还是进行全面的职业规划，都能从中获取必需的信息。

作为一套职位分析系统，O*NET吸收了多种职位分析问卷（如PAQ，CMQ等）的优点，目前已经取代了职业名称词典，成为美国广泛应用的职位分析工具。

O*NET系统能够将工作信息和工作者特征综合在一起，不仅是工作导向的职位分析和任职者导向的职位分析的结合，考虑到组织情境、工作情境的要求，而且还能够体现职业的特定要求，如图5—1所示。在经济和市场急剧变化的现代社会，O*NET上的职业描述采用的都是劳动市场上最新的信息，是职位分析领域体现最新趋势的能够应对新挑战的一大进步。

O*NET信息特点：

（1）职业分类更细，信息公开。O*NET根据劳动部的标准职业分类，进行再开发，公布了O*NET的标准职业分类，在劳动部细类职业基础上，加上了更多的细类职业分类，以及最新开发的职业，是对劳动部标准职业分类的补充。其信息全部在网上对公众开放。

（2）职业分析详尽。对每个职业均进行了以下职业描述：职业定义、工作任务、知识、技能与工作能力、所需要工具、职业具体活动、工作内容、素质、工作价值、职业兴趣、工作风格、职业前景、薪金水平等的说明描述。

（3）职业教育与培训说明详细。对各职业所需的教育水平与培训有详细的说明，它将所有职业按所需的教育程度分为无需教育、高中、副学士、学士、硕博士5个层次，什么职业需要哪一级教育，均有相应要求。

（4）分类查找方便。可从职业代码、职业名称、职业大类等各个方面进行检索查找。

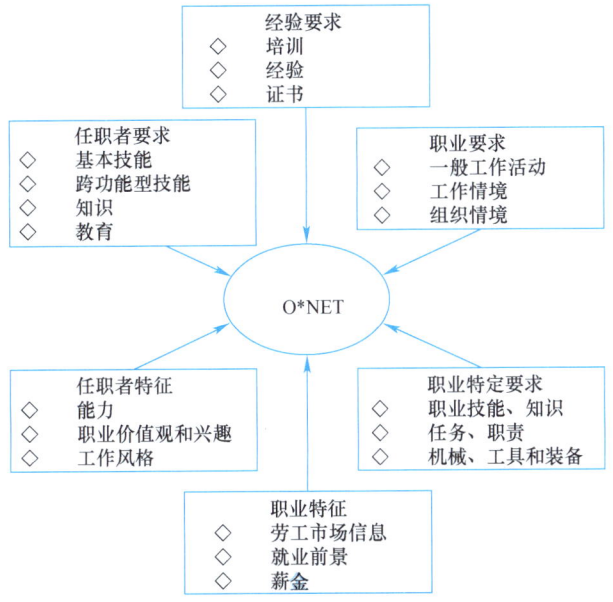

图 5—1　O＊NET 内容模型说明图

（5）薪金与职业趋势明确。对相应职业列有年工资、小时工资的说明，并有未来十年内的职业发展倾向预测，为求职者求学、求职、转岗工作等提供参考数据。

（6）应用面广。网站的职业分析包括了美国所有职业的描述，其职业分析数据的普遍性结果不仅适用于职业教育与培训，对本科生、研究生教育也有较大的参考作用，可全面了解美国劳动力市场对不同劳动者的要求，对高中毕业生的职业选择、对社区学院的专业与课程开发都是一个重要依据，对企业来说，也是制定岗位职业规范、开展培训和人员招聘的参考。

O＊NET 在职业分析的同时，对职业要求承担的工作任务及所需知识、技能和能力等各个方面还做了重要性排序分析。

## 2.4　我国现行职业分类

### 2.4.1　基本情况

（1）有关成果。改革开放以后，我国先后制定了国家标准《职业分类和代码》《工种分类目录》，并根据社会经济发展的需要，修订了国家标准《职业分类和代码》，在此基础上，组织制定了《职业分类大典》。我国台湾及澳门地区自20世纪60年代以来，也根据各自经济不同时期的发展，建立了符合地区实际需要的职业分类体系。以国家标准《职业分类和代码》《工种分类目录》和《职业分类大典》及《台湾职业分类典》为标志，全面反映了我国现代职业分类的实践发展进程。

（2）我国职业分类的结构。我国职业分类的总体结构分为大类、中类、小类和细类（职业）四个层次，依次体现由粗到细的职业类别。细类作为我国职业分类结构中最基本类别，即职业。根据我国国民经济发展现状，借鉴国际标准职业分类体系，我国职业划分为八个大类：第一大类为"党的机关、国家机关、群团和社会组织、企事业单位负责人"；第二大类为"专业技术人员"；第三大类为"办事人员和有关人员"；第四大类为"社会生产服务和生活服务人员"；第五大类为"农、林、牧、渔业生产及辅助人员"；第六大类为"生产制造及有关人员"；第七大类为"军人"；第八大类为"不便分类的其他人员"。

（3）职业分类具体原则。国家职业分类分为大类、中类、小类和细类（职业），依各层次特点确定相应的具体原则。

1）大类划分的原则。大类是职业分类结构中的最高层次。大类的划分是以工作性质的同一性为主要依据，并考虑我国管理体制、产业结构的现状与发展等因素，将我国全部社会职业大致分为管理型、技术型、事务型、技能型等职业类别。第七大类和第八大类不再进行下一层次的划分。

2）中类的划分原则。中类是大类的子类，中类的划分是对大类职业体系的分解。中类的划分是根据职业涉及的知识领域、使用的工具和设备、加工和运用的技术以及提供的产品和服务种类的同一性进行的。

3）小类的划分原则。小类是中类的子类，一般指工作范围。小类的划分是按劳动者的工作环境、条件、技术性质的同一性进行划分的。一般情况下，第一大类的小类，是以工作领域、职责范围和业务同一性进行划分的；第二大类的小类，是以工作或研究领域、专业的同一性进行划分的；第三和第四大类的小类，是以所办理的事务属性同一性和所从事服务的项目同一性进行划分的；第五和第六大类的小类，是以所从事工作的操作程序规范的同一性、工艺技术的同一性、操作对象的同一性以及生产产品的同一性等进行划分的。

4）细类（职业）划分的原则。细类是国家职业分类最基本的类别，即职业。一个职业包含一组性质相同、具有通用的职业知识和职业技能的工作。细类的划分一般采用工作分析法，即将工艺技术、对象相同，操作流程和方法相似的若干工作种类或岗位，归并为一个细类（职业）。细类（职业）的划分，在遵从工作性质同一性的基本原则基础上，根据不同职业类别的特性采用特定原则：第一大类的细类（职业）主要按照工作的复杂程度和所承担职责的大小划分；第二大类的细类（职业）主要按照所从事工作的专业性与专门性划分；第三、四大类的细类（职业）主要按照工作任务、内容的同一性或提供服务的类别、服务对象的同一性划分；第五、六大类的细类（职业）主要按照工艺技术的同一性、使用工具设备的同一性，使用主要原材料的同一性，产品用途和服务的同一性，并按此先后顺序划分。

(4)《中华人民共和国职业分类大典》。进入20世纪90年代以后，社会主义市场经济的建立促使我国的社会经济和科学技术发展迅猛，经济领域发生的重大变革，对人力资源的管理提出了新的要求。对此，国家提出要制定各种职业的资格标准和录用标准，实行学历文凭和职业资格两种证书制度。为了适应我国社会发展的需要，自1995年原劳动部、国家统计局、国家技术监督局联合成立了"国家职业分类大典和职业资格工作委员会"，组织国家有关部门开始编制新中国第一部国家职业分类大典——《中华人民共和国职业分类大典》，以此作为劳动力管理的社会化、科学化和规范化的重要依据。

国家职业分类大典的基本内容是通过8个大类简明、统一的格式来表述的，每一大类的内容包括大类编码、大类名称、大类概述、所含中类的编码和名称；每一中类的内容包括中类编码、中类名称、中类简述、所含小类的编码和名称；每一小类的内容包括小类编码、小类名称和小类描述；每一细类（职业）的内容包括职业编码、职业名称、职业定义、职业描述及归入本职业的工种名称与编码等。

国家职业分类大典（1999）所确定的8个大类中包含66个中类，413个小类和1838个职业。从2004年起，国家根据社会经济发展需要，建立新职业定期发布制度，并不断补充与修订国家职业分类体系。

2015年，国家职业分类大典修订工作委员会发布了《中华人民共和国职业分类大典（修订版）》（NOC 2014）所含大类、中类、小类、细类（职业）等数量见表5—1。

表5—1　　　　　　　各类职业数量分配

| 大类数 | 中类数 | 小类数 | 细类（职业）数 | 工种数 | 绿色职业数 |
| --- | --- | --- | --- | --- | --- |
| 1 | 6 | 15 | 23 | | |
| 2 | 11 | 119 | 450 | | 64 |
| 3 | 3 | 9 | 26 | 15 | 2 |
| 4 | 15 | 93 | 278 | 337 | 31 |
| 5 | 6 | 24 | 52 | 138 | 12 |
| 6 | 32 | 171 | 650 | 2 181 | 18 |
| 7 | 1 | 1 | 1 | | |
| 8 | 1 | 1 | 1 | | |
| 合计 | 75 | 433 | 1 481 | 2 671 | 127 |

资料来源：国家职业分类大典修订工作平台 http：//noc.nvq.net.cn/.

### 2.4.2 产业和行业

产业是国民经济活动最基本的类型，根据国家统计局 1985 年的划分标准，我国产业分为三大产业，即第一产业、第二产业、第三产业。

第一产业包括农业、林业、牧业、渔业、水利业。广义上讲，农业包括采集、种植、狩猎、捕鱼、畜牧等。农业部门的职业，包括农林牧渔劳动者、管理人员、专业技术人员、技术工人等。

第二产业包括工业和建筑业。按照产品的经济用途，可以将整个工业分为两大类，即生产生产资料的工业和生产消费资料的工业。前者称"重工业"，包括机械、冶金、电力、煤炭、石油、燃料、化工等工业；后者称"轻工业"，包括纺织、造纸、食品、皮革等工业。根据工业的供求关系以及按照劳动对象的性质不同，重工业又可以分为采掘工业和加工工业。轻工业也可以划分为以农产品为原料的轻工业，以及以非农产品为原料的轻工业，如日用化工品、化学纤维、陶瓷等工业在国民经济中起着主导作用。随着生产的发展和科学技术的进步，一方面使工业部门越分越细，新的工业部门不断出现，例如，电子工业从机械工业中分离出来，高分子合成工业从石油、化学工业中分离出来，另一方面，也使工业部门之间的生产联系和交换关系更加复杂起来。工业生产部门之间必须保持一定的比例关系，才能使整个工业协调高速发展。

第三产业是指广义的服务业，包括四大部分：①流通部门，如商业、饮食业、交通运输业、邮政电信通讯业、物资供销和仓储业等；②服务部门，如金融、保险、房地产业、公用事业、居民服务业、旅游业和咨询服务业等；③科教文卫体育部门，如教育、文化、广播电视事业，科学研究事业，卫生、体育和社会福利事业等；④机关团体，如国家机关、党群组织和社会团体等。

第一产业和第二产业都是物质生产部门，第三产业是流通和服务部门，它的发展是建立在第一、第二产业劳动生产率提高基础之上的，受第一、第二产业发展水平的制约。社会的生存、发展依赖于这三大产业保持合理的结构，第一产业是基础产业，关系人类生存的基本需要，关系国家的稳定；第二产业的发展水平是国家工业化与现代化程度的重要标志；第三产业虽然不直接从事物质生产，但它可以促进整个社会和经济的发展。

行业是指从事相同性质的经济活动的所有单位的集合。行业是采用经济活动的同质性原则划分的，即每一个行业类别都按照同一种经济活动的性质划分。我国于 1984 年颁布的《国民经济行业分类和代码》，把我国国民经济分为 13 个门类。该标准分别于 1994 年、2002 年、2011 年进行了三次修订。新标准《国民经济行业分类》（GB/T 4754—2011）由国家统计局起草，国家质量监督检验检疫总局、国家标准化管理委员会批准发布，并于 2011 年 11 月 1 日实施。

此次修订主要依据我国近年来经济发展状况和趋势，对门类、大类、中类、小类做了调整和修改。修订的原则是：立足我国社会经济发展的实际情况，确保国家经济结构和产业结构的完整性、科学性和可观察性；确保国家统计、核算真实地反映我国经济结构和产业结构；遵循国际上通行的分类原则，如联合国2007年颁布的《国际标准产业分类（第四版）》（ISIC Rev. 4）等。从门类看，此次修订调整了部门门类名称和顺序，如将"信息传输、计算机服务和软件业"更名为"信息传输、软件业和信息技术服务业"，将"科学研究、技术服务和地址勘查业"更名为"科学研究和技术服务业"，将"居民服务和其他服务业"更名为"居民服务、修理和其他服务业"，将"卫生、社会保障和社会福利业"更名为"卫生和社会工作"。但整体行业门类的数目保持不变，保证了行业分类的延续性。国家标准《国民经济行业分类》适用于在计划、统计、财政、税收、工商行政管理等国家宏观管理及部门管理中对经济活动进行的行业分类。

## 3 当代职业变迁及其发展趋势

### 3.1 影响职业变化发展的因素

职业的变化和发展主要由以下因素驱动：①社会及管理的变革；②科学发展和技术变革；③经济发展和结构调整；④产业及行业的演变。以上因素同时存在又互相影响，导致和形成了明显的职业变迁和发展，表现为传统职业的消失或更新，现代职业的形成和发展。

20世纪末期，我国社会经济发展进入了转折性的历史时期。新型社会主义市场经济体制的建立为我国经济的发展注入了新的活力与生机。许多计划经济时代的职业处于变革之中，如传统的人事管理职业更新为现代的人力资源管理职业；再如，由于人事制度的改革，就业由传统的政府安排转变为自主择业和就业，随着劳动力市场的出现，产生了以职业指导师、职业信息分析师、劳动保障协管员等新的职业。

随着先进科学技术的广泛应用，企业生产工艺不断创新，形成了以IT产业为代表的高科技产业，还出现了专业技术人员的职业细化，它标志着我国职业类别又有了新的发展与变迁。随着IT技术的发展，出现了许多新的职业，如网络工程师、网管员等。

伴随着经济发展的结果是服务业的快速发展，从而形成了新的社会分工和新职业的形成，如送水工、宠物护理师、色彩顾问、会展员等。

伴随着传统产业更新以及科学技术的发展，现代服务业快速诞生，新的社会分工和职业生产者不断涌现，促使我国职业领域不断拓宽。数控机械制造、现代生物、电子商务与现代金融业的兴起，职业劳动者队伍迅速扩大，形成了不同职业类别的劳动大军。具有代表性的是被称为"灰领"的高技能操作工人，如数控机床操作技师、高级技师。

## 3.2 职业变化发展态势

### 3.2.1 全球职业变化发展态势

（1）新职业的不断产生。无论在生产部门还是服务部门中，新型的职业活动和职业都不断地涌现出来。这可以从不同的职业领域的变化中找到依据。

1）在生产领域。尽管第一、第二产业的职业数量在减少，从业人员总量和比例也在减少，但由于在这两个产业中生产的知识和技术密集程度的提高，还是出现了一些新的职业或者职业群。典型的有第一产业中的基因和转基因工程师、遗传工程师、细胞工程师、生态农业技师和技工、生化实验技师和技工、节水灌溉技师和技工；第二产业中的加工中心工程师和技师、环境监测工程师、计算机辅助设计工程师和技师（CAD）、计算机辅助制造技师和技工（CAM）、纳米材料生产技师和技工，以及航空航天材料技师和技工等。

2）在服务领域。由于生产活动方式的变化，以及生活内容的增加，新产生的职业数量远远大于生产部门。这些新职业主要集中在信息服务业、管理咨询业和社会服务业三个方面。

①信息服务业。信息产业是发展最快的产业。与信息产业相关的职业也是发展速度最快的职业群。信息和通信技术的急剧扩张，导致了对计算机工程师、计算机系统分析师和计算机基础科学各个领域的应用专家和操作技术人员的大量需求。有些专家认为信息产业有可能从第三产业领域独立出来，成为第四产业。

②管理咨询业。由于管理和咨询活动对于经济、生产、社会生活甚至个人生活的影响越来越大，它们已成为第三产业领域另一个发展最快的职业群组。在这个职业群组的发展中，专业管理人员和专业咨询服务人员的功能划分更加细化，在社会组织中的责任、地位和声望日益提高。金融分析师、投资咨询师、心理咨询师、人力资源管理师、保险评估师、保险精算师、税务代理师、理财代理师等已成为热门职业。

③社会服务业。在第三产业领域，提高居民生活质量、满足居民消费需求的服务性职业也有了突破性的发展。家庭服务、旅游、康乐、健身、医疗，以及其他生活服务领域都有许多新职业涌现出来。家政服务助理、养老护理员、育婴师、形象设计师、健身教练、室内装饰设计师等职业的出现，反映了人们对生活质量的要求越来越高，服务性消费需求越来越丰富化。

（2）老职业的衰落和消退。衰落和消退的职业主要集中在第一、第二产业。

在结构调整中，第三产业也有部分职业消退。铅字打字员、票证管理员等职业逐步消失，汽车进入家庭使司机这个职业开始局限于大型运输车辆的驾驶，伐木工开始变成植树工。这种职业的衰落和消退往往与技术或产品的更新使某种职业失去市场有关。有时由于制度和政策的限制，禁止使用某种材料或工艺，致使某些职业难以为继。例如，农业的高度集约化曾使千百万农民改变职业，这一过程仍在继续。在英国的工业转型过程中，曾经作为产业革命标志的煤矿工人和纺织工人几乎消失殆尽。随着数控机床的普及，传统的通用机床操作工正在迅速减少。在第三产业，传统的机械打字员、铅字排字工等也正在迅速消失。由于对氟相关产品的限制，各类加氟技工都面临改行的选择。

（3）职业的调整和变化。三个产业部门中，都有许多传统职业在新的条件下发生了较大调整和变化。在第一产业中，传统的农民转化成为农机师、农艺师或者专业性更强的从事无土无害栽培工作的现代农艺师。传统的海洋捕捞人员也在向海产品养殖和深度加工工程师、技师转化。在第二产业，传统的手工绘图员转化为使用计算机的电子绘图员，采煤、采油等技术高科技化，产生了新型的煤炭液化气化职业，以及海洋石油开采等职业。在第三产业中，变化发展更为迅速。过去的理发员转化为形象设计师，销售库管人员转化为物流配送师等。事实上，几乎所有的职业都会随着生产技术的进步而发生一些调整和变化。

还需要指出的是，在现代职业的发展与变动中，有一个值得注意的现象，就是中间层次和中等地位的职业发展较快。例如，第一、第二产业中生产部门和实验部门的技术技能人员（与工程师 Engineer 不同，国外通常把他们叫作技术师 Technologist 或者工艺师 Technician，我国统称为技师和技工）；第三产业中的助理医师、助理律师、服务技师和个人助理或家政助理等，在欧美国家需求非常大。与此相对，高层次的职业（科研学术等）和低技能的职业需求发展都较缓慢，许多低技能职业甚至出现停滞或负增长。究其缘由，中间层次的工作有着承上启下，把设计决策转化为实际产品的关键作用。因此，在现代生产和服务活动中有着特别重要的作用。

3.2.2 我国职业变化发展态势

从发展态势看，我国未来职业变迁将出现以下趋势：

（1）由单一基础向跨专业、复合型转化。从目前招工、就业的情况分析，职业岗位的要求和劳动方式逐步由简单向复杂转化，过去单一基础就能胜任的工作，现在职业内涵发展扩大了，往往需要相关专业的许多知识和技能，更多地需要跨专业和复合型人才。例如，许多职业的从业人员都要求具备一定的英语能力和计算机技能。

（2）由封闭型向开放型转化。随着改革开放的深入，职业岗位工作的范围和面向的服务对象越来越广泛，接受信息的渠道也必须加大，人们相互之间的交往和协作大大加强，所以要求人们具有开放的观念和心态，彻底摆脱封闭的状态。另外，开放型体现在职业岗位工作的性质上，也增加了一些以人与人之间联络、沟通、信息咨询和交易为表现形式的内容。例如，许多职业都需要借助互联网从事职业活动。

（3）由传统工艺型向信息化、智能型转化。传统工艺型在科技含量上相对滞后，在技术更新速度方面比较缓慢，有时跟不上时代前进的步伐，生产力发展的关键之一是增加职业岗位科技含量，改善劳动组织和生产手段，提高劳动生产率。能熟练应用信息管理方法的智能型操作人员，是今后职业岗位更新、工作内容更新需要的新型人才。例如，传统的仓库管理工作由于需要及时提供库存信息而向物流师方向发展。

（4）由继承型向知识创新型转化。知识经济的到来，要求社会成员必须不断树立创新意识，在自己的职业岗位上进行创造性劳动。今后，只有创造型人才才能更好地胜任岗位职责。例如，舞台灯光设计师、个人形象设计师等职业都需要高度创造性。

（5）由服务性职业向知识技能化发展。社会生产力的提高，解放了劳动力，人们越来越多地需要社会服务行业为他们排忧解难、提供方便。第三产业劳动者数量增加的同时，对从业人员质量的要求也在不断提高，产生了知识型服务性职业，而且是吸纳社会劳动力的主要渠道。如传统的职业介绍演变为职业指导或猎头服务，实际上是原先的简单提供信息或中介活动发展为利用知识提供信息咨询服务。

劳动力市场预测专家认为，未来的新职业会越来越多地出现在服务部门，特别是与健康、通信和计算机相关的行业。

上述谈到的职业变迁趋势，反映了我国时代变化的特征，把握职业发展趋势，对职业指导人员及劳动者本人都是非常重要的。对职业发展趋势的把握能够为个人职业目标的选择提供思路，为职业生涯发展提供方向。否则，有可能导致择业的盲目性。职业指导人员应关注职业变迁和发展趋势，帮助求职者更好地适应变革中的社会职业环境。

近年来，影响职业发展和变迁的新热点不断涌现。新时期，我国经济发展进入产业结构调整和转型升级新阶段，经济发展速度从高速增长转为中高速增长，经济结构不断优化升级，经济发展动力从要素驱动、投资驱动转向创新驱动，我国经济社会发展进入"新常态"。"新常态"带来职业结构调整，我国职业结构"转折"点已经出现。近年来，我国服务业占 GDP 比重不断上升，从 2013 年的 46.1%上升至 2014 年的 48.2%，到 2015 年服务业占 GDP 比重达到 50.5%，首次超过 50%，工业主导向服务业主导转型的趋势更加明显，高新技术产业增加值比

2014 年增长 10.2%，大大快于传统工业的增长，这是我国从工业化中期转入工业化后期的重大标志。由此，中国社会科学院李培林认为"中国将开始一个新的职业结构阶段，即所谓的'白领时代'，就是在非农从业人员当中白领从业人员总量超过蓝领从业人员。"

此外，互联网技术在社会生产和人们生活中得到普及，信息化技术在各行业的应用和发展，使得传统农业、制造业、服务业都发生了根本性的变化。"互联网+""大数据""O2O"等概念的出现和应用，在改变着生产方式、人际互动方式的同时，同样深刻地影响着人们的社会分工，催生出众多新职业。

工业 4.0 时代的到来，智能制造、绿色制造成为世界潮流。工业化始于 18 世纪末机械制造设备的引进，那时像纺织机这样的机器彻底改变了货物的生产方式。继第一次工业革命后的第二次工业革命大约开始于 19 世纪 70 年代，在劳动分工的基础上，采用电力驱动产品的大规模生产。20 世纪 70 年代初，第三次工业革命又取代了第二次工业革命，并一直延续到现在。第三次工业革命引入了电子与信息技术（IT），从而使制造过程不断实现自动化，机器不仅接管了相当比例的"体力劳动"，而且接管了一些"脑力劳动"。工业 4.0 将在制造领域的所有因素和资源间形成全新的社会——技术互动，使生产资源（生产设备、机器人、传送装置、仓储系统和生产设施）形成一个循环网络。从本质上讲，工业 4.0 包括将虚拟网络——实体物理系统技术一体化应用于制造业和物流业，以及在工业生产过程中使用物联网和服务技术。这将对价值创造、商业模式、下游服务和工作组织产生影响。

## 4 描述职业的原则和方法

对职业进行描述的意义在于能够使求职者、用人单位、职业指导工作者、科研工作者等不同人员更好地了解和认识相关的职业。

职业是指在业人员所从事有偿工作的种类；岗位是根据生产或服务的实际需要而设置的工作位置，是对职业进行的具体划分。职业与岗位之间是一个包含和被包含的关系，其间存在着密切的内在联系。因此，描述职业、岗位的原则和方法具有较多的共同性。在此专门介绍职业描述的原则和方法。

### 4.1 描述特定职业的原则

（1）完整性。对职业的描述应完整表达职业的所有要素，包括职业名称、职业主体、职业客体、职业报酬、职业技术。

（2）特征性。对职业的描述应具体反映该职业所具有的典型特征，从而体现某一职业区别于其他职业的特点。如，车工的工作特点在于操作机床，而驾驶员的特点在于驾驶汽车，机床和汽车分别反映了两个职业的典型特征。

（3）应用性。对职业的描述应为不同人员的应用服务，如用人单位使用职业描述的目的主要是为科学用人提供依据，求职者使用职业描述的目的是实现有效的就业和职业生涯发展，职业指导人员使用职业描述的目的在于更合理地实现人职匹配。

（4）辩证性。任何职业对从业者都存在利与弊，对职业的描述应全面反映该职业对从业者的利弊，如外科医生工作报酬较高，同时具有一定的社会地位，但由于工作紧张和工作时间不规律，容易导致胃溃疡等疾病。

### 4.2 描述特定职业的方法

对职业进行描述的文件通常称为职业描述，而对岗位进行描述的文件一般称为岗位描述、岗位说明书、工作说明书或职务说明书。职业描述应包括如下内容。

（1）职业名称：职业的符号特征，一般由社会通用称谓来命名。

（2）职业定义：对使用工具、从事的工作活动的说明。

（3）受教育程度：接受正规教育的年限。

（4）职业资格等级：反映职业胜任程度。职业资格分五个等级，每个职业又有所不同。

（5）职业能力特征：从业者需要具备的能力要素。

（6）职业人格特征：从业者需要具备的人格要素。

（7）技术技能：从业者必备的知识、技能要求，需要掌握的基本操作技术。

（8）职业环境：工作场所的条件。

（9）职业报酬：工资。

针对某一特定职业而言，从业者如果能够了解上述职业描述内容，就能够有目的地选择职业目标、实现就业、选择培训和发展职业生涯。职业指导人员在对来访者提供咨询服务时，应以职业描述作为主要参考信息。

### 4.3 利用多媒体技术描述职业的范例

《大学生职业选择自助指导——100个工作岗位摄影图解》和《农民工职业选择自助指导——100个工作岗位摄影图解》，是两本直观反映职业状况的摄影集，所以又称"职业图谱"。两本书通过生动图片和简练文字，介绍职业关键要素（职业简述、职业关键词、职业小情报、主要工作内容、薪酬待遇、教育水平要求、工作环境、工作压力、相关工种）、职业环境图、职业工具图、工作流程图、职业技能，展现职业风采，帮助那些初涉职场的大学毕业生、农民工快速了解职业，唤起对职业的向往和热爱，以达到自助指导的效果。从设计上，两本书主要体现了以四个自助指导的功能：

第一，针对大学生、农民工的就业特点，在十余个行业门类中，各选择100种常见职业岗位，其中不乏新兴职业、IT前沿岗位、技能型灰领等，以提供职业方向性的选择参考。

第二，每个职业岗位都是从职业人物、职业环境、职业工具、工作流程和职业技能五个方面进行拍摄的。这样做的目的是，尽可能提供职业典型特征，引导读者感知职业全貌，理解职业内涵。

第三，为了使读者快速了解职业岗位，并加深对职业岗位的认识，书中对每个职业岗位都进行了配文。文字涉及职业描述、职业关键词、职业小情报等。这些文字言简意赅，直接针对职业选择，具有参考比较价值。如，针对职业岗位，专门提供了供读者参考的相关职业岗位名称，以帮助读者探索职业趋向，摆脱进退维谷的境地，支持其理性地进行职业选择。

第四，书中在强调文字知识性的同时，还特别强调了摄影作品的艺术性。栩栩如生的职业人物、迥异不同的职业环境、专业性极强的工作流程，以及形形色色的职业设施和工具，在摄影师的快门下都瞬间凝成了一幅幅艺术作品。照片的艺术性为读者带来新鲜的职业体验，有效唤起职业意识，领略职业风采，建立积极就业动机，引导追求美好职业人生。

### 4.3.3 职业岗位知识介绍资料片

《职业岗位知识介绍资料片》（以下简称《岗位介绍资料片》）是上海市劳动保障局针对部分公共就业服务工作人员不了解实际职业（工种）情况、许多求职者不了解具体岗位工作内容和技能要求的现状组织开发的，共包括四百多个常见就业岗位，每个岗位介绍中包含"职业岗位概况""主要工作内容与工作流程"和"基本素质和技能"等内容，简明扼要，直观形象，是帮助求职人员把握就业方向、提高求职成功率的有效措施，也是各级公共就业服务机构职业介绍、职业指导和职业展示的必备工具。《岗位介绍资料片》对于提升就业服务人员的服务能力和培训机构培训效果发挥了重要作用。

与《岗位介绍资料片》配套的还有两套应用软件，一套用于在各地劳动力市场网站中通过视频方式点播（网络版），一套用于综合性服务场所职业展示区通过计算机点播（单机版），同时配有在DVD播放机上播放的DVD光盘。

—— 内容小结 ——

1. 职业是人们在社会中所从事的有稳定、合法收入的活动，既是人们为社会做贡献、实现人生价值的舞台，也是人们谋生的手段。有稳定、合法的收入是职业这种特定劳动区别于其他社会活动的主要特点。

2. 职业分类是采用一定的标准和方法，依据一定的分类原则，对从业人员所从事的各种专门化的社会职业所进行的全面、系统的划分与归类。其主要作用体现在3方面：首先，对于劳动力管理部门来讲，它是劳动力社会化管理的必要环节；其次，现代职业分类为教育与培训就业提供基础服务；第三，现代职业分类为国民经济信息统计和人口普查提供服务。

3. 职业分类的基本依据是工作性质的同一性。职业分类包括职业的划分与归类，按照工作性质的同一性进行职业分类，一方面是根据职业活动工作特征的相异程度进行职业的划分，另一方面是根据职业活动工作特征的相同程度进行职业的归类。

4. 当代职业发展趋势是由单一基础向跨专业、复合型转化，由封闭型向开放型转化，由传统工艺型向信息化、智能型转化，由继承型向知识创新型转化，第三产业、社会服务业不断发展壮大。

## ——关键概念——

职业　　职业要素　　职业特性　　职业分类

## ——问题与应用——

1. 从应用的角度，说明职业要素的概念对职业指导具有什么作用。
2. 以职业指导人员的职业为例，说明该职业的主要特性。
3. 试分析当地产业、行业与职业现状和发展趋势。
4. 职业描述包含哪些内容，试具体描述一个你比较熟悉的职业。
5. 了解我国《职业分类大典》的内容，并根据当地劳动力市场的供求特点，列出本地常用的大中类职业。

# 第6章 工作分析与职业胜任

## 1 工作分析的基本概念、基本方法

### 1.1 工作分析的定义

工作分析是指通过系统性的方法，对工作（岗位）本身以及任职者所需的知识、技能、条件进行分析，以获得工作描述和工作规范的过程。

通过工作分析，可以使各个岗位的工作职责清晰化，对人员进行招聘和任用时，也会非常清楚具备什么样素质的人能够胜任工作。

有人将工作分析所要回答的问题归纳为6W1H，即做什么（What）、为什么（Why）、用谁（Who）、何时（When）、在哪里（Where）、为谁（for Whom）和如何做（How）。这6W1H基本上概括了工作分析所要收集的信息内容。

通过对所收集的信息进行整理和分析，工作分析所得到的结果就是各个岗位的岗位说明书。岗位说明书基本上可以包括工作描述和工作规范两大部分。

### 1.2 工作分析的作用

工作分析是现代人力资源管理工作的基础性工作，在人力资源管理的各个职能方面都发挥着重大的作用。

（1）员工的招聘选拔。只有通过工作分析，才能知道待招聘的岗位需要履行哪些职责和完成哪些特定的工作任务，胜任该岗位的人应具备哪些基本要求。对于招聘者和应聘者来说，有了工作分析的结果，招聘工作才能有的放矢。招聘者知道了应该招聘什么样的人，应聘者也了解了工作的基本内容和要求，避免盲目招聘或应聘。另外，工作分析的结果，可以帮助招聘者选择使用适宜的测评与选拔方法。

（2）培训。根据工作分析所得出的各个岗位的工作职责和任务以及完成这些职责和任务所需要的知识技能，能够更有效地制定培训目标，进行培训课程设计。

（3）绩效考核。工作分析的结果可以为绩效考核提供方向和依据。一般来说，绩效考核根据一段时间内员工在各项工作职责上的表现进行考核，而工作分析往往能够提供任职者在各项工作职责上应该达到的标准的信息。

（4）薪酬管理。薪酬管理中一项重要的原则就是根据岗位的不同给予不同的报酬。不同岗位在组织中的价值不同，而工作分析所提供的信息则提供了衡量各岗位价值大小的因素。例如，岗位所承担的责任、岗位对知识和技能的要求、岗位所面临的工作环境等。

（5）劳动安全与健康。在工作分析中，要对工作环境中的各种因素进行分析，这样就可以帮助我们了解影响劳动安全的主要因素，以便采取有效的预防和处理措施，提高劳动安全，保护员工健康。很多职业，如矿工、化工企业的工人，都需要员工在危险的环境中工作。进行了工作分析，就能够知道哪些危险是可以事先避免的，哪些工作环节上容易出现事故，从而提前进行防范。这样就可以降低事故发生的概率，也有利于保护员工的身体健康。

（6）职业选择与工作分析。做好毕业生适应岗位的工作分析对学生求职具有很强的指导意义。大学生在职业选择中存在很多问题，出现这些问题有多方面的原因。其中一个主要原因就是缺少对相关行业岗位的工作分析。比如，财务专业的学生不了解企业里的财务工作是如何开展的，不清楚从事财务相关工作的操作流程、工作规范及执行标准。另外，做好毕业生适应岗位的工作分析也有利于高校的学科建设。高校在制定培养目标、培养策略、培养方案时，如果对毕业生的工作岗位进行了科学合理的工作分析，就能更好地设计课程结构，进而更好地培养符合社会和用人单位需要的高素质人才。

此外，工作分析在人员调配、完善工作流程、对工作进行再设计和组织设计等方面也发挥着重要作用。有助于员工本人反省和审查自己的工作内容和行为，还有助于提高企业的协调效应。

### 1.3 工作分析的基本流程

工作分析共分为四个阶段：准备阶段、实施阶段、结果形成阶段和结果应用与反馈阶段。

#### 1.3.1 准备阶段

在工作分析的准备阶段，主要解决以下几方面的问题：

（1）制定总体的实施方案。实施一次完整的工作分析活动，往往需要调动大量的资源，需要花费相当长的一段时间，需要来自各个方面的人员的配合，因此，需要在实施之前制定一个方案，确定操作过程、参加的人员、费用、时间安排等内容。

（2）确定工作分析的实施者。一般情况下，工作分析由训练有素的人力资源管理部门的人员去组织实施，也可以由外请的专业顾问来完成。由公司内部人员来实施工作分析的好处是熟悉公司情况，而专业的顾问则往往拥有先进的技术手段并且比较客观公正。无论由谁来实施工作分析，都需要从任职者或任职者的上级主管那里系统地收集工作信息。

（3）收集和分析有关的背景资料。在工作分析中，有些信息需要实地收集，而有些现存的背景资料也不能忽视，它对于工作分析也是非常重要的。对工作分析有参考价值的背景资料主要包括几类：国家职业分类标准或国际职业分类标准；有关整个组织的信息（包括组织机构图、工作流程图、部门职能说明等）；现有的岗位说明书。

（4）选择收集信息的方法。收集工作分析的信息可以采用问卷法、访谈法、观察法、工作日志法等多种方法，需要根据需要进行选择。

### 1.3.2 实施阶段

在实施阶段，需要做的几项工作如下：

（1）与参与工作分析的人员进行沟通。由于工作分析需要深入到具体的每个工作岗位上，在进行这项工作的过程中必然要同大量的工作任职者和管理者发生关系，因此，赢得他们的理解和支持是非常必要和重要的。与参与工作分析的人员进行沟通的目的主要有三个：第一，让参与工作分析的人员了解工作分析的目的和意义，消除内心顾虑和压力，争取他们在实际收集信息时的支持与合作；第二，让参与工作分析的人员了解工作分析大致需要进行多长时间，大概的时间进度是怎样的，以便事先做好工作安排，留出足够的时间来配合工作分析工作；第三，让参与工作分析的人员初步了解工作分析中可能用到的方法，以及在各种方法中他们需要如何配合，如何提供信息。

（2）实际收集和分析工作信息。这是整个工作分析的核心内容，主要是按照事先选定的方法，根据既定的操作程序或计划收集与工作有关的各种信息，并对信息进行描述、分类、整理、转换和组织，使之成为书面文字。

实施工作分析需要收集与职位相关的工作活动，工作中人的活动，工作中所使用的机器、工具、设备及辅助用品，与工作有关的有形和无形因素，工作绩效的信息，工作的背景条件，以及工作对人的要求等信息。

### 1.3.3 结果形成阶段

工作分析的结果通常为每个岗位的岗位说明书。在结果形成阶段，需要进一步审查和确认收集来的信息，进而形成岗位说明书。一般来说，撰写岗位说明书的方法有两种。一种是由人力资源部门的人员或外部顾问对任职者和任职者的上级主管进行培训，教他们如何撰写岗位说明书，并由他们进行撰写，人力资源部门的人员或外部顾问进行指导和帮助修改。这种方法适用于具有一定书面表达能力的岗位。还有一种方法就是由人力资源部门的人员或外部顾问根据收集来的信息草拟成岗位说明书，再和任职者以及任职者的上级主管讨论确认。

撰写岗位说明书时，应该注意的问题是，要制定规范用语，包括语言风格、用词的统一等。

### 1.3.4 结果应用与反馈阶段

编写出岗位说明书之后，一次工作分析就基本结束了。但是，对工作分析结果的应用也是非常关键的。首先，应该对岗位说明书的使用进行培训，一方面让使用者了解岗位说明书的意义与内容，了解岗位说明书中各部分的含义；另一方面让使用者了解如何在工作中运用岗位说明书，例如，如何在招聘员工时使用岗位说明书，如何根据岗位说明书与下属员工确定工作的目标和标准，如何根据岗位说明书考核员工并提出对员工培训的需求等。其次，在岗位说明书的使用过程中应经常对岗位说明书的内容进行调整和修订，以适应实际工作需要。

## 1.4 工作分析的方法

工作分析的方法主要是指在工作分析中收集与岗位有关信息的方法。常用的方法包括：

（1）访谈法。访谈法是指工作分析人员与任职者或任职者相关的人员（如同事、上司等）通过面对面交流的方式获取与岗位有关的信息。访谈法可以分为个人访谈和群体访谈。个人访谈是指工作分析人员在同一时间内对一个任职者或任职者相关的人员进行访谈。而群体访谈则是指在同一时间内对一组人员进行访谈，例如，与从事相同岗位工作的人通过座谈的方式了解信息。

采用访谈法应遵循以下原则：第一，在访谈前应做好准备工作，如准备好访谈提纲、选择一个安静的场所等；第二，在开始访谈时，注意与被访谈者达成融洽的关系，使其愿意如实提供信息，特别是在群体访谈的情况下应注意营造一种开放沟通的氛围；第三，在访谈时，应使用开放式问题、易于理解的词汇，并让被访谈者有足够的时间回答问题；第四，注意不断采用澄清和追问等方式，获得准确的信息。

（2）观察法。观察法是指工作分析人员通过在现场观察任职者如何工作从而获取工作信息的方法。观察法特别适用于从事操作性工作的岗位。在进行现场观察时，可以辅助使用摄像设备，同时使用一些设计好的表格进行记录。观察法往往需要与其他方法配合使用，例如，通过访谈了解并确定具体的观察内容。使用观察法应注意的几个问题是：第一，选择观察的时机很重要，应注意选择任职者完成主要的工作职责和任务时进行观察；第二，他人的观察可能会对任职者的工作产生影响，使他们不能按照平时的方式开展工作，因此有时需要在比较隐蔽的状态下进行观察；第三，应注意对从事同一工作的多个任职者进行观察以获得更准确的信息。

（3）问卷法。问卷法主要是让任职者或任职者的上级主管通过书面的形式提供工作有关的信息。这种方法主要适合于文化程度较高、有较好文字表达能力的岗位。在问卷中可以让任职者或任职者的上级主管填写下列内容：

主要的职责和工作任务，例如，哪些是任职者每天都要做的事情，哪些是每周必做的事情，哪些是不定期要做的事情等。

工作联系，例如，任职者在工作中需要与哪些内部和外部人员进行联系，因为何事发生联系，联系的频繁程度如何。

工作权限，该任职者可以对哪些事情做出决定。

工作环境，描述任职者所处工作环境的一些特点。

任职资格，对任职者的教育程度、工作经验、知识技能的一些要求。

问卷法是一种效率较高的方法，能够在短时间内收集大量的信息。但是，这种方法收集的信息往往比较粗略，还需要进一步深入调查了解。

（4）工作日志法。工作日志法主要是指让任职者记录下一段时间内（例如一周）所发生的工作事件。一般的操作方法是提供给任职者一些表格，请他们在工作过程中随时记录下每项工作活动的内容和起止时间。要求任职者对工作内容的记录比较具体，使没有亲自观察过任职者工作过程的人能够比较清晰地想象出任职者的工作活动。工作日志法有助于比较全面地了解任职者一段时间内的工作，但是这种方法并不能反映出在记录工作日志的期间内没有发生的工作活动。因此，工作日志法还需要与其他方法结合使用。

（5）职能性工作分析方法。也称功能性工作分析，是指在分析人员、事物、信息之间相互关系的基础上，以员工应完成的职能和应尽的责任为核心，根据工作中所需的指导、培训和各项能力的高低对工作价值进行等级划分，同时列举员工工作活动，确定工作活动程度和结果，最终得到岗位说明书。

## 2 工作描述和工作规范的内容

### 2.1 工作描述的定义

一份完整的岗位说明书通常由工作描述和工作规范两部分构成。工作描述是关于任职者所从事的工作本身特性的信息。包括岗位名称、工作目的和工作责任、工作的绩效标准、工作中所使用的设备和工具、工作联系、工作权限等。工作描述的作用主要是回答这样一个问题："某个特定岗位主要是做什么的？"工作描述一方面可以让任职者或打算从事该项工作的人对工作内容有一定的了解，另一方面也为提出任职者的胜任资格提供了基础和依据。

### 2.2 工作描述的内容

不同组织在撰写岗位说明书时，工作描述的内容和写法都有所不同。但一般来说，工作描述主要包括以下内容：

(1) 岗位名称。岗位名称是指组织对承担特定工作职责、从事特定工作任务的岗位所规定的名称。例如，人力资源部经理、成本会计、设备工程师、项目经理等。

(2) 工作目的。工作目的主要是概括性地说明某个岗位在组织中所要完成的职责及对组织所起的作用。例如，营销总监这个岗位的工作目的就是为了完成销售额、实现利润及获得市场占有率，制定营销策略和营销部门的组织结构，提高部门绩效，完善服务质量。

(3) 工作职责与工作任务。工作职责是具体阐述某个岗位所承担的各项职责，而工作任务则是为实现这些职责所要求完成的具体任务。例如，招聘主管的工作职责主要是人员招聘，使用人部门能及时聘用到合适的人员。为完成这样的职责，招聘主管所要完成的工作任务就是制定招聘计划、找到候选人的来源、对可能的候选人进行识别、向用人部门推荐合适的候选人、办理人员试用的手续等。

(4) 工作联系。工作联系包括该岗位在组织结构中的位置以及该岗位任职者在工作中可能与组织内外哪些人员发生联系。岗位在组织结构中的位置主要是指该岗位隶属于组织结构中的哪个部门，接受哪个岗位的领导和监督，可以领导和监督哪些岗位。例如，营销部经理在组织结构中隶属于营销部，接受营销总监的领导与监督，对销售代表进行领导和监督。除自己的上下级之外，岗位任职者在工作中可能与组织内外其他人员发生联系。例如，一名外企招聘主管需要同公司中用人部门主管、当地的外企服务总公司、政府的人事部门、人才中介机构等发生关系。

(5) 工具和设备。对于需要在工作中使用特定工具和设备的岗位，工作描述中要加以说明。这里所说的工具和设备一般是指需要经过专门培训才能掌握的、比较特殊的、与其他岗位有所区别的工具或设备，比较常用的计算机、传真机等设备一般不进行特别说明。

(6) 绩效标准。有些制定得比较细致的工作描述中还包括了绩效标准方面的内容，即针对该岗位的各项职责和任务，从哪些方面来衡量这些职责和任务完成的情况。一般来说，可以从数量、质量、时效性、成本或费用、他人的反应5个方面来衡量。例如，对招聘主管这个岗位来说，招聘工作的数量标准就是各部门对所需人员数量的要求，质量标准就是指招聘来的人员符合规定的任职者要求，时效性是指能及时满足用人单位的用人需求，成本或费用是指平均招聘一名合格的候选人所花费的成本，他人的反应可以是在推荐的候选人试用期间内其主管人员对其的评价。

(7) 权限。权限是指在某个岗位上的任职者所拥有的权力范围。一般来说，权限从低到高分别为知情权、建议权、审批权和决策权。

(8) 岗位的晋升与替代。晋升主要说明的是该岗位在组织中的职业生涯路线，是指该岗位的任职者可以晋升到什么岗位。替代主要指当任职者临时不能在本岗位上工作时，可以暂时性地由哪些相似岗位上的人员进行替代。例如，招聘专员可以晋升为招聘主管，可以由其他人事专员替代。

（9）工作条件。该项内容主要描述该岗位的工作在时间、物理环境等方面的一些特点，例如，野外作业、夜间工作、环境中温度条件等。

## 2.3 工作规范的定义

工作规范是指特定岗位对任职者的胜任特征的基本要求，主要包括任职者应具备的知识、能力、教育背景、工作经验、个性特征等。工作规范必须以工作描述为基础提出，以工作描述的内容为依据。工作规范的作用就是要回答这样一个问题："要想做好这项工作，任职者应该具备怎样的特点？"工作规范展示出什么样的人可以被雇用来从事此项工作，在招募从事此项工作的人时应对岗位候选人进行哪些方面的考察，以及对有意愿从事此项工作的人应该着手从哪些方面进行培训或职业准备。

## 2.4 工作规范的内容

一般来说，工作规范主要包括以下内容：

（1）教育背景。主要包括教育程度和所学专业。例如，大学本科学历，计算机专业。有时，教育背景中也包括是否参加过某些专门培训或者获得某种专业资格证书等。例如，从事职业指导工作的人员要求获得人力资源和社会保障部颁发的职业指导资格证书。

（2）工作经验。主要是指过去是否具有从事某种职业的经验以及对从业时间的要求。例如，从事职业指导工作两年以上。

（3）知识技能。主要是指从事该岗位工作所需的专业知识和专业技能。例如，精通 Unix 系统的操作、管理与维护，精通 Netscape Webserver 的配置与调试，了解至少一种大型数据库的操作。

（4）个性特征。个性特征所包含的内容相当广泛，一般来说只需指出该岗位任职者所需的最为重要的个性特征。例如，善于与人沟通，要特别细致、有耐心等。

（5）身体要求。有些工作要求任职者具备特定的身体条件，如有的岗位对视力、身高等有特别的要求。

（6）其他特殊要求。主要是针对某个岗位特殊的工作特点提出的要求。例如，能适应作息不规律、经常出差的工作。

## 2.5 岗位说明书举例

在具体每个组织的岗位说明书中，不一定全部包括上面列出的工作描述和工作规范的内容，可以根据需要选取最重要的内容。例如，下面是某公司人力资源专员的岗位说明书。

例：

## 岗位说明书

岗位编号：_____

| 岗位名称 | 人力资源专员 | 所属部门 | 人力资源管理部 |
|---|---|---|---|
| 直接主管 | 人力资源管理部经理 | 直接下属 | 无 |

**工作目的**

　　为了企业人力资源的持续发展，为管理者提供人力资源管理服务和支持，在国家有关企业人力资源管理的政策法规和企业人力资源政策的指引下，协助人力资源部经理建立和健全人力资源开发和管理体系，实施人力资源管理的各项工作

| 工作职责 | 衡量标准 |
|---|---|
| 1. 实施工作分析，协助、指导各部门编写岗位说明书 | 各岗位职责清晰 |
| 2. 参与拟订考核体系，并承担考核实施中的协调工作 | 员工考核工作顺利实施 |
| 3. 参与拟订薪资福利体系，并开展薪资调查工作 | 及时、有效调整薪资福利体系 |
| 4. 协助部门经理进行人员招聘中的协调工作 | 人员招聘工作顺利实施 |
| 5. 参与拟订培训计划并组织培训实施 | 培训工作的顺利实施 |

**重要工作联系**

公司内部：各部门
公司外部：外部培训机构、研究咨询机构

**该岗位的晋升、轮换与替代**

1. 该岗位可以晋升为人力资源部经理
2. 该岗位可以由其他人力资源专员轮换和替代。

1. 任职者基本要求
2. 所需知识技能
3. 人力资源管理、组织管理的有关知识和操作技能
4. 有关人事管理政策
5. 教育培训
6. 大学本科及以上学历
7. 人力资源管理相关专业
8. 有关人员管理的各项培训
9. 经验
10. 相关工作经验1年以上

## 3 职业胜任的基本概念

### 3.1 职业胜任与胜任特征的基本概念

职业胜任是指在职业活动中，个人能力、人格等品质特征能够满足职业要求的状态。符合这种要求，才有可能在职业活动中获得优秀的工作绩效。不同的职业，对于个人的要求也是不同的。每个人都具有不同的特质，只有在适于自己的职业中，才能最大限度地发挥自己的作用。

做到职业胜任，关键在于人职匹配。将人和相应的职业进行最佳的组合，才能达到最好的效果。实现人和职业的最佳匹配，需要我们对人和职业进行相关分析。对于职业，随着社会发展，职业分工进一步细化，已经进入了精细分类的地步。对于人，我们也有相应的评定方法与标准，这就是胜任特征的评测。

胜任特征一词（competence），本意是指一种能力，是一种足以胜任或非常合格的状态或性质；有时也指特长，特别是某一方面的特殊技巧、知识或能力。

在1973年，美国著名心理学家麦克米兰（McClelland，其主要研究方向是胜任特征，著有《胜任特征测量优于智力测量》一文）首次提出胜任特征这一概念，他将胜任特征定义为：能够区分在特定工作岗位和组织环境中绩效水平的个人特征。也就是说，这是一种能将某一工作中表现优秀与表现一般的人区分开来的个人特征。

一般来说，我们可以将胜任特征分为表面的部分和深层次的部分两个部分。我们可以将胜任特征比作在水中漂浮的冰山。暴露在水面的部分，也就是我们可以直接了解到的部分，包括知识、技能、社会角色、自我认识等；潜藏在水下的部分，如动机，是我们没有办法直接了解的。在水面上的部分可能比较容易测量，但是这还不能完全决定人在工作中是否具有优秀的表现，而动机，在很多时候会左右最后的绩效水平。

职业胜任对于职业指导有着重要的意义。分析不同职业所需要的胜任特征，有助于对就业和职业选择进行针对性的指导，特别是对于人员鉴别有了理论上的依据。

### 3.2 职业胜任的要素

麦克米兰通过进一步的测量，最早提出了二十多种胜任特征，包括：获取信息的技能、分析思考的技能、概念思考的技能、策略思考的技能、人际理解和判断技能、帮助和服务定向的技能、对他人的影响技能、对组织的知觉技能、建立和管理人际关系的技能、发展下属的技能、指挥技能、小组工作和协作技能、小组领导技能等。

对于不同的工作岗位，其职业胜任的要求是不同的，所要测量的方面也不一样。但是，通过近些年的研究，我们基本上可将职业胜任特征分为以下四个大的方面。上述二十多种胜任特征都包含在以下四个大的方面之中。

(1) 知识水平。无论何种职业，都需要一定的相关知识。要能够很好地完成一个职位所赋予的相应的工作任务，就必须掌握生产活动中所涉及的相关知识。这些知识囊括了很多方面，如岗位作业的流程和程序，涉及人对机械、人对人、人对事物的种种相关关系和正确处理的方式方法。不同的职业，所要求具备的相关知识也不相同。这里的知识并不完全等同于学历。学习过程中学到的知识，仅仅是职业胜任所要求的相关知识的一部分，还有些是书本上所不能全部包括的。知识是职业胜任中最为基本的一个方面，要做到职业胜任，相关的知识储备很重要。但是，知识对于职业胜任来说，只是部分条件。也就是说，知识是职业胜任的重要组成部分，但如果要对一个人的职业胜任进行评估，知识水平仅仅是其中的一个方面。真正的绩效能否很优秀，事业能否成功，这都不是知识水平可以完全决定的。还要包括下面的技术能力、个人特质、动机水平几个方面。

(2) 技术能力。技术能力有别于知识，它是一种通过训练获得的，可以顺利完成某种工作任务的动作方式和动作系统。我们一般说的技巧就属于技术能力。技术能力和通常意义上的能力还是有所差别的。能力是一种心理特征，它的最大特点在于可以在一个人的活动中表现出来，同时又可以在所从事的活动中得到发展。能力包含了两层含义：一指对于某项任务或者活动的现有成就水平；二指个体具有的潜力，或者完成某项活动的可能性。能力是完成某种活动所必需的个性心理条件和心理特征，而不一定是现有的成就水平。技术能力指的是从知识的掌握到能力的形成和发展的中间环节。技术能力的形成和增长，对于能力的发展有着重要的促进作用。一般来说，我们可以将技术能力区分为动作技能和心智技能。动作技能指的是人体所做的一系列操作性的实际动作。如机械操作、汽车驾驶都是动作技能，动作技能和操作的熟练性、经验性有很高的相关性。心智技能是头脑中认知活动的体现，它涉及感觉、知觉、记忆、想象、思维等等心理活动，特别是以抽象思维为主。思维方式通常就是心智技能的体现。在学校中，不同专业的学生，看问题的出发点往往不同，这就是心智技能的不同。在心理学的定义中，技术能力被称为"通过学习而达到的一种行动熟练"。

(3) 个人特质。个人特质包括个性的因素以及自我形象、社会角色。特质是一种相对持久的个体行为的特征。自我形象是个体有关其身份、个性和价值的概念，是人们对于自己的知觉和认识，包括个人的价值观、对人或者对事的态度和看法。社会角色是一种因为属于某种社会团体或者组织而得到强化的个体行为的方式。目前对于个人特质最主要的测量方面，就是人格。我们通常所说的气质、性格都隶属于人格的范畴。人格这一概念可以从两方面进行界定。首先，人格是可以解释人们行为的内在因素，这些因素包括"气质"和"人际策略"。气质是一种可以由遗传控制的倾向，它可以决定个人行为的基调和心境。人际策略是个体和其他个体在交往中所形成的行为模式。这种行为模式可以在很大程度上左右人的社会行为。其次，人格指一个人的显著的人际行为特征。人的行为特征有着一定的相似性。所有的行为都会有情景的因素。在相似的情景下，可能引发相同的行为，这就是人格的外在体现。

（4）动机水平。动机是在特定领域内，驱动、指导、选择个体行为的思想。它是一种潜在的需求，是驱使个人进行选择或者用以引导个人的行为。动机水平的高低会直接影响工作绩效。动机是一种内在的、假设的结构，是工作激励的心理基础。动机和激励是不同的。动机可分为内部动机和外部动机。内部工作动机是指因为工作本身具有挑战性、趣味性等而使得个体产生的工作欲望。这种愿望的产生是由工作本身所决定的。外部的工作动机是指工作的愿望不是由于工作本身所产生的，而是由于工作以外的内容，如报酬、社会的承认等其他与结果相连的因素。这些因素导致了工作的愿望。内部动机与外部动机是共存的，在某些情况下，内部动机可以对外部动机产生促进作用。内部动机的要素主要有：自我决定、胜任、人物卷入、好奇心和兴趣。外部动机的要素主要有：评价关注、承认关注、竞争关注、对金钱或者其他物质方面内容的关注，对他人指令的关注。改变或者培养员工的动机水平是一件相对复杂和困难的事情。通过一些恰当的手段，动机是可以引导的。常见的措施有：激发工作兴趣、不断鼓舞斗志、对于原有动机的转移、充分肯定员工的绩效等。

要注意的是，职业胜任具有以下几个要素：首先，与工作绩效有密切的关系，甚至可以预测员工未来的工作业绩；其次，与工作情景相关联，具有动态性；最后，能够区分优秀业绩者与普通业绩者。因此，并不是所有的知识、技能、个人特征都被认为是胜任力，只有满足上述要素才能被认为是职业胜任。

### 3.3 职业胜任的特性

（1）职业胜任是一种潜在的、持久的个人特征。这种胜任是一种个体的潜在特征，它与一定工作中的优秀绩效有着相当强的因果关系。这是一种内在特征，不会随着情境的改变而改变。前面已经说明，职业胜任可以分为知识水平、技术能力、个人特质、动机水平四个方面。每个方面都需要有比较长期的时间进行积累。知识水平和技术能力可以随着学习或者经验的不断增加而逐步提升，但是，个人特质是相对稳定的。一般而言，个人特质较难改变，即使有变化，也是一个相对渐进和缓慢的过程。动机水平更是如此，个体的价值观，对工作的兴趣，都是基本固定的观念。所以，职业胜任是一种潜在的、持久的个人特征。

(2) 职业胜任是个体相关行为的类别。职业胜任是保证一个人胜任工作的、外显行为的维度。我们可以通过对于人的外在行为观察，从而确定职业胜任。所有的职业胜任都可以被描述为不同类别的行为，这些行为是具体的、可以观察到的、能证实的，并能可靠地合乎逻辑地归为一类。比如"敏感""主动""分析"等。所以，在确定职业胜任时，并不是无从下手，而是可以通过对于基本行为的分析来逐步确定的。所有的职业胜任都可以在外显的行为中找到，可以从行为的角度对职业胜任进行识别。动机、个性、自我形象、价值观、社会角色、知识和技能等职业胜任的构成要素共同决定了人的行为。在职业胜任的构成要素之间，那些潜在的部分（动机、个性、自我形象、价值观、社会角色）"推动"或"影响"了表面的部分（知识、技能）。这种影响，使得职业胜任作用于行为的过程乃至结果。通过可以观察到的行为指标来反映职业胜任，并且可以通过行为表现来度量。

(3) 职业胜任与工作绩效有着密不可分的关系，特别是可以对员工的绩效进行预测。职业胜任与绩效有着密切的关系。职业胜任是对于人和工作相匹配的一种纽带和联系。职业胜任的定义，就是要将优秀的从业人员鉴别出来。以优秀人员为模板，对其他相关人员进行比较和匹配，所显现出的胜任特征就是职业胜任本身。所以，对职业可以胜任的人，其绩效会是优秀的。职业胜任是可以区分出优秀人员与普通人员的。

(4) 职业胜任与工作情景密切相关。职业胜任是与工作本身分不开的。所有的工作都有相对特定的工作情景。职业胜任的建立，是基于工作情景本身的。我们可以通过工作分析去研究职业胜任，将职业胜任与工作分析结合在一起。工作中的胜任力是复杂的，我们在涉及职业胜任时，要将胜任置于具体情景中加以识别。职业胜任不是独立于工作情景，而是依赖于情景的。在具体工作活动中用到的职业胜任，可以通过员工的工作经验以获得它们的情景性。这种方法在具体工作情景下界定和描述职业胜任，非常有助于设计和指导培训及发展活动。

(5) 职业胜任的对象不仅仅面对个体员工，还可以是一个小组、一个团队甚至一个企业。不仅仅存在着员工个体岗位的职业胜任，还存在着组织核心的职业胜任。职业胜任的主要分析方法是建立职业胜任模型。职业胜任模型是指达成某一绩效目标的一系列不同胜任力要素的组合，是一个胜任力结构。胜任力结构不仅仅面对个体，在不同的组织（团队、企业）中，由于不同的组织（团队、企业）文化，都会建立起不同的职业胜任模型。不同的组织（团队、企业）对员工的要求也不同。而职业胜任与工作情景密切相关，所以，在相似的组织构建中，所处的工作环境相同，所承担的工作任务相同，其职业特征也有着相似之处。从整体上去看待职业胜任，也有其特点。

在我国，一些学者对职业胜任研究发现，东西方对于高层管理者的职业胜任也有着一定的相似性。例如，在美国，对于企业家的职业胜任模型包括：

追求成就：主动性、捕捉机遇、坚持性、信息搜寻、关注质量、守信、关注效率。

思维能力和解决问题能力：系统分析、个人成熟、自信、具有专长、自学。

影响力：说服、运用影响策略。

指导和控制能力：果断、监控。

体贴他人的能力：诚实、关注员工福利、关系建立、发展员工。

我国学者时勘、王继承等对我国企业高层管理者的胜任力模型进行实证研究表明，我国高层管理者的胜任力模型包括：影响力、组织承诺、信息寻求、成就欲、团队领导、人际洞察力、主动性、客户服务意识、自信和发展他人。在这种研究的结果中，我们不难发现职业胜任的相似性。

### 3.4 职业胜任的模型

#### 3.4.1 胜任素质模型的构成要素

胜任素质模型是指为完成某项工作或达成某一绩效目标所要求的一系列不同胜任素质的组合。组合方式就是胜任素质构建的核心。由于素质的分类还没有形成统一的标准，所以胜任素质的组合方式也千差万别。以下介绍常用的三种胜任素质模型。

第一种胜任素质模型，主要包括：

（1）领导力（可迁移胜任能力、通用管理能力）：是在多个角色中都需要的技巧和能力，但重要程度和精确程度有所不同。

（2）全员核心胜任能力（通用能力、核心价值）：是组织价值观、文化及业务需求的反映，应在全体员工身上表现出来。

（3）专业胜任能力（独特胜任能力）：是在某个特定角色或工作中所需的特殊技能。

第二种胜任素质模型，通常包括三类能力：

（1）全员核心能力：适用于公司全体员工的工作胜任能力，它是公司企业文化的表现，是公司内对员工行为的要求，体现公司公认的行为方式。

（2）职系序列通用能力：是指在企业内一个职系多个角色都需要的技巧和能力，但重要程度和精通程度有所不同。

（3）专业技术能力：指某个特定角色和工作所需要的特殊技能。通常情况下，专业技术能力大多针对岗位来设定。

第三种胜任素质模型的构成要素如图 6—1 所示。

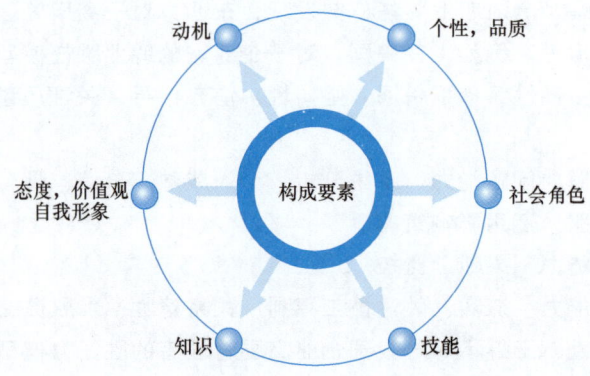

素质词典

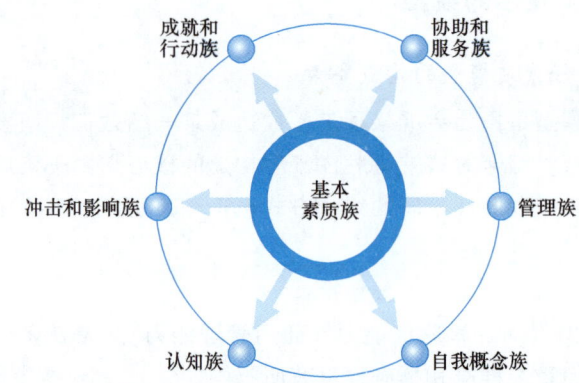

图 6—1　第三种胜任素质模型的构成要素

### 3.4.2　胜任素质模型的应用

企业在解决诸如需要招聘什么样的人才以及在何时何地招聘这些问题时，采用了基于胜任力的员工招聘和选拔、工作安置、教育培训、职业生涯计划与职业发展、绩效管理、薪酬福利等新措施。同时与组织战略与发展相结合，始终如一地培育人力资源的胜任力。

作为职业指导者，应通过了解企业人力资源胜任力以帮助被辅导者获得符合并适应企业岗位胜任力的经验。在此，以产品经理胜任力为例介绍，以供参考。

随着行业发展，产品经理这个群体在 IT 行业也越来越受到关注，各种产品交流学习组织蓬勃兴起。产品经理能力分为：产品能力和管理能力两大部分，如图6—2所示。

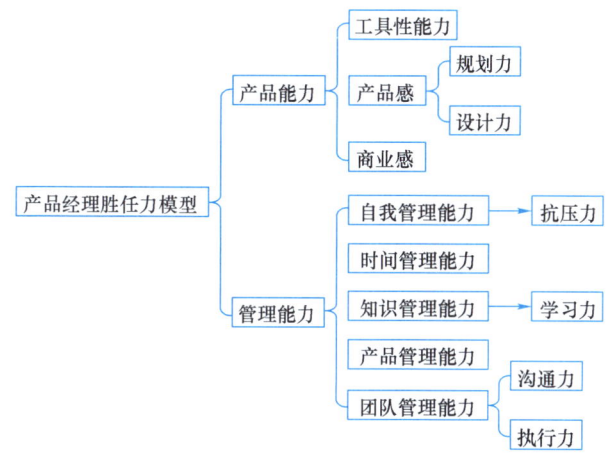

图6—2　产品经理胜任力模型

■ **产品能力**

（1）工具性能力。产品经理对产品负责，相应的产品能力必须是首要的能力，而具体素质层面，工具性能力又堪称基础性能力。在一个产品策划的生命周期中，最常见的工具一般有以下几种：word、excel、ppt、mindmanager、visio、axure。

1）Word，excel和ppt：产品经理在策划一款产品的过程中，需要同多部门进行沟通协调，于是撰写文档以提高沟通效率便成为一项重要能力，无论是撰写产品需求文档还是市场需求文档、分析后期统计数据都需要熟练使用office系列软件。

2）Mindmanager：作为常用的头脑风暴软件，mindmanager便于产品经理更好地梳理产品管理和逻辑，对于理清产品思路具有重要意义，其方便快捷的操作可以让产品经理绘制出结构和逻辑性都较好的展示图表。

3）Visio：visio作为一款优秀的流程软件，对于产品经理梳理产品内在逻辑和用户操作流程具有重要意义，特别是在产品文档撰写过程中，visio绘制的用户操作流程图可以帮助工程师更好地理解产品逻辑从而实施产品开发。

4）Axure：近年来axure凭借其优秀和交互能力和良好的操作性开始逐渐取代visio用于原型绘制，原型绘制作为产品设计的重要一环使得axure的使用能力也成为产品经理的标配能力之一。

（2）产品感。一名优秀的产品经理必须对于产品敏感，而这种敏感性就来源于良好的产品感。产品经理是一个综合性角色,既需要有开阔的视野,又必须时刻关注细节,而这些都包含在产品感里面。

（1）规划力：具备这种能力的产品经理,通常会具备很多思想家的特质。从产品外部体系上,规划力代表了产品经理对整个价值市场的认同,对企业产品线的布局,对自身产品的定位以及对每一款产品的发展思路。

（2）设计力　除了产品原型的设计,更大一部分在于是否能够根据企业战略及用户需求找到最好的契合度,规划出既满足企业商业需求又符合市场定位和用户需求的能力。产品远景规划和近期的功能规划都属于设计力的范畴。

（3）商业感。一名优秀的产品经理必须具有关注整个宏观市场环境的视野和能力,虽然在现实中大部分产品经理依旧在做执行层面的工作,对于大环境的关注可能在产品总监或更高领导层面。但是,对于一名产品经理的长期成长而言,对于整个大市场环境的关注不但可以使产品经理具有更好的产品视野,也会让产品经理在产品设计的过程中更加敏锐,可以对产品远景规划做出正确的判断。

■ 管理能力

（1）自我管理能力。产品经理作为一个协调性角色,前方需要协调包括BD、市场、销售在内的各个角色,后方又要组织协调好UED、程序等,另外,还必须承受来自用户的指责和质疑,压力可想而知。因此,从个人素质上讲,一个善于调节情绪、能够自我释放的产品经理才能经得起考验。

（2）时间管理能力。产品经理在整个产品生命周期中都扮演着核心角色,并且由于时刻需要针对不同需求去协调不同的部门,产品经理总是最活跃的角色,既要处理外部问题又要时刻紧盯产品的设计,是否具有良好工作安排协调能力对于产品经理正常完成工作具有重要意义。产品经理最怕跟各部门陷入无休止的扯皮而疲于顾及产品的核心设计工作。

（3）知识管理能力。对于互联网行业的日新月异,如果不关注市场,不关注新技术,就会跟不上时代的需求。而良好的学习能力对于产品经理而言将是保持创新活力的基础,面对不断更新的技术和产品,产品经理都能够应对自如。产品经理本身是一个综合性角色,对于市场研究、用户调研、产品策划、开发技术、品牌管理、项目管理、心理学、设计科学都有所涉猎。只有具有综合的能力,才能立于各部门的沟通中游刃有余。

（4）产品管理能力。产品经理必须对整个产品生命周期负责,从前期产品策划中协调各种资源进行设计开发,跟进产品上线,直到运营推广,产品经理都必须予以关注,以便协调不同部门安排工作。同时,在运营中对于来自各方需求以及市场的新变化都必须时刻关注以便安排产品的迭代更新。

（5）团队管理能力。

1）沟通能力：产品经理对于需求的实现都必须依赖技术和UED部门进行,

因此，良好的无授权领导力成为其是否完成工作的主要条件。此产品经理必须是一个活力角色，只有这样才能调动各部门投入产品设计和开发，从而形成一个核心的产品项目团队，产品经理不能孤军奋战。

2）执行能力：产品经理的执行能力不但指个人范围内的工作情况，也包括协调程序、UED 部门投入工作的能力，当然这一点又必须依赖于良好的沟通能力。

另外，产品经理也必须肩负一定的产品团队培养能力，使得产品梯队具有良性的接力效应。

在职业指导中，指导老师对岗位了解的广度、深度都应该多于被辅导者，除结合专业背景外，还应关注到与岗位相匹配的其他综合素质和能力，给予被辅导者明确的方向性、技术性的指导建议。

## 4 知识、技能和经验对职业活动的影响

### 4.1 知识对职业活动的影响

知识是人们在各种社会实践活动中所获得的认识和经验的总和。它涉及一个人对客观世界的总体认识与了解。知识就是指人们对各类事实、理论、系统、惯例、概念、规则以及其他一些与工作有关信息的了解。知识对职业活动的影响有以下几个方面：

（1）不同的职业对于知识的要求也是不同的。人们所从事的工作不同，所以，所需要的对于工作相应知识的了解和掌握在数量与质量上也千差万别。所有职业都需要相关的知识。出租车司机要具备汽车驾驶和维修的基本知识。机械加工工人需要相应的机械设备使用的知识，还要具备一定的看设计图纸的知识。要完成一个职位所赋予的相应的工作任务，就必须掌握生产活动中所涉及的相关知识。这些知识囊括了很多方面，如岗位作业的流程和程序，涉及人对机械、人对人、人对事物的种种相关关系和正确处理的方式方法。

（2）知识是工作者素质能力的基础。现实中所有工作的工作者，他们每时每刻都由知识驱动着。好的信息、方式、方法和思路等知识是每一个工作者的期盼。实际上，观察个体的工作活动，不难发现：工作活动就是组织中工作者对工作（内容）在发生作用。而工作者是否能作用？作用有多大效率？作用有多好的效果？这都取决于组织中工作者的工作能力，也就是职业胜任。工作能力就是认识、理解、判断、设计、行动。其中，"认识、理解、判断、设计"是素质能力，而"行动"则是素质发挥能力。工作者素质能力的全部基础是知识，所以个体获取知识的本质就是使工作者具有或增加知识，从而具有或增强素质能力。

（3）通过与业务工作紧密结合来获取知识。"书到用时方恨少"，对于个体来说，知识是无穷尽的。没有一个人可以具备所有知识。所以，首先我们要能够对知识体系进行分类，区分出什么知识是工作必需的，什么知识是进一步提高工作水平所需要的，从而有目标、分批次地对知识进行储备。要准确而有效地获取相应知识，就必须与业务工作紧密结合，或者说，一定要根植在实际工作中。这就需要首先从知识获取实施策略规划上做起，应该以逐步解决实际工作问题入手的，使知识的获取与实际相结合。另外，要从实际业务工作对知识或知识环境的需求去寻找相应的知识内容。其次，要使知识获取的方法和方式能融入业务工作活动或过程中。目前，获取知识的方式有很多种，随着互联网的进一步发展，为个体提供了非常广泛的知识平台。几乎所有的知识都可以在互联网中索取，花费的时间与精力相对而言又是最少的。

（4）知识管理成为一种新的管理基础保障手段。目前的国际管理界已经提出了一些有关职业知识管理的概念。在新的知识经济时代，最大的特征就是知识成为无限的、最重要的资源，使得经济运行脱离了过去以有限资源（土地、矿藏）为依托的经济规律。而在这个时代展开竞争的最主要方式就是拥有知识、应用知识、创新知识，而这一切都将以知识管理为基础保障手段。

关于知识管理的标准，基本上包括了3个层面的9点标准，即：

策略与规划层面：知识管理必须配合企业经营战略，并解决经营工作中的知识管理问题，以增加企业的经济效益。

组织与制度层面：建立了知识管理组织并确定了负责人；建立了知识团队，以研究和设计知识管理方法；知识管理有制度保障知识贡献和共享；知识共享为核心的企业文化正在形成。

技术支持平台层面：建立了分类存储知识的企业知识库；建立了沟通与交流的知识协作中心；建立了保证知识沉淀、共享、传播和交流的信息技术平台；建立了连接专家、领导、员工的知识网络。

## 4.2 技能对职业活动的影响

技能是个体通过一定练习而形成的能够完成一定任务的动作和智能的操作系统。技能包括了人们能够从事某种工作或完成某项任务的主观条件，它是知识具体运用的表现形式。技能包括心智技能和动作技能两种，可以通过工作的速度与精度、动作的协调性与熟练性表现出来。心智技能是头脑中认知活动的体现，涉及感觉、知觉、技艺、想象、思维等心理活动。动作技能指的是人体所做的一系列操作性的实际动作，和操作的熟练性、经验性有很高的相关。

技能对职业活动的影响主要有以下几点：

（1）不同的职业，不同的工作岗位对于技能的要求是不同的。例如，国家公务员应该具备的是从事行政职业应该具备的一般能力，如数量关系、判断推理、常识判断、言语理解与表达、资料分析等。同时，还要求其对一定的行政理论、办公规则、工作惯例、时事事实都要有透彻的了解。值得注意的是，这里所要求的技能主要表现为将知识经验转化为工作能力的程度，和运用知识经验的熟练程度及准确度。

（2）技能在很大程度上受到后天学习与实践因素的影响。技能水平的优劣，主要受两方面因素的影响：首先是遗传因素的影响；其次是后天学习与实践因素的影响。在这两者中，前者是基础，而后者则会起到决定性作用。遗传因素可被看作是智力，它是从事各种心智活动所需要的一种共同能力，是一种最基本的认知能力，影响到一个人从事一切活动的效率，但通常都是间接的。有着相同智力水平的人，其技能水平可能会有很大程度的不同，这主要取决于后天的学习与实践因素。

技能主要通过学习逐步掌握。例如，操作技能水平的几个主要测量维度是操作精度、动作协调程度、熟练程度。这些维度都要通过不断的实践才会有所提高。技能是相对稳定的，它不像智力水平那样几乎很难改变，一个人技能的积累很难影响他的智力水平，但却会影响他的能力倾向。专业知识技能可以通过强化训练在短期内提高，但是，也会由于遗忘而丧失。

（3）不同的技能水平，对于工作绩效会有着很大程度上的影响。一定的技能水平是人们从事某种职业活动必须具备的，影响职业活动效率的主要特征之一。人的工作技能是多种技能叠加和复合而形成的，它是人们从事某项职业必须具备的多种能力的综合，是选择职业的基本参照，也是就业的基本条件，是能否胜任职业岗位工作的基本要求，也是个人立足社会、获取生活来源、取得社会认可及谋求自我发展的根本。

技能水平的高低，直接影响工作绩效的水平。首先，技能水平越高，做同样工作时所花费的时间就越少，效率就会越高。其次，技能水平越高，所完成的工作任务质量就会越高；再次，技能水平越高，可以尽量避免在工作中出现问题。

知识是人们在改造自然、改造社会的社会实践活动中得到的各种经验。而技能则是人们掌握的操作系统和人们能否顺利完成各项任务的有效条件。

### 4.3 经验对职业活动的影响

个体在一个职位上工作的时间越长，经验越丰富，工作水平和绩效就有可能越好。很多研究表明，工作时间和工作成绩有着很高的相关性。工作时间越长，积累的工作经验越丰富，工作的绩效就会越好。经验影响职业活动主要包括四个方面：一是可以决定个体操作的熟练程度；二是可以减少个体对同一操作的工作时间，提高工作效率；三是可以减少个体在工作中出错误的概率；四是可以使得个体更好地处理工作中突然出现的问题。

经验与知识技能的相似性在于，经验也是主要靠后天的学习与积累而获得的。它有以下几个特点：

（1）相对广泛性。经验可以直接影响一个人在某一职业领域中多种甚至全部活动的效率。在所有的领域都存在着经验之说。

（2）相对稳定性。经验是指经过适当训练或被置于适当的环境下完成某项任务的可能性，是一种已经具备的现实条件。经验是一种已有的水平和现实，是通过大量的实践活动而得到的。

（3）潜在性。经验是无法从表面直接测量到的。我们能够了解的，仅仅是工作时间这一项指标。它可以表现为一种成功的可能性。

## 5 个体特征对职业活动的影响

个体特征包括个性的因素以及自我形象、社会角色，是一种相对持久的个体行为的特点。不同的职业活动，所要求的个体特征也是有所不同的。在各种个体特征中，对于职业活动影响最大的就是人格特征。下面就专门从不同侧面说明人格对职业活动影响。

### 5.1 从对人格的预测，看人格在职业活动中的重要性

心理学家花费大量的精力，编制各种人格测验来预测人格，说明了人格在职业活动以及人们生活中所占的重要位置。

（1）利用卡氏16种人格因素测验（16PF）进行预测。该测验的设计者是美国著名的心理学家卡特尔。他通过对各种生活情景、行为事件进行观察、测验，并对所得数据采用数理统计的因素分析法，将人的个性抽取出16种基本特征或称16种个性因素：乐群性、聪慧性、稳定性、恃强性、兴奋性、有恒性、敢为性、敏感性、怀疑性、幻想性、世故性、忧虑性、实验性、独立性、自律性和紧张性。这16种个性因素在一个人身上的不同组合，就构成了一个人不同于其他人的独特人格，相当完整地反映了一个人个性的全貌。由于其信度、效度高，实施简便，因而得到了广泛的应用，在人才素质测评、人力资源管理、职业生涯设计、心理诊断、教育指导及心理咨询方面均有相当的实用价值。

（2）利用大五人格量表（NEO PI-R）进行预测。大五人格问卷前后出现过几种，如"大五问卷"（Big Five Questionnaire, BFQ；或 Big Five Inventory, BFI）等。但目前使用最多、影响最大的还是 NEO Personality Inventory-Revised（NEO PI-R）。Costa 和 McCrae 编制 NEO PI-R 的初衷是要建立一种能够测量广泛范围内的个体差异的、多用途的人格问卷，用以理解和预测广泛范围内的效标，

如职业兴趣、健康和疾病行为、心理适应以及应付风格的特点等。Costa 和 McCrae 根据每一个人格维度的含义，按自上而下的原则，确定出每一个维度所包含的重要的特质或层面，再编写句子描述反映这一层面特点的行为和思想。这样，Costa 和 McCrae 就构建了一个由 5 个维度、30 个层面（每个维度含 6 个层面）、240 个项目（每个层面含 8 个项目）组成的综合性人格问卷——NEO PI-R。5 个维度分别是：外向性、愉悦性、公正性（责任心）、情绪性（神经质）、开放性。

### 5.2 从人格对绩效水平的影响，看人格在职业活动的重要性

人格对绩效水平有着一定影响，特别是在某些特定的职业中，其影响更为明显。很多研究表明，人格成为进一步对绩效进行分析的一个维度。随着人格测评的发展，一些研究开始使用人格维度作为绩效测评的一种预测指标。在一些特定行业中（如管理人员、销售人员等），人格的影响就更加显著。当然，在实际中还要考虑很多其他因素对绩效的影响。一些研究结果还表明：人格中的"责任意识"维度可以预测跨职业的工作绩效，但是"责任意识"对工作绩效的影响是直接的还是间接的，这一点并不十分清楚。尽管如此，他们还是认为，高责任意识的个体，是有计划、有组织、有目的的，这些特征将导致他们设置目标；进而，高责任意识者是成就导向的、勤奋的，并且有高的自我期望，这些特征将导致他们设置困难的目标；再者，高责任意识者具有负责、可依赖、能坚持的特征，将导致他们对目标较高的承诺。这些研究结果可以进一步说明人格在职业活动中的作用。

另有研究进一步表明，人格测验在对经理人员、职员和销售员这三种职业的评测中，有一定程度的预测效果。责任心的维度可以在跨职业的测量中有效预测整体的工作绩效。并且，外向性在对经理人员的整体绩效的测量中效果非常好。基本上，每个人格指标均有比较高的预测效度。

有学者提出一个有关领导者的人格特质模型。他们认为，优秀的领导者应该具有热情、乐群、自我肯定、活跃和观念开放 5 个特质。很多的研究报告中，外向性都作为预测销售人员业绩的有力指标。通常，销售人员的人格特征表现为情绪比较稳定，在困难和挫折面前不容易焦虑和气馁，承受能力强，相对比较外向、热情、乐观、自信心较强、独立性较高，成就动机高，自律性强。大五人格中的责任感通过设定目标，并坚持实现目标来影响销售代表的职务绩效，而外向却不对绩效产生影响。同是销售工作，主动上门推销与被动等待顾客，批发与零售等不同销售方式对销售人员的要求是不同的。

总之，这些研究都充分说明了人格对职业活动的影响，也从一个角度证明了个体特征对职业活动的影响。

## 内容小结

1. 工作分析是指通过系统性的方法，对工作（岗位）本身以及任职者所需的知识、技能、条件进行分析，以获得工作描述和工作规范的过程。

2. 工作分析的基本流程包括：工作分析的准备阶段→工作分析的实施阶段→工作分析的结果形成阶段→工作分析的应用与反馈阶段。

3. 职业胜任是指在职业工作的活动中，与相应职业要求所对应的能力要求。职业胜任包括知识水平、技术能力、个人特质和动机水平4个要素。

## 关键概念

| | | |
|---|---|---|
| 工作分析 | 工作描述 | 工作规范 |
| 工作职责 | 工作任务 | 岗位说明书 |
| 职业胜任 | 知识水平 | 技术能力 |
| 个人特质 | 动机水平 | 人格 |

## 问题与应用

1. 什么是工作分析？工作分析的作用有哪些？
2. 如何将工作分析的结果应用到职业指导中？
3. 工作规范是什么？
4. 如何从职业指导的角度看待职业胜任？
5. 职业胜任包含哪些要素？这些要素具有怎样的意义？
6. 从某一职业出发，分析知识、技能、经验以及个性特征对该职业有什么样的影响？

ZHIYEZIXUNJICHU

## 第三篇
### 职业咨询基础

# 第7章 心理咨询基本知识

## 1 心理咨询的基本概念

### 1.1 "心理咨询"的定义

心理咨询（counseling）的发展已经有近百年的历史，但对于心理咨询的定义，各家各派莫衷一是，时至今日还没有哪一个定义得到咨询工作者的一致认可。下面列举一些比较具有代表性的观点。

罗杰斯（Rogers）指出，心理咨询是咨询员与来访者直接而持续的接触，借此帮助来访者改变行为和态度。

威廉姆逊（Williamson）认为，心理咨询是A（咨询员）与B（来访者）两个人面对面的情境，由受过专业训练、具有技能且得到对方信任的A，去帮助需要解决适应问题的B的过程。

吉拉德·伊根（Gerard Egan）认为，心理咨询是指以当事人为中心，调动和培育当事人的内在积极性或当事人的自我责任，有效地处理问题并发展机会。

帕特逊（Patterson）指出，心理咨询是一种人际关系。在这种关系中，咨询员提供一定的心理气氛或条件，使来访者做出选择，解决问题，并且形成有责任感的独立个性，从而成为一个更好的人和更好的社会成员。

通过分析咨询工作者对心理咨询的不同看法，结合职业咨询的特点，在本教材中，我们对心理咨询所下的定义如下：心理咨询是由受过专业训练的咨询员运用心理学方法，通过会谈，帮助来访者解决问题，促进其适应和发展的过程。

### 1.2 心理咨询的特质

美国著名心理学家福特（Ford）和阿本（Urban）认为心理咨询有四个基本特质，具有一定的代表性，主要观点如下：

（1）心理咨询是咨询员与来访者面对面的沟通，包括倾听、言语的表达和非言语的表达，如姿势、眼神、点头、摇头、皱眉等。这种沟通关系建立在咨询员与来访者彼此信任的基础上，由于来访者在咨询过程中会表达出内心深处的困扰及一些个人隐私，所以这种谈话内容需要高度保密，不应被第三者知道。

（2）沟通方式一般以言语表达为主。咨询员与来访者互相交谈，来访者谈论自身的情况，如感受、想法、情绪、行动等，以及发生在来访者身上的实际事件及其反应方式；咨询员则认真倾听，同时做出适当的反应，引导来访者做深层探索。双方共同思考，共同讨论，共同分享彼此的感受。

(3) 沟通一般具有长期性的特点。心理咨询的目标是改变来访者的认知与行为，也就是说，希望通过心理咨询，来访者能及时领悟并改变其对现实的曲解，进而改变自己的行为，而这一目标的达成往往需要相当长的时间。

(4) 咨询员与来访者之间的关系建立在改变来访者的认知与行为上。在咨询过程中，咨询员全身心投入到与来访者的互动关系中，尽最大可能促使来访者改变；来访者不必曲意迎合咨询员，而是要致力于改变自己。

### 1.3　心理咨询的类别

分类标准不同，心理咨询的类别也不相同。按照咨询内容进行分类，心理咨询可以分为以下几类：

(1) 教育咨询。所谓教育咨询，是指由受过专门训练的咨询员或学校咨询教师对有关教育的问题进行咨询。教育咨询大致包括学业咨询、升学就业指导、生活咨询等。咨询的具体内容因儿童、青少年及成人而异。

(2) 职业咨询。职业咨询是指根据个人的要求，协助个人选择职业、准备职业、安置就业并在职业上获得成功的过程。职业咨询必须全面而准确地把握来访者的生活，以了解其人格与现实社会的符合程度。为了达到这个目的，就要进行个性调查，譬如进行职业性向测验、人格测验等。此外，还要提供关于职业的详细信息，实施咨询面谈，安排就业及追踪咨询等。

(3) 适应咨询。适应是指环境与个体间的平衡状态，也就是说个体的要求得到满足，所有功能都非常正常的状况。在心理咨询中，个人适应问题主要包括社交上的焦虑、经济上的困扰、健康问题、性格上的问题、能力不足、家庭不和、恋爱与结婚、工作上的问题、交友问题、人生观和信仰问题等。

(4) 人事咨询。人事咨询是企业人事管理的一环，具有重要功能。希望通过人事咨询，做到人职匹配，使每一个员工从工作中得到最大的满足，并且为企业做出最大的贡献；另一方面，使人事部门能够在工作分配、工作环境的调整以及挖掘员工潜能上，尽最大的努力。

### 1.4　心理咨询的理论

#### 1.4.1　精神分析理论

精神分析理论由著名的心理学大师弗洛伊德（S. Freud）所创立，该理论的核心是强调个体一切行为的基础都有无意识活动的参与，把个体心理上出现的困扰视为早期不幸生活经历的产物，因此，强调精神分析师需要关注个体童年的生活经历。在心理咨询中，精神分析理论强调让来访者能够理解和领悟目前困扰与早年创伤之间的联系，个体的这种理解与领悟就是心理问题的解决方法。

精神分析不仅是一种理论学说，也是一种心理治疗的方法。由于在患者那里，早期痛苦的经历已被压抑到潜意识当中，很难自我察知。精神分析师的工作也就自然地集中到帮助患者去探究自己的潜意识，挖掘出隐藏于其间的病因。

自由联想是精神分析方法的核心。在应用这种方法时，精神分析师首先让患者躺在椅子或沙发上，使其处于充分放松的状态，然后引导患者讲出出现在头脑中的每一种想法，无论这种想法看上去是多么荒谬、可笑、不合逻辑或令人难堪。按照弗洛伊德的解释，充分的放松状态可令被压抑的潜意识的内容逐渐地浮现于意识的层面。通过分析患者在自由联想时所谈及的材料，精神分析师便可发现深藏于潜意识的致病原因。

梦的分析是探索潜意识的另一种方法。精神分析师把梦看成是直接通往潜意识的康庄大道，任何梦都可分析为显相和隐相。显相是指那些人们能记忆并描述出来的内容，分析师要借助它来探求深埋其下的被压抑的冲动、欲望、观念等，即所谓的隐相。

此外，移情分析也是精神分析疗法的一项关键性技术。所谓移情，是指患者把自己原先对某人（通常为父亲或其他具有重要影响的人）所具有的情感转向了精神分析师。移情可通过多种方式表现出来，如体现于自由联想及梦的内容之中或直接的语言表述等。精神分析师认为，透过移情分析，可使患者洞悉深埋于内心的对某个或某些"重要人物"所特有的看法、情感或反应。这对于发掘对患者有影响的早年与他人的重要关系极为关键。

### 1.4.2 认知行为理论

认知行为理论的主要代表人物是贝克（Beck）和埃利斯（Ellis）。认知行为理论认为，个体不是受事情的困扰，而是受到他们对这些事情看法的困扰。该理论强调，科学的方法最能使我们取得有关自己、别人及世界的知识。科学的方法是先有一个问题，再以各事件的关系形成一假设，然后以观察及测量来试验假设，以证明是否有此事，且其是否为真。例如，对于来访者陈述的每一种想法，适宜的提问常常是"你相信是真的吗？证据在哪里？"咨询的过程主要是使其获得正确资料及证据，以建立正确的、自助的想法。

在职业指导中，认知行为理论的运用体现在直接指导咨询的方面。直接指导咨询认为咨询员是专家，地位优越，而来访者是不成熟的，无法全部承担为自己选择咨询目标的责任，因此，咨询员应为来访者选择咨询目标，并且指导来访者努力达到这一目标。此学派认为，咨询应帮助个体解决一切问题，所以咨询员更倾向于对来访者的问题进行工作，一旦症状消除或问题得到解决，咨询就算成功了。直接指导咨询的代表人物是美国心理学家梭恩（Torne）。

梭恩主张把人类过去所积累下来的庞大科学资料和技术统整为一个实践体系，这个体系远远超出个别知识、技术集合，它应当为心理咨询所用，成为心理咨询的知识基础和技术渊源。

（1）需要进行统整的知识与技术。根据梭恩的观点，心理咨询必须利用一切知识与技术。那么，究竟要统整哪些知识与技术呢？

最重要的是要统整心理学各派的知识与技术。例如，精神分析学提供的无意识与压抑的理论、性心理的发展学说、人格构成学说及神经症的心理病理学说；行为主义心理学提供的条件作用原理与模仿学习的重要知识；完形派心理学提供整体观的知识。尤其要重视分散的分析与咨询（distributive analysis and treatment）理论中的概念，因为这些原理涉及来访者问题形成的原因。所以，要对来访者的成长史进行细致分析，并且用心理测验了解来访者的学习能力，基于这些，咨询员可以获得解决来访者问题的最有效途径，来访者也不必浪费许多时间去试误。

（2）不良适应的原因及咨询的目的。梭恩认为认知因素是不良适应的首要原因，其次为感情因素带来的问题，诸如反应性情感障碍以及挫折所形成的习惯性不良反应等。前者较后者的发生频率高，咨询也较容易，只要消除或改变刺激，即使没有进行咨询，不良适应也会自动解除。在这种情形下，咨询员如果对引起不良适应原因的认知因素加以重视，则咨询较能取得有效结果。因此，在诊断上，究竟是由于情绪混乱而导致不良适应，抑或是由于不良适应而导致情绪混乱，必须加以明确。

人类行为既然是由于无意识的、情绪的、冲动的因素而决定的，不良适应也应当是这些生理的或机械的因素所导致。换句话说，是由于生长力受阻，或者在意识上不能加以统整，而引起不良适应。如果认为认知因素将决定行为，则有效利用认知能力就可以解决问题。

因此，一般认为不良适应是由未能利用认知能力解决问题引起的。人类在幼儿时期就开始学习用认知能力去解决问题，借此可以预防不良适应。由此，在咨询上，就需要注意再教育的问题。也就是说，认为咨询基本上是一种训练的情境，在此学习之前，未必需要解决情绪的因素。由此，梭恩认为咨询的目的是充分利用认知能力，代替情绪的、冲动的行为，产生合理的行为。为了达到这个目的，就必须使用指导性技术，为困扰中的来访者指明方向，只凭非指导性技术难以奏效。

后来，梭恩更重视咨询的学习因素。他强调咨询的效果必须通过学习心理学来说明。因为他认为任何咨询均可分为下列两种：一是设置容易学习的条件；二是设置基于学习心理学的适当训练情境。

综上所述，直接指导咨询是基于这样一种假设，即认为新的适应行为的学习有赖于认知因素的最大限度的利用，认为心理健康要通过学习或再学习解决问题的训练才可以获得。除非是较轻微的心理疾病，解决问题不能完全听凭来访者。因为事实告诉我们，光凭来访者本身的力量是不足以应付的。因此，咨询员必须承担起指导学习过程的责任。

（3）直接指导咨询的咨询过程。直接指导咨询非常重视咨询过程的把握，认为咨询过程是分为若干阶段的，每一个咨询阶段，必须解决这个阶段应当解决的问题，超越这个阶段，不遵循这个规律，都会影响咨询效果。这个过程一般划分为6个阶段。

1）建立友好关系。虽然是指导式咨询，但咨询员与来访者之间，仍需要建立友好关系。也正因为是指导式咨询，更需要先建立良好的信任的人际关系，使双方能够融洽会谈，使来访者能够接纳咨询员的说明、解释、劝告和指导。因此，友好关系是促进学习新行为的基础。

2）接纳与松弛。鼓励来访者基于接纳而松弛被压抑的情绪。来访者所表现的情感中，凡是适度的、切合实际的都应被接纳。这一点就像友好关系一样，不仅构成容易学习的条件，并且给来访者提供凭自己的能力就可以解决问题的机会。

3）客观讨论不切实际的态度。在充满友好和关爱的气氛中积极讨论来访者不切实际的情感、想法或有偏差的态度及认知方法。所有讨论都需要从实际出发，必须避免主观的、批判性的讨论，这是因为来访者能够凭自己的力量改正错误或矛盾的观点。

4）提供新的态度或解决方法。首先让来访者提出对于问题的解决方法，然后向其提供新的态度、思考方式或解决问题的方法。这些是来访者过去未曾想过的崭新的解决问题的方法与态度，由此可以拓展来访者的视野，让来访者学会从多个角度看问题。

5）活动主题。对于来访者每周应实施的活动主题，其内容必须非常明确、具体，根据该主题再拟定活动的行为目标。

6）新人生观。直接指导派的最终目的，在于改变来访者的人生观。换言之，使来访者获得新的、正确的人生观。在这最后阶段，咨询员着重协助来访者建立新人生观，方法是根据来访者的人格特征，利用所有的资料，以最现实的方法加以讨论。

综上所述，直接指导咨询要求咨询员具有卓越的洞察力、专业知识与技术，有时候甚至需要发挥创造力。一言以蔽之，就是要把所研究、所提倡的一切可以信赖的理论与技术，应用在解决来访者的问题上。

### 1.4.3 人本主义理论

人本主义理论是美国心理学家卡尔·罗杰斯于20世纪50年代创立的，也被称为以来访者为中心的心理咨询。

(1) 人性观。

1) 人是自我实现者。罗杰斯认为人类有一种成长与发展的天性，能不断朝着理想的目的前进，具有自我实现的倾向。他曾说："人类给人印象最深刻的事似乎就是其有方向性的那种倾向性，倾向于朝着完美，朝着实现各种潜能的方向发展。"基于这种观点，以来访者为中心咨询的基本原理就是使来访者向着自我调整、自我成长和自我实现的的方向迈进。

2) 人的主观性。罗杰斯认为："人基本上生活在个人的和主观的世界之中，即使他在科学领域、数学领域或其他相似的领域中具有最客观的机能，这也是他的主观目的和主观选择的结果。"在这里，他强调的是人的主观性。每个人都有其对现实的独特的主观认识，这是其对真实世界感知翻译的结果，所以，罗杰斯认为人们反对那种认为只能以单一的方式看待真实世界的观点。因此，来访者中心咨询的理论强调了人的主观性的特征，认为每个人都是独特的，由此保全了每个来访者的主观世界存在。

3) 对人的其他看法。罗杰斯认为人是具有社会性、理性的动物，人基本上是善良的、诚实的、有责任的、可信赖的。人有了解自己与解决自己问题的潜能，不需要借外在的力量加以塑造，如果环境适宜，条件成熟，每个人都有能力与别人和谐合作，使自己健全发展。

(2) 自我概念的理论。

1) 自我与自我概念。罗杰斯认为，自我概念不同于自我，自我指来访者真实的本体。自我概念主要指来访者对自己的知觉与认识。自我概念并不总是与一个人的真实的自我相同的。例如，一个身高1.62米、体重只有40千克的女士，她的自我即真实的本体可以说是相当得瘦，但她的自我概念即对自己的看法却可能认为自己是一个相当胖的人，说不定还要去减"肥"呢！当自我与自我概念的实现倾向一致时，人就达到了一种理想的状态，即达到了自我实现。

2) 自我概念的成分。一个人的自我概念包括以下3个部分：自己的态度与情感，这是个体在成长过程中直接经历的，并且符合自己的价值观的经验与体验；符合他人的价值观，但已全部内化为自己的经验与体验；符合他人的价值观，但未被完全内化为自己的经验与体验。

自我概念的第三部分往往使个体的那种想要得到别人积极评价的需要与他自身的经验发生矛盾和冲突。罗杰斯举过一个例子，一个小男孩打了他的弟弟，感到打人很快活，但这不符合父母的价值观，于是受到了惩罚。由此，小男孩可能得出不恰当的体验，即"我认为这种行为不是令人满意的"。这种不正确的评价是建立在他人评价之上的，称为价值的条件化。如果想完全内化，他必须改变自己的态度和相应的价值观，这样一来，他的真实经验就被歪曲了。但是，一个人的自我概念需要有一致性和整体性，如果被越来越多的价值的条件化所取代，而又觉得似乎是自己的价值，那么，自我概念就会受到威胁，甚至分裂。这时候个体会感到紧张、焦虑和恐惧。为了阻止经验与自我的不一致形成明确的意识，就要建立防御机制来维持平衡。一旦防御机制失控，人就会产生心理失调，出现烦躁、焦虑和各种异常行为。

（3）咨询师的3种重要态度。来访者中心咨询不太注重咨询的技巧，但很注意咨询关系。罗杰斯曾言："当一个为许多困难而苦恼的人来找我时，最有用的方法是创造一个使他感到安全、自由的关系，目的在于理解他内在的情感，接受他本来的面目。制造一个自由的气氛，使他的思想、情感沿着他要去的方向发展……"为了创造一个安全、自由的咨询关系，咨询员除了有平等的态度之外，还需要具备以下3种非常重要的态度：

1）真诚（genuieness）。所谓真诚，是指咨询员表里如一，不隐瞒自己的情感和态度，不矫揉造作，使来访者觉得咨询员是诚恳而有人情味的。这是消除咨询关系上的障碍，促使来访者成长的最基本的条件。咨询员与来访者进行真诚的交流时所应注意的事项如下：

超脱角色。这是指咨询员不必囿于自己的专业角色，无论是在生活中还是在咨询关系中都应当是真诚的。

自由交流。咨询员与来访者的言语交流与行为应是自然而然的，不应受某些规则或技术限制。

非防御的态度。咨询员要努力理解来访者的消极体验，帮助他们从纵深方向对自我进行探索，而不是只顾抵御消极体验对自己的影响。

一致性。指咨询员应言行一致，表里如一。

自我暴露。指咨询员通过言语与非言语行为表达自己的情感和态度，并和来访者公开讨论。

2）无条件的积极关注（unconditional positive regard）。无条件的积极关注是指咨询员对来访者的关注态度是没有任何条件的。无论来访者讲的是对还是错，表现的是积极的情感还是消极的情感，咨询员都要表示出对来访者的接纳，尊重他的自身价值，不加评价。它包含两个重要因素：一是承认来访者是有自身价值的人，在咨询过程中，不断给予关怀与照顾；二是上述行为是无条件的。有好多来访者的情绪问题，主要应由他自己负责，那么，在这种情况下，如果咨询员对来访者缺乏无条件的尊重，就容易对来访者产生不满甚至否定情绪，从而使心理咨询过程受阻，严重的甚至中断咨询。

来访者中心的咨询家认为，咨询员应当尊重来访者表达任何意见与情绪的权利，要帮助来访者就必须尊重来访者个人，相信来访者具有成长的潜力，相信他们具有自我指导的能力，支持他们去发展自己的潜力，支持他们发展其独特的自我。

3）共情（empathy）。所谓共情，是指"体会来访者的内心世界，如同自己的内心世界一样，但永远不能失去如同这个词。"也就是说，咨询员以设身处地的立场去体会来访者的内心世界。

咨询员对来访者的共情表现在两个方面：一是咨询员的非言语性行为，即咨询员通过姿势、表情、语气、语调、与来访者的目光接触等，反映出对来访者的理解。因此，咨询员应当善于运用自己的身体语言表达出对来访者的关注与共情。二是咨询员与来访者的言语交流，即深入理解来访者言谈话语所反映的情感和思想，并传达给对方，以影响对方并得到反馈。

## 2　个体咨询的主要技术和方法

### 2.1　咨询关系建立的技术

#### 2.1.1　具体化技术（concreteness）

具体化技术是指在咨询过程中，咨询员协助来访者清楚、准确地表述出自己的观点，所经历事情的具体细节，澄清所体验到的情感等。具体化技术可以促进咨询员对来访者有更准确的了解，同时也帮助来访者更清楚地了解自己的问题、困扰和感受。当咨询员觉得来访者对问题的叙述含糊不清，过分概括化，而咨询又进行到必须对此问题做出深入探讨时，均可使用具体化技术。例如：

来访者：我再也不想见到她了，我把她当作自己的知心朋友，对她一片真诚，没想到她竟为了自己出卖我，太让人寒心了。

咨询员：你们之间似乎发生了一些事，让你气愤不已。能告诉我到底发生了什么事情吗？

使用具体化技术时，咨询员必须事先专心倾听来访者的叙述，明确具体化的方向，尤其是来访者的叙述中有一个以上含糊不清的地方时，咨询员要根据自己的判断选择关键性的内容，让来访者进一步具体描述该细节。

#### 2.1.2　立即性技术（immediacy）

立即性技术是指在咨询过程中，咨询员对来访者的言语和非言语行为有了感觉与想法时，就用直接、开放的方式跟来访者讨论，让来访者即刻知道。因此，立即性技术多用于咨询员帮助来访者注意"此时此地（here and now）"的情况，让来访者不要过分地注意过去和将来。尤其当来访者的言行涉及咨询关系时，咨询员要对此迅速做出反应，也就是说，咨询员对来访者与自己的咨询关系要十分敏感，对来访者提问自己的言语、行为、情感应予以必要的反应，从而有助于会谈过程的进行和咨询关系的深化。例如：

（在第 N 次咨询中，来访者不断地打断咨询员的反馈，让咨询员无法把话全部说完。）

咨询员：我发现你今天一直不让我把话说完，让我觉得很不舒服。这跟你平常的行为不太一样，似乎在你身上发生了什么事情，不知道我的感觉对不对？

### 2.1.3 面质技术（confrontation）

面质技术是指咨询员向来访者直接指出其存在的混乱不清、自相矛盾、实质各异的观点、态度或言行。一般用于下列几种情况：来访者的真实自我与理想自我之间相互矛盾；来访者的行为、认知和情绪之间相互矛盾；来访者的行为可能危害自己或他人的利益；来访者使用防御策略；来访者没有觉察到自己的能力限制。例如：

来访者：我不喜欢我妈妈一天到晚对我唠叨，要我好好念书。我知道她比我更紧张，因为她怕我考不上重点高中害她没有面子。其实，我一点都不着急。虽然我每天花很多时间看电视，可是我心中早就有一套完美的读书计划。考试离现在还有两个月，我打算在最后一个月才开始看书，每天看16个小时，每天读完3本书。到考试前一天，我就可以将所有的书复习两遍。

咨询员：考试快到了，你妈妈整天唠叨，让你觉得很厌烦。其实你早就有一套读书计划，所以对考试充满信心。你说在最后一个月才要开始看书，每天看16个小时，看完3本书。我不知道你的身体如何，能否每天坚持16个小时，而且要连续坚持一个月？另外，16个小时是否能够看完3本书？如果这些书你都还没有复习过，你的计划恐怕不容易实现。

### 2.1.4 沉默技术（silence）

沉默技术是指在咨询过程中，因为某些原因，来访者无法继续所谈的内容而停顿下来。例如：

来访者：前天我很生气地骂了我女朋友一些话，她听了之后一句话没说，很伤心地离开了。

咨询员：你骂了她哪些话？

来访者：我……我……（沉默约40秒钟）

咨询员：刚才当我问到你骂了你女朋友哪些话时，你欲言又止，然后沉默不语，不知道在那段沉默的时间里，你都想了些什么？

卡瓦纳（Cavanagh）将沉默分为 3 种形式：创造性沉默、自发性沉默和冲突性沉默。3 种沉默具有不同的表现形式和不同的处理方法。创造性沉默是来访者在咨询过程中，对自己刚刚说过的话所体验到的感觉的一种反应。标志性动作是来访者的眼睛凝视空间的某一点。此时，咨询员最好注视着来访者，等待一会儿，不要立即开口说话。自发性沉默是指来访者不知下面该说些什么而出现的。常见于咨询初始阶段，典型特征是来访者的目光游移不定。如果咨询员判断出这是一种自发性沉默，就要立即有所反应来打破沉默，否则来访者会越来越紧张。冲突性沉默可能是由于来访者感到害怕、愤怒或者愧疚引起的。冲突性沉默对咨询关系具有破坏性，因此咨询员要以真诚为原则，与来访者就沉默这个现象进行开诚布公的对话。

### 2.2 倾听或参与的技术（listening skills or attending skills）

#### 2.2.1 询问（asking question）

询问是指咨询员为了鼓励来访者做更多的表达，在必要情况下，配合来访者的问题与咨询目标，提出相关问题询问来访者。一般分为开放性问题与封闭性问题。

（1）开放性问题（open question）。开放性问题没有固定答案，允许来访者自由地表达，因此来访者可能提供较多的信息。开放性问题常常运用包括"什么""怎么""为什么""能不能""愿不愿意"等词在内的语句发问，让来访者对有关的问题、事件给予较为详细的反馈，而不是仅仅以"是"或"不是"等几个简单的词来回答。

（2）封闭性问题（closed question）。封闭性问题有明确、固定的答案，来访者只能就事实状况加以回答。例如，"你结婚了吗？""你有几个孩子？"。封闭性问题具有收集信息资料并加以条理化、澄清事实、缩小讨论范围、获取重点等功效。但是，过多使用封闭性问题，会使来访者陷入被动回答之中，压抑来访者自我表达的愿望和积极性，使其沉默甚至有被审问一样的感觉。

#### 2.2.2 鼓励（encouragement）

咨询员用简短重复来访者的话或仅以简单的应答声如"嗯""噢""讲下去""还有吗""是这样""后来呢"等，甚至用点头、扬眉等非言语行为，鼓励对方进一步讲下去或强调对方所讲的某部分内容。鼓励可以使来访者感到咨询员在全神贯注地听自己讲述，对自己非常尊重，因此鼓励有助于促进会谈，使会谈继续进行下去。另外，通过咨询员对来访者所述内容的某一点、某一方面做选择性鼓励与关注而引导来访者的谈话朝向某一方向的纵深部位进行。

### 2.2.3 简述语意（paraphrase）

简述语意是指咨询员用自己的话，简单扼要地将来访者所表达的内容反馈给来访者。这项技术可以帮助来访者更好地了解自己，使来访者有机会再次剖析自己的困扰，重新组合零散的事件和关系，从而深化会谈的内容。例如，

来访者：我从来不喜欢跟别人斤斤计较，结果，往往吃亏的人是自己。而且，时间一长，别人都认为我不会反抗，不把我放在眼里，对我指手画脚。

咨询员：因为你不喜欢跟别人计较，所以别人便不在乎你、占你便宜。

简述语意技术要求咨询员尽量不要重复来访者的话，而要用自己的语言；此外，咨询员所反映的内容要避免加入个人主观看法，即不得超越来访者叙述的内涵，但也不得遗漏来访者的重要想法与感觉。

### 2.2.4 情感反映（reflection of feeling）

情感反映是指咨询员辨认来访者言语与非言语行为中明显或隐含的情感，并且反映给来访者，协助来访者觉察、接纳自己的情感，也让咨询员更正确地了解来访者。例如：

来访者：谁都说继母难当，我当时就是不信。我认为只要有爱心，把她当成是自己亲生的孩子，与她相处应该不难。没想到不管我怎么做，就是无法讨好她，博得她的欢心。

咨询员：你得不到他前妻女儿的欢心，觉得很泄气，有点后悔当初的决定。

一般而言，对来访者情感的反映常包含这样一些内容："你"或对方的名字和情绪的名称，例如，"你觉得很气愤""每次你说话时你丈夫心不在焉就会使你感到特别恼火"等。

## 2.3 影响来访者的技术（influencing skills）

### 2.3.1 解释（interpretation）

解释是指由咨询员根据对来访者问题的了解，提出各种可能的分析与说明，以增加来访者对自己言行的自我觉察与领悟。解释可以根据各种不同的心理咨询理论，也可以根据咨询员个人的经验。例如：

来访者是大三女生，小时候一直随姥姥在农村生活，常常被同村小朋友的欺负。长大后与人相处不是太好，没有知心朋友。喜欢与别人谈自己感兴趣的事情，如果谈论的话题自己不太了解就会感到索然无味，常常借故离开。

对此，心理分析法的解释就会追溯来访者的童年经历，认为来访者由于小时候受到他人欺负，与人交往缺乏安全感，用逃避的方法解决受欺负问题，长大后与人交往仍旧如此。当谈论自己不知道的内容时，常常一走了之。所以，没有知

心朋友源于无意识中的安全感的缺乏。而行为治疗的解释会从另一个角度出发。行为治疗法认为与人交往令来访者感到紧张、焦虑，但采用逃避措施后，紧张、焦虑的情绪状况有所缓解。最初在无意识之中可能是这样做的，慢慢形成了条件反射，以后一遇到类似的情景，来访者就会采取同样的逃避措施以缓解焦虑和紧张的心情。

2.3.2 信息提供（information giving）

信息提供是指在咨询过程中，咨询员为了协助来访者了解问题、做出决定，或规划行动解决问题时，在必要的情况下，提供给来访者相关信息。例如：

来访者为28岁男性，中专毕业。来访者因为不断变换工作，无法长时期待在同一个工作上而求助。咨询员发现，来访者找工作时，通常通过朋友、亲戚介绍，而没有考虑自己的能力、兴趣和性格等相关因素，以致无法找到志趣相合的工作。

来访者：我一直认为，要找到合适的工作，就要不断尝试各种工作。不过，毕业后到现在已经换了十来份工作，仍然不晓得自己适合做哪种工作，心里烦闷得很。

咨询员：听起来你似乎不了解要找到合适的工作，需要一些相关的信息，如有关自己、工作、社会等的资料。我建议你到书店买一些有关的书籍来阅读，先了解想找合适的工作，需要考虑哪些因素，这样或许可以帮助你早一点解决问题。至于你可以阅读的书籍，包括……

2.3.3 暗示、说服和劝告

在心理咨询过程中，利用暗示、说服及劝告等技术，促使来访者学习更新的、更适当的行为。

（1）有效利用暗示、说服和劝告的原则。

1）最低限度地应用。这些技术只限用于来访者有症状存在的情况，如果毫无选择地使用这些技术，不见得有效。

2）使用不能操之过急。除了紧急情形之外，只有等到问题明确以后，才能使用这些技术。在咨询的初期，要以接纳的态度面对来访者，以期形成友好的咨询关系；在后期，信任的咨询关系稳定后，才能利用这些技术。

3）使用不应过于频繁。这些技术必须保留到处理重要问题时才实施，如果连不重要的问题也使用，其价值将大大降低。

4）避免掺杂情感因素。譬如道德的、批评的、评价的态度均须避免。对来访者的问题应该把握其基本点，避免情感因素掺杂在内。

5）要使来访者分担责任。使用上述技术的目的，旨在使来访者面对从前所未注意到的、新的、其他的解决办法，扩大来访者的视野。因此，决定行为过程的最后责任，应该由来访者负起。

6）要避免权威主义。上面所列举的暗示、说服、劝告，并未包括命令或强迫。因此，不应有蛮横或独断的态度。

（2）暗示、说服和劝告的表达方式。怎样的言语表达方式是最有效的暗示、说服和劝告，迄今为止没有客观的研究。然而，根据实际经验，最好以安静、间接的方法进行，以免导致咨询员与来访者之间的关系恶化。以下列举的是适当的表达方式与不适当的表达方式：

1）适当的表达方式。

我想这个问题的不同看法是……

让我们想一想这是不是唯一的解决办法。

你认为这是唯一的解决办法吗？

这是不是最好的办法，值得怀疑。

你认为要……就应该怎样呢？

2）不适当的表达方式。

我认为你应该……

让我告诉你应该怎么做。

如果我是你，我就会……

这是最好的方法。

我希望你能够做……

你应该如此如此。

### 2.3.4 自我暴露（self-disclosure）

咨询员讲出有关自己的信息（如情感、思想、经验等），与来访者共同分享。一般有两种形式：一是咨询员告诉来访者自己在咨询过程中对其言行问题的体验；二是咨询员暴露与来访者所谈内容有关的个人经验。

来访者：我觉得男人理应撑起一片天。如果他不想办法挣钱，而总是让我这么辛苦地工作，我早晚会崩溃的。

咨询员：我非常理解你的心情。坦率地讲，我老公每月挣的工资也不多，家里家外的事儿也都由我操持着。尤其是在自己工作压力较大、身心感觉将被透支的情况下，也产生过结束婚姻的念头。但……

### 2.3.5 逻辑推理（logical consequences）

咨询员根据来访者所提供的有关信息，运用逻辑推理的原则，让来访者认识到其思维和行动可能产生的后果。通常的表达方式为"如果……就会……"这一类的条件句。

例如，面对重大考试的时候，"如果你每次都要想一番，那么微不足道的小事也会关系重大，影响情绪。""其实，对某一件事，越注意它越容易出现，等于是强化。"

## 3 团体咨询的主要技术和方法

### 3.1 团体咨询的概念、价值和局限性

#### 3.1.1 团体咨询的概念

团体咨询是在团体情境下提供指导与帮助的一种心理咨询形式，即由咨询人员根据求助者的类似问题或困扰组成团体，通过共同讨论、学习与训练，解决求助者的发展问题或心理障碍。它是相对于个别咨询而言的，主要让求助者在团体交流互动中观察体验，学习新的观念，尝试新的行为，获得认识自我、改善自我的能力。

团体咨询通常由1~2位咨询人员主持，称为团体指导者，参与的求助者称为团体成员。团体的规模因咨询目标而异，考虑到咨询效率一般安排10~20人。通过多次活动，成员讨论共同关心的问题，互相支持，既加深对自己的了解，也了解了他人，从而改善了人际关系，提高了社会适应性，促进了人格的成长。

#### 3.1.2 团体咨询的价值

（1）影响广泛。团体咨询是一个多向沟通的过程，对每个成员来说，都存在着多个影响源。通过多重反馈，成员将得到更多的信息，可以从多个角度了解自己。每个成员不仅接受他人的帮助，也可以帮助其他成员。此外，团体咨询过程中，成员之间相互支持、共同探讨解决问题的方法，减少了对指导者的依赖。

（2）效率高。团体咨询过程中，一个指导者可以同时指导多个成员，讨论团队共同的问题，了解成员多方面的情况，这样既增加了咨询人数，又节省了咨询的时间、人力与物力，提高了咨询的经济效益。

（3）效果容易巩固。美国著名心理咨询学家柯瑞（Corey）指出："团体咨询提供了一种一致的生活经验，参加者能把它应用到日常生活中与他人的互动中。"

团体咨询创造了一个类似真实的社会生活情景，为成员提供了社交的机会。成员在团体中的言行往往是他们日常行为的复制品。在充满信任的良好的团体气氛中，成员可以尝试与他人建立协调的人际关系。如果能在团体中有所改变，这种改变会延伸到团体之外的现实生活中。也就是说，实践的结果会迁移到日常生活中。

### 3.1.3 团体咨询的局限性

柯瑞指出，团体咨询有如下的局限性：

（1）团体咨询不是唯一或全能的咨询方法。

（2）团体压力可能会使成员放弃自己的原则而向团体的标准妥协。

（3）有人会过分依赖团体，而把参加团体咨询本身作为目的。

（4）不是所有的人都适合参与团体咨询。那些极端内向、害羞、自我封闭者不宜参加。

（5）有人把团体作为表现自己可怜、求得他人同情的地方，聊以自慰。

此外，团体咨询的局限性还表现在：在团体情境中，个人深层次的问题不易暴露；个体差异难以照顾周全；成员可能会受到伤害；在团体咨询过程中暴露的一些个人隐私可能被泄露；团体咨询对指导者的个人素质条件要求较高，尤其是人际沟通与组织协调能力方面，不称职的指导者会给团体成员带来消极的影响等。

## 3.2 团体咨询的过程和任务

由于团体的类型不同，目标不同，因此各个团体都有自己的活动过程。但是，无论何种形式的团体咨询，大体上要经过四个阶段，即起始阶段、过渡阶段、成熟阶段和结束阶段。

（1）起始阶段。这一阶段团体的主要任务是：成员间尽快消除陌生感，互相交往，建立信任感，逐步形成团体的凝聚力；制订团体活动规范；签订契约；规定团体的纪律，如不得无故迟到、早退、缺席，不得在团体外随便谈论成员的秘密等。

起初，因为参加团体咨询，陌生的求助者聚集在一起，每个人既想了解别人，又想了解指导者，想知道他怎样指导团体以及他对每个成员的态度。通过一些言语与非言语的交流，成员开始交往。但这种交往是谨慎的、试探性的，轻易不会暴露自己，而是尽量寻找和别人相似之处，寻找共同语言。

随着活动的进行，成员之间的关系开始深入。成员变得愿意表达自己的情感，对团体的目标表示认同，团体的凝聚力和信任感慢慢形成。

在这一阶段，有些成员常担心自己的言行不被他人接受，而显得小心谨慎。有的成员会故意表现出令人不快的言行，想试试团体是否接受他所有的行为和情绪以及团体是否安全。有的成员为了避免冷场而滔滔不绝地说话，占用了大部分时间。有时候，团体还可能会出现沉默、令人尴尬的气氛。有一部分成员会产生否定的情绪，诸如对指导者的言行感到不满，对指手画脚的人或一言不发的人感到厌烦等。

（2）过渡阶段。这一阶段团体的主要任务是：处理成员的焦虑与期待；澄清团体的负面情绪和冲突；了解并指出成员冲突的真实寓意，使成员能有效地解决其消极情绪。

在过渡阶段，团体中会出现各种各样的抗拒，成员的焦虑程度和自我防御都很强。这时候的成员普遍有矛盾心理，一方面担心自己遭到别人的拒绝，为了追求安全而把自己伪装起来；另一方面又特别想冒险说出自己心中的话。因此，成员显得小心谨慎，不敢贸然投入团体的活动。对于团体指导者，成员也会仔细审视是否值得信赖，甚至公开挑战，以试探指导者能否适当处理问题。

这时的团体指导者必须冷静、沉着地面对，主动而真诚地关心每一个成员，协助他们了解自我防御的行为方式及处理冲突的方法，鼓励成员谈论与此时此地有关的事情，协助他们成为独立自主、有责任感的一员。

（3）成熟阶段。这一阶段团体的主要任务是：在充满信任、理解、真诚的团体气氛下鼓励成员探索个人的价值观与行为，深化对自我的认识，解决问题，尝试新的行为。

在这个阶段，团体的凝聚力已达到很高的程度。成员充满了安全感、归属感，互相支持，真诚地关心他人。成员从自我探索与他人的反馈中尝试改变自己的生活，并得到其他成员的支持与鼓励。此时，指导者也必须开放自我，共同分享感受，并使成员在团体进行过程中集中注意力，朝向团体目标和个人目标做有益的改变。

（4）结束阶段。这一阶段团体的主要任务是：使成员能够面对即将分离的事实，并协助成员整理、归纳在团体中所学的，使之应用于日常生活，引导成员继续成长。

在结束阶段，由于即将分离，一些成员心中充满离愁别绪。指导者要趁此机会，引导成员讨论对分别的感受，让成员认识到分开是不可避免的，为正式的离别做好准备，并认真总结整个团体咨询过程，协助成员做出个人的评估，鼓励成员充满信心去面对生活，也可以听听成员对团体咨询的意见、感受，以便总结经验。

### 3.3 团体咨询中常用的技术

#### 3.3.1 团体咨询的基本技术

（1）反应的技术。

1）倾听。倾听是最基本的反应技术，是指咨询人员要用心去听，设身处地去感受，不仅听懂对方通过语言表达出来的内容，还要听出对方的言外之意，即通过非言语行为表达出来的信息。作为团体的指导者，进行倾听是一项复杂的任务，因为需要倾听许多人说话，而不仅仅是那个正在发言的人，应用的主要技巧是扫视全体成员，观察他们非言语的姿态，特别是面部表情和身体的状态。倾听不仅能掌握成员的情况，也有助于建立良好的咨询关系。

［示例］

　　成员老张："我求职没有太多要求，只希望挣的钱越多越好……干什么都无所谓。说句实话，像我这样的家庭，妻子要长期吃药，孩子要上学……各种费用加起来，如果一个月挣不到 3 500 元，很难正常生活。"他伸出粗大的手指，一件一件地细数着。

　　团体指导者边倾听，边点头，促使成员甲说出了薪金待遇要求的客观理由。同时，指导者也注意到其他成员也在认真倾听。

　　团体指导者：从你们的反应中，我猜想你们对老张的家庭生活深有感触，或许，你们中的一些人也有类似的想法。

2）复述。复述不是简单地重复对方所说的话，而是专注他的谈话后，以更明确、更恰当的方式重新描述对方传递的信息，包括把信息简化、突出重点并准确反馈。复述中体现了咨询人员的理解、分析、判断和概括能力，有助于成员更清楚地了解自己的感受。作为团体指导者，有时需要对个体成员应用复核技巧，有时需要对两个或更多成员针对同一话题所发表的观点进行复述。

［示例一］

　　成员小李：我后悔上大学时没有好好学习专业课，导致工作后力不从心，频频出错，最终不得不离开 IT 行业。迫于生活压力，我坚持做了 3 个月的保险代理人，可业绩考核让我无法喘息，再次丢了饭碗。看来，我必须要学门技术了。

　　团体指导者：您认为导致自己就业难的主要原因是没能珍惜学习机会，以致没有一技之长。

［示例二］

　　成员老林：找工作太难受了，真不愿意到那些地方去，好像觉得我在乞求他们给我工作机会。

　　成员老郑：是啊，我也有这样的感受。所以，我宁愿待在家里，一想到要去面对那些自以为是的接待人员我就感到害怕。

　　团体指导者：听你们两人所说，你们在找工作过程中最困难的事情是处理低人一等的感受。我想知道其他人找工作时是否也有类似的感受？

3）澄清。团体成员有时没有整理好思绪，未能明确地表达自己的感情，显得含糊不清；或者表达能力较弱，表述不清。此时，指导者需要澄清成员想表达的意思，使之具体化、清晰化，从而使成员更好地了解自己。澄清也是为了整个团体的利益，使团体成员在讨论中受益。

［示例］

成员小顾：现在工作不好找，我参加了一场面试，面试官说我的专业与岗位不对口，这家单位离我的住处很远，所属行业倒是与我的专业对口，不知道这场面试的结果会怎样？

团体指导者：你刚参加了一场面试，虽然这家单位离住处很远，你还是希望被录用，但是，从面试官的现场反馈来看，这场面试的结果让你担忧。那么，你知道，单位要求专业与岗位对口是硬性条件吗？

（2）互动的技术。

1）建立关系。指导者应当具备真诚、无条件的接纳、尊重、共情等基本态度，使每一位成员感到温暖、安全，从而在团体中开放自己，形成互相信任的团体气氛，增强团体的凝聚力。

［示例］

团体指导者：虽然，大家的性别不同，失业的原因不同，家庭条件和背景也不同，但都处于"上有老，下有小"的年龄，都是学历不太高、技能也不精的人，都是在家里闲不住的人。既然来了，那就请大家谈谈任何你认为重要的或愿意谈的内容。

2）解释。解释是指导者对成员的言语或非言语行为赋予意义的过程，目的在于帮助成员自我了解，并引导成员改变行为。当成员对团体的活动或他人的行为有所曲解时，解释是必要的。解释要采用清晰、准确、简洁的语言。

［示例］

团体指导者：当面试官问到"你们还有什么问题要问"的时候，我们的求职者说"我就想问这个岗位能挣多少钱"。

团体成员听完指导者的举例后，不约而同地笑了。

团体指导者：是的。这样的问题确实有点唐突，但当事人并没有意识到。你对面试官正确的提问应该是能够显现您对该公司的关心，或能够体现您的综合分析能力的问题。

3）联结。联结是指团体指导者将成员的某些共同感受加以衔接，使之产生关联，或者把成员未察觉到的一些片段资料加以串联，增加成员间的相互认同，并且提供重新审视个人资料的机会，促使成员领悟，最终导向行为的改变。

[示例]

团体指导者：刚才有人说，想给孩子找份安稳的工作；有人说，孩子要求不高，只要离家近些；还有人说，希望孩子的工作有发展前途。大家都是孩子最亲最近的人，都希望孩子能够少走弯路，少遇挫折。但是社会在变，形势在变，"一步到位"的观念也要随之转变。经历就是财富。放开手，给孩子更多的选择，才是家长们的明智之举。

4）促动。促动是指团体指导者采取措施促使团体成员共同参与，或介绍一些重要资料给团体成员的一种技术。团体咨询过程中，需要提供一些资料包括活动过程的说明、活动方式以及团体咨询相关知识的介绍。

[示例]

团体指导者：精彩的笑容是练出来的。"微笑训练"的方法：把双手放在自己的眼前，眼睛放光，徐徐地打开，手掌向上，向上的同时感到自己在慢慢提升，找一种快乐的感觉（找到工作了，发工资了，中奖了……）托住下巴，八颗牙齿有吗……

5）沟通。沟通是互动最重要的技术。从广义上讲，沟通包括所有人与人之间的交往技巧。从狭义上讲，沟通主要是指说话的技巧。当团体指导者的言行无法被成员领会甚至被误解时，指导者就不可能向成员提供有效的帮助。因此，团体指导者应不断提高沟通技巧，准确表达自己的想法，使每个成员都能正确理解与接纳。通过反馈，可以了解成员是否正确把握指导者的意见。

[示例一]

团体指导者：我这样解释，大家能听明白吗？我的语速怎么样，需不需要再放慢一些……

[示例二]

团体指导者：让我们依次用"在这里""正努力到这里""不在这里"的词语进行回答。也就是说，你是将注意力集中在我们团体的讨论上，还是在想别的事情？如果，你的注意力在这个团体上，就说"在这里"；如果，你的思想在别的地方，就说"不在这里"，不要害怕说出"不在这里"，我只是想了解你们来参加这个团体是不是还要顾及其他的事情或工作任务；如果，你感觉自己正在将思想集中到这里，你可以说"正在努力到这里"。

6）鼓励。团体成员在开始面对自己的心理困扰时，往往会表现出一定程度的抗拒，变得不愿意坦率地表达，或吞吞吐吐，或顾左右而言他，有的甚至沉默不语。此时，团体指导者要对成员进行鼓励和支持，表扬其优点，肯定已取得的进步，增强信心，直面问题。

[示例一]

　　团体指导者：看得出，您在边思考，边回答。虽然语句不算流畅，但是和第一次相比，有很大进步。来，再放松一点，您说得会一次比一次好。

[示例二]

　　团体指导者：你似乎有些犹豫担心，不知能不能在这里讲一些心里话。请放心，我们将不带批判性地倾听彼此之间的发言，我们到这里来并不是要批评任何人，我们都在试着互相支持和帮助。

　　（3）行动的技术。

　　1）提问。提问的问题需与成员自身状况有关。例如，成员目前的生活状况、愿意努力并改变的内容、愿意承担的责任。提问可以引导成员深入思考，探索自己的内心世界，了解自己可以改变的领域，掌握行动的方向。

[示例]

　　团体指导者：从事销售行业，薪金待遇确实客观，但同时也会面临很大的业绩考核压力，这点大家都清楚吧？

　　2）面质。当成员在态度、思想、行为之间有矛盾时，团体指导者应明确指出，并要求回答，这就是面质。面质的意义在于直接向成员指出其存在的混乱不清、自相矛盾的观点、态度或言行，而不是告诉成员他做错了或说错了，目的是促进成员自我思考，勇敢面对现实。面质时要表现出接纳与认可的态度，否则成员会感到受攻击和威胁。一般在以下几种情况下需要运用面质：成员所说的与所做的不一致；成员的理想自我与现实自我不一致；成员前后言语不一致；成员与指导者就某个问题的意见不一致。

[示例]

　　团体指导者：您认为对组织的忠诚很重要，但您为什么要频繁跳槽呢？（成员所说的与所做的不一致）

　　团体指导者：您想成为一名出色的外交官，但为什么觉得与人打交道是一件很痛苦的事情呢？（成员的理想自我与现实自我不一致）

　　3）调停。调停是对团体活动所采取的干涉行动。目的在于保护成员不受极端的刺激，防止具有破坏性的行动。需采取调停行动的情况有：成员的反应含有强烈的敌意；大部分成员的意见不正确；团体成员被迫接受团体的决定；团体气氛过分紧张以及成员过分顺从。

[示例]

　　团体成员A：年龄大怎么了？我好歹也干过多年的车间管理，凭什么就说我不行？

团体成员 B：现在就连招用个工人也要大专学历，我们这些没学历的甭活了。

团体成员 C：你们政府部门到底管不管呀？

团体指导者：请大家安静下来，不是所有的用人单位都是这样的。优先安置年龄偏大、学历较低的求职者，是能够获得政策补偿的，在适合的岗位上，大多数企业还是愿意招用你们的。

4）聚焦。聚焦是指把团体咨询的主题集中到与团体有关的内容上。在团体咨询过程中，当成员出现漫无边际的高谈阔论或者袖手旁观、漫不经心时，团体指导者必须采取行动，把成员的言行拉回到团体活动的主题上。

［示例］

团体指导者：我们今天的主题是"如何推销自己"，重点分析的是自己的优势，而不是讨论自己就业难的原因，更不是声讨用人单位的不规范行为。所以，请大家结合岗位要求，找到自身与岗位相匹配的优势特点。

5）示范。示范是指通过电影、录像及指导者、同龄人的示范行为，为团体成员提供学习的榜样，通过模仿榜样的行为矫正不良行为。在团体咨询中，团体指导者的言行始终是团体成员的模仿对象，所以，团体指导者要注重自己的一言一行。

［示例］

团体指导者：大家都想参加企业培训师的面试。这个岗位和我们职业指导岗位有许多相同之处。职业性格要求我们适应当众讲话，掌握沟通艺术，乐于换位思考……过于胆怯、直接和固执己见是不可取的。

### 3.3.2 团体咨询过程的技术

从团体咨询发展过程来看，团体咨询的技术由五个方面组成，即组成的技术、起始的技术、过程的技术、结束的技术和追踪的技术。

（1）组成的技术。组成的技术包括建立目标的技术和成员构成的技术。建立的目标应该是具体可行、切合实际的，同时是可评估的。目标建立后，应该让团体成员充分了解，准确把握，使团体咨询沿着一个共同的方向发展。成员构成的技术是指如何选定恰当的人数，如何确定团体的性质，如同质还是异质，开放还是封闭，志愿还是非志愿等问题。成员组成不同，导致的结果也不同。其中成员的筛选是关键的一环。选择成员时，最好的方法是以面谈的方式进行双向沟通，交换意见，决定去留。柯瑞建议用询问的方式，问他们参与团体的理由、对生活的看法、对团体及指导者的期望、对团体性质及目标的认知以及个人希望探讨的问题等。这样的个别面谈非常重要且有用，不仅可建立初步的信任，也可帮助排除害怕的情绪，为团体的进行奠定基础。

（2）起始的技术。起始技术就是指尽快地、有效地使团体成员互相认识，初步形成团体凝聚力所采取的技术。例如，以微笑握手、自我介绍、名字串联等破冰方式，打破人际交往中的怀疑猜忌、隔阂疏远，使成员互相了解，减轻焦虑和不安，放松心情乐于交往且互相学习。起始技术有言语的形式和非言语的形式，活动方式多种多样。每个团体在选取起始技术时，要根据团体的性质及成员的特征而定。

（3）过程的技术。过程的技术是指维持和发展团体，并有效地促进成员改变的技术的总称。前面所述的三种基本技术即反应技术、互动技术、行动技术都应包括在内。如果单从过程的发展看，还可以分为引导参与的技术和解决问题的技术。

1）引导参与的技术是指指导者能够根据成员的个人需要进行指导，能够提供足够的资料，激发成员深入思考，促进相互间的沟通，以选定最佳的解决问题的方法。因此，团体指导者要协助成员讨论并决定团体的事务，向每一个成员提供参与的机会，不使过于活跃的人抢占团体活动的所有时间，也不使拘谨的人作壁上观。

［示例］

团体指导者：张华，我想请你先停一停，过会儿，你可以补充，我发现王莉一直在认真倾听你的发言，看起来她对你所说的深有同感。让我们给她一个发言机会，包括其他人有什么感想都可以一一发言。王莉，你想说些什么呢？

2）解决问题的技术是指成员能正确评估自己的能力，积极做出符合价值观的决定，减轻心理压力，使身心有效适应社会生活。在团体咨询中，指导者若提供给成员比较合理的解决问题的原则，将有助于成员处理生活问题。这些原则是：正确的观察；以分析与综合的方法解释观察的结果；证明结论的正确性。团体成员在团体中运用这些原则，不断学习与改进解决问题的技术，将使自己多方面受益。

［示例］

团体指导者：工作环境中好的人际关系都需要努力，尤其是刚到新环境中的第一年，不了解同事们的行事风格，差异化会不断出现，要尽量避免矛盾冲突。当然，在开始的第一年必须努力营建人际关系并不意味着它不是一个好工作。我给大家提供一个方法可以应用到工作中，人际关系的构成主要是人、财、事，对人，多倾听、少言语、多观察、少妄动、多请教、少犯错；对财（工资待遇等），不打听、不比较、不计较；对事，多练才能熟练，熟练就能老练。

（4）结束的技术。团体咨询的结束是自然而然的，当团体预定的目标达到时，团体结束的时候也就到来了。一般来说，团体的结束可以按下列步骤进行：团体指导者做简要的回顾与总结→成员反思自己在团体中扮演的角色，自己的切身感受以及期望是否达到等→明确今后该如何行动，即如何在生活中巩固团体咨询的效果。

（5）追踪的技术。追踪技术是指在团体结束后相当长的一段时间内，追踪团体成员，检查咨询效果所采用的技术。一般的追踪方法有：结束时，给一定数量的备忘录，成员在家定期填写，按时寄回；团体指导者定期登门拜访，了解情况；团体成员定期聚会，交流经验等。

## 4 家庭咨询的主要技术和方法

在日常的职业指导过程中，常常需要借助家庭咨询的方法来解决个体的择业与就业问题，常用于大学生及特困就业人员两大群体。如，在家长坚持陪同子女面试时，在家庭成员代替个体进行就业决策时，在强化咨询指导的效果时……都需要借助家庭咨询，引导家庭成员倾听个体的内心需求，为个体创造自行思考抉择的空间，培养自主自助的就业意识，从而达到间接指导的目的和效果。

系统家庭咨询的理论和技术是20世纪60年代从西方发展起来的。与传统个别咨询不同，家庭咨询属于广义的集体心理咨询，即咨询师面对的是拥有"病人"的整个家庭。其特点是，把焦点放在家庭各成员之间的人际关系上，不大注意各个成员的内在心理结构。家庭疗法的主要理论观点是把家庭看成一个私人性的特殊"群体"，需从组织结构、沟通、扮演角色、联盟与关系等观念和看法出发，以了解这个小群体，并且依据"系统论"的观点来分析这个家庭系统内所发生的各种现象。其出发点在于某家庭会经历各种发展阶段（如结婚、生育、子女离家等）。若某阶段在家庭结构、组织、交流、情感表露、角色扮演、联盟关系及家庭认同等方面出现不适应现象，影响到家庭的心理状态，并且难由家人自行改善或纠正时，宜寻求帮助及辅导，于是家庭咨询由此产生。

家庭咨询的目标在于，协助一个家庭消除异常或病态的情况，以便能执行健全的家庭功能。所谓"健全"，是指应有健全的家庭结构，适当的领导、组织与权威分配，没有散漫或独权现象；成员间的角色清楚且适当，没有畸形的联盟关系；有良好的沟通，能维护成员之间的交流；成员之间有情感交流，相互提供感情上的支持，能团结一致对付困难；对内有共同的"家庭认同感"，对外有适当的"家庭界线"。一个健康的家庭在其生活中能有适当的家庭仪式与规矩，也有家人共同生活的重心与方向。

本节之所以介绍这部分内容，主要意图是通过理解家庭咨询的理念和技术，将这方面的成果应用于社区指导、特困就业人员指导等方面。

### 4.1　家庭咨询的适应范围

（1）子女有青少年适应障碍的家庭，此类情况最为常见。

（2）有重性精神病（如精神分裂症）成员的家庭。其咨询目标有两种：首先有利于患者的病情康复，减少复发；其次减少亲属的照料负荷（心理上的压力及苦恼）。

（3）家庭中其他影响心理状态的人际关系紧张，包括夫妻关系（见婚姻咨询）、亲子关系、婆媳关系等各成员间的人际冲突。

特别需要指出的是，我们所涉及的家庭咨询，主要是为了解决由于就业而带来的诸如家庭和婚姻关系。很多人正是由于失业的问题，而带来了很多婚姻、家庭问题。我们主要利用家庭咨询这种方法对其进行帮助。

### 4.2　家庭咨询的方法与技术

（1）结构性家庭咨询。家庭结构包括成员间的沟通方式、权威的分配与执行、情感上的亲近与否、家庭角色的界限是否分明。找出上述结构中的偏差并进行纠正是该咨询的重点所在。评估结构问题，可用"家庭形象雕塑"的技巧来测定各成员的心理知觉，咨询者可让各成员排列各自心目中家人的位置及距离远近，再开展针对性的咨询。

（2）动力性家庭咨询。心理分析理论认为，家庭当前的问题起源于各成员（尤其是父母）早年的体验，咨询者的任务是发掘咨询对象的无意识的观念和情感，与当前家庭中行为问题的联系，通过深层心理及动机的分析了解使他们恢复"自知力"，着手改善情感表达，满足与欲望的处理，促进家人心理成长。

（3）行为性家庭咨询。着眼于可观察到的家庭成员间的行为表现，建立具体行为改善目标和进度，充分运用学习的原则，给予适当奖赏或惩罚，促进家庭行为的改善。

（4）策略性家庭咨询。着眼于改进认知上的基本问题，首先对家庭问题的本质有动态性的了解，建立有层次、有次序的咨询策略。例如，孩子依赖母亲的近因是母亲的娇宠，使孩子"永远长不大"。而由于夫妻间缺乏温情，使妻子的重心一直放在孩子身上，寻找寄托，这是远因。咨询则应从远因即父亲（丈夫）角色开始进行帮助，从而促使家庭成员采取积极行动，解决家庭问题。

### 4.3 家庭咨询中所要注意的问题

（1）关注家庭命运，善用求助动机。在很多的家庭中，往往有一个极有权威的人（多是父亲或母亲），他（她）的价值观成了家庭的强势力量，并且往往符合社会当时的正面价值。从正面看，我们把这种力量理解为家庭对自身命运的强烈关注；从负面看，这是一种强加于家人的"超价观念"。这种家庭内部弥漫着紧迫感和压力。

在很多出现上述问题的家庭中，父亲（母亲）和子女往往处于冲突状态。一般是权力和自尊方面出了问题。通常是强的一方（如父亲）以权力控制弱的一方（如儿子），促使其完成家庭使命。如果不管儿子做得如何，只要努力了就给予肯定和赞扬，问题就较少出现。相反，在这种冲突中，如果弱方总是得不到奖励和肯定，而是受到强大的压力和控制，他就会感到没有出路，转而采取消极的适应性行为，这就构成了症状。

从家庭整体的角度来看，这种心理问题是病人对家庭命运的压力的不良反应；从冲突双方的角度来看，症状是对父亲（或母亲）滥用权威的抗拒或妥协。为什么用症状来解决冲突呢？国人对血缘、亲情、归属和孝道的价值观的敬畏和依赖是根本原因。也就是说，冲突的双方无论是热战（争吵），还是冷战（不交流），都离不开这个家。

对上面的问题，适宜的方法是，将家庭的这种力量转化为促进新变化的动力。一是，可采用"以退为进，请君入瓮"的策略。先向"权威"请教他的历史经验，慢慢引出他的失败教训，促其反省。也可以谈论父亲或母亲在儿童、少年时代，受到其父母表扬和鼓励时的情景和心情。二是引导"权威"关注自己的身体健康，把权力交给第三方。三是布置家庭作业，让家庭成员在小事、琐碎事、无关原则的事情上展开对话和交流，或者安排定期的家庭会议进行"表扬，互相表扬"，以代替"批评，互相批评"。使家庭成员学会容忍不同的价值观及尊重别人的愿望，家庭成员间的控制和对抗的冲突减弱，个体独立负责的倾向加强。

（2）适当尊重来访者的传统就诊习惯和思维方式。系统式理论和方法来源于西方，其疾病观和疗病方式与我们所习惯的方式存在巨大差异。会谈中我们会发现，某些文化程度较低的家庭，很难摆脱"直线性因果论"的疾病观和现行的疗病习惯。有的患者会觉得医生的提问很难理解，很怪，莫名其妙。某些家庭就诊时有过于依赖医生，将问题简单化的倾向，表现为对咨询师提出的问题不求甚解，随意应付，整个会谈过程像是一出"假意合作"、接触不良的糟糕游戏。有些家庭对全家参与会谈存在很大抵触，他们会抱怨"谁有病治谁，找那么多人干什么？"可见，家庭咨询师在展开会谈前要对咨询方式多做些说明，要注意家庭对这种咨询方式的接纳程度。适当尊重传统的就诊习惯，在家庭熟悉的、能理解的水平上进行会谈。

（3）善用家庭的实际生活事件作为咨询资源。咨询师仅仅用"构建现实"的方式刺激家庭变化是不够的，同样重要的是细心观察家庭在生活中或不远将来可能的生活变动，并善用之。

（4）注重积极变化，淡化未解决的问题。传统的咨询方式总是揪住病症不放，但系统式的咨询提供了多角度、全方位讨论家庭系统各种变化的可能性。每次会谈开始，要先讨论个人作业的完成情况，以循环提问的方式讨论新的感受和发生的变化，总结良性的结果，使大家自然地产生参与意识。让家庭中的每个成员都"悄悄"地感受到在这种咨询中"自己受益"，每个人都有参与的必要，而不是来陪绑。

这样很容易消除大家的负性情绪，减少对症状的过度关注。每个人都谈论他所看到的积极变化，加起来的效应就是总体大于部分之和，使人感到已经有了这样多的好变化。于是本来一家人准备诉苦，结果却构建出一个没有意识到的乐观现实。这种努力有时会很自然地迁移到来访者的日常生活中，有效减轻家庭的消极情绪，强化对积极变化的关注。

（5）掌握好会谈的节奏和时间。一般家庭的就诊习惯是急功近利、心急火燎，咨询师受其影响有时也会不自觉地快起来。但实际上，控制好节奏是很重要的。每次不仅要谈症状方面的事情，还要谈非症状方面的事情。要引导来访者广泛谈、深入谈的兴趣。

要注意时间，每次会谈时间不宜太长。即使求助动机很强的家庭，如果会谈时间超过2个小时也会产生厌倦。会谈时要及时改变方向，不宜在某个问题上停留太久，留到下次谈也许会更有好处，特别是对症状的病史的探讨，分几次谈有利于保持咨询动机。如果不能够很好地掌握节奏和时间，可能会对下次会谈造成人为的阻抗。

要使家庭真正体会到，家庭是一个自我组织的生态系统。患病是每个人必然经历的事情，是家庭必须应付的事情，也是每个人的能力和潜力再发现的过程，是无意识地使权力再分配的过程，是和家人亲和的好机会，是达到良性循环的又一次调试。是促进家庭成长的一次磨炼。一次次地谈下去，家庭也许就会产生深刻而久远的变化。

——内容小结——

1. 心理咨询的四个基本特质主要是：面对面的沟通、言语表达为主、长期性的特点以及改变来访者的认知与行为。

2. 心理咨询按照内容分类，包括教育咨询、职业咨询、适应咨询和人事咨询。

3. 心理咨询师应该具备的三种重要态度是真诚、无条件的积极关注和共情。

4. 影响咨询关系的技术主要包括具体化技术、立即性技术、面质技术和沉默技术。

5. 团体咨询的价值，即影响广泛、效率高、效果容易巩固。

6. 家庭咨询的适应范围：（1）子女有青少年适应障碍的家庭；（2）有重性精神病（如精神分裂症）成员的家庭；（3）家庭中其他影响心理状态的人际关系紧张。

7. 家庭咨询的方法与技术包括：结构性家庭咨询；动力性家庭咨询；行为性家庭咨询；策略性家庭咨询。

8. 家庭咨询中所要注意的问题：关注家庭命运，善用求助动机；适当尊重来访者的传统就诊习惯和思维方式；善用家庭的实际生活事件作为咨询资源；注重积极变化，淡化未解决的问题；掌握好会谈的节奏和时间。

———— 关键概念 ————

| 心理咨询 | 教育咨询 | 适应咨询 |
| --- | --- | --- |
| 人事咨询 | 精神分析理论 | 认知行为理论 |
| 直接指导咨询 | 人本主义理论 | 自我概念 |
| 真诚 | 无条件的积极关注 | 共情 |
| 具体化 | 立即性技术 | 面质 |
| 沉默 | 开放性问题 | 封闭性问题 |
| 情感反映 | 解释 | 信息提供 |
| 团体咨询 | 家庭咨询 | 集体心理咨询 |
| 结构性家庭咨询 | 动力性家庭咨询 | 行为性家庭咨询 |
| 策略性家庭咨询 | | |

———— 问题与应用 ————

1. 通过观摩或倾听一段心理咨询的谈话，感受心理咨询与日常谈话的区别。

2. 举一反三，依据倾听与参与的定义，分别列举案例分析心理咨询师运用的各种技术及其有效性。

3. 寻找一个心理咨询个案，分别运用精神分析理论、认知行为理论和人本主义理论解释个案的问题，并写出咨询方案。

# 第 8 章 职业咨询基本知识

## 1 职业咨询的概念

### 1.1 "职业咨询"的定义

所谓职业咨询（vocational counseling）是指运用心理学等方法，协助当事人更好地解决在选择职业、安置就业和职业发展等方面遇到的问题。在职业咨询过程中需要采取一些专门的技术，协助当事人正确认识自己、认识当前的社会，发现自己的才能、特长与短处，不断挖掘潜力，增强挫折承受能力和市场竞争能力，提高与完善自我，在职业生涯中获得成功。

### 1.2 职业咨询的发展历史

（1）职业咨询产生的历史背景。在传统的农业社会，勤奋的工作加上对家庭的忠诚，是社会所赞同的职业观和价值观，子承父业，被普遍视为美德。工业革命以后情况有了急剧的变化，主要表现出以下特点：劳动场所与家庭分离、新兴职业快速更替、社会职业专门化、两性职业刻板化消失、职业打破性别界限等。如果说第一、二次工业革命是向人们的生理极限挑战的话，那么，第三次工业革命（系统论、信息论、控制论）就是向人们的心理极限提出了挑战，高新科技的飞速发展，使社会分工变得越来越细，新兴职业不断涌现，职业选择的机会与被新职业取代的机会并存，社会竞争越来越激烈，人们的心理压力越来越大，由此孕育了职业咨询。

（2）早期职业咨询的兴起。1907年，作为美国密歇根州一所公立学校的总监，戴维斯首创了系统的职业辅导计划，为现代学校心理咨询开了先河。1908年，帕森斯在波士顿进行了类似的开创性工作，创办了波士顿职业辅导局，1909年出版了《选择职业》，第一次阐述了科学的职业选择理论，至今仍有重大影响，被后人尊称为"职业辅导之父"。

随着心理学的成熟和心理测验引入职业咨询，职业心理学产生了，并逐渐成为一门新的独立的学科。职业心理学是研究与人们选择、从事和转换职业有关的个体心理差异及特点的科学，它凭借对个体一般能力、特殊能力、体力、兴趣、爱好、气质等评估的材料，指导人们科学选择职业。职业心理学的创立奠定了职业咨询的心理学基础。

1905年比纳—西蒙心理测验量表出现以后，心理测验引起了人们的广泛兴趣。第一次世界大战期间，美国心理学家把团体测验应用于陆军智力测验，以防止低能或不合格的人进入部队，并使更合格的人担任更重要的职务。20世纪30年代以后，能力倾向测验得到了发展，瑟斯顿1938年发表了"主要心理能力"的论文，他把人的职业能力概括为7种，即知觉速度、推理能力、词语理解、词语流畅、空间知觉、记忆和计算能力。根据这个观点，在第二次世界大战中编制了一般分类测验（GCC），用以测量军人的能力。二战结束后，心理测量被广泛应用于美国服务行业，用以测验工作人员能力，作为录用职员的依据，各种能力测验和职业测验大量涌现，如运动技能测验、机械能力测验、文书能力倾向测验等。心理测验的发展和应用为职业咨询的发展提供了有力的工具。

最初的职业咨询仅仅是在择业时期进行，把职业要求作为固定的尺度，以这一尺度去衡量人的适应性，进而把人"塞"到某一职业中去。这种职业咨询的观念在20世纪30年代以后明显暴露出所存在的问题。突出表现在职业咨询与教育相分离，仅仅是介绍就业、安置闲人，具有慈善性质，不能促进劳动者素质的广泛提高，使职业咨询作用的发挥受到限制。这种职业咨询观念把注意力集中于特定职业，使个人的职业过早地固定下来，既限制了个人选择职业的范围，也不符合职业生活的实际情况。人们逐渐发现这种包办式的职业咨询方法并不理想，职业选择并不是人的特性与职业因素之间的简单匹配，其中择业者的职业价值观也起着很大作用。

（3）职业指导观念的变化。第一，表现在时间上，职业咨询由原来就业安置的短暂行为扩展到整个人生的职业生涯规划活动。促成这个变化的一个重要原因是发展心理学的产生。发展心理学的研究成果表明，儿童、少年、青年一直处于生长和发展变化之中。用这种观点来考虑人的职业意识、职业能力和职业兴趣，可以发现，人的职业是一个长期发展的过程。人的职业意向受多种因素影响。少年期产生的职业萌芽会随着年龄、教育、阅历等方面的变化而不断发展变化并逐渐成熟。因此，不能用固定的眼光看待求职者，职业咨询应是一个动态的教育过程。正是在这种意义上有人把职业咨询称为"生涯咨询"和"人生咨询"。

第二，表现在空间上。职业咨询突破了单一的职业介绍的旧框架，扩展到社会生活的各个方面，渗透到教育活动的各个领域。特别是职业咨询与教育的结合，使职业咨询发生了根本性的变化。首先，它使职业咨询的内容更广泛了，除了职业介绍、个性测验外，还包括职业知识的传播、职业意识的培养、求职择业技能的训练以及职业观、择业观的教育等多方面的内容。其次，它使得职业咨询的途径和方法多样化。除了咨询和测试方法以外，还广泛采用授课、讲座、参观、实习和基本求职技能训练等方法。职业咨询活动也不再是少数专业人员的事，而逐渐成为社会、学校和家庭共同关心的问题。第三，表现在职业目标上。由单一特定的职业转向较为广阔的职业领域。这个观念的转变，首先是由人的广泛适应性决定的。心理学家研究表明，人的个性特点并不是一成不变的，而是处在不断的发展变化之中。即使一些稳定的心理特点，也有一定的可塑性。在职业选择面前，人不是被动地适应职业，而是不断地调整和改变自己的某些活动特点和个性特征，以主动的方式去适应和从事职业活动。新技术的广泛应用，也大大增加了人们适应职业的范围。所以，不能单纯地根据一些测验数据简单地把人固定在某一职业岗位上。

第三，职业咨询的发展随着其手段的发展而发展。首先，传播手段的进步，提高了职业咨询的社会化程度。过去的职业咨询由于受传播手段的限制，往往只是在较小的范围内或个别人身上发挥作用。传播手段的现代化，使求职者与招聘者的距离变小了。人们可以通过电视、广播、报纸等大众传播媒介广泛地发布职业信息和求职广告，以指导求职者求职和用人单位对人员的选用。其次，计算机在职业咨询工作中的应用，促进了职业咨询手段的现代化。职业咨询人员使用电子计算机储存职业信息、分析就业市场动态、预测就业趋势，用计算机进行个性测验和职业咨询，从而进一步提高了职业咨询的科学性和有效性。

目前，职业咨询已成为许多国家教育的组成部分。各国的职业咨询都是在其特殊的社会背景和历史条件下发展起来的，因此，各国职业咨询的内容和方法都有其特点，了解这些特点，对于借鉴国外经验，发展具有我国特色的职业咨询事业有重要意义。

### 1.3 职业咨询的特性

职业咨询是一个牵涉面很广、内容很丰富的教育和咨询活动，具有下列主要特性：

（1）发展性。职业咨询的实施须遵循人类生理、心理、职业及社会发展的原理，对个体进行有关生涯的意识、认识、试探、引导、准备、规划、决定、体验、自我的实现、评价等一系列有步骤、有阶段的咨询辅导活动，实现当事人的生涯发展目标。

（2）广泛性。职业咨询的内容是很广泛的，工作价值、职业观念及服务精神的培养，以及个人志趣、潜能及特质的最大限度发挥，均在职业心理咨询中扮演着重要的角色。职业咨询同时要满足个人、社会及国家的实际需要，还须注重人类认知、学习、职业、社会、休闲及娱乐生活必需的知识及技能。职业咨询的范围是广泛的，不但受在校学生的欢迎，而且拓展到所有在职人员的职业适应和职业发展。

（3）综合性。职业咨询需要各政治、经济、文化、教育专家学术团体，和学校教师、行政人员、辅导咨询人员、社会团体、社区等方面互相配合，共同为当事人的职业生涯发展服务。

与心理咨询相比较，职业咨询具有以下特点：咨询对象数量大，比例高，更具有广泛性；咨询对象顾虑少，阻抗小，更具有乐融性；符合咨询对象的需要，见效快，更具有实效性。

### 1.4 职业咨询的一般过程

职业指导人员在咨询中往往反映出个人的风格、信念、认知形态、理论依据以及人际互动的取向。每一位职业指导人员处理问题的方式，常会因不同的问题和个人专业理念、训练背景的不同而有所差异。职业咨询是一种互动的过程，也是咨询对象和咨询员双向沟通的过程，所以职业咨询的过程在不同的案例上是不同的。

一般来说，职业咨询的过程大约可分为建立关系、资料搜集和分析、寻找可能的答案、方案的执行、评估效果和结案 5 个环节。

（1）建立关系。初步接触和寒暄后，职业指导人员便会与咨询对象开始建立适宜的关系及期望。职业指导人员必须和咨询对象进行充分的沟通，理清咨询对象的需要，并清楚地表明可提供的资源及协助。通常情况下，职业指导人员与咨询对象要建立良好的关系，必须共同设定目标与期望，充分表达开放与弹性的尊重态度。

（2）资料搜集和分析。在这个阶段，重点放在界定问题和了解症结。为了帮助这个阶段的推行，往往必须使用面谈、心理测量或者文件档案记录等技术与工具。职业咨询家沙因指出，资料的收集是一种介入的形式，人们常常会因为加入某一团体或离开某一团体，而改变态度并有不同的行为反应。另外，在正式讨论之前，先与个别人员私下讨论，常可发掘出较敏感、较非正式的特殊问题。

（3）寻找可能的答案。此时常使用的方法就是脑力激荡，而且职业指导人员必须重新审视问题，确立目标，如此职业指导人员与咨询对象的想法及结论才能切合问题的核心。在决定这些方案的可行性方面，最好也是由相关人员或被方案直接影响的人寻找出适合的方案来。

（4）方案的执行。在实行方案的阶段，基本上要让所有参与的人了解自己的责任、职务、资源和时间进度计划。因此，建议在正式实施之前，要提供理念使参与者有完整的心理准备，增加关系性和敏感度，仿佛是将所有目标和进度明列成表。当然，实施后的结果报告也是同样重要的。此外，对于方案结果的反馈十分重要，因为评估结果和实行方案并非绝对分立的两件事，实时做一下评估，可以使方案实施得更为完善。如果在反馈信息中显示出方案有所缺失，便可修正方案的计划与做法，以使方案更加适宜和完整。

（5）评估效果和结案。评估不一定到终了才进行，而应随时在执行方案的过程中进行。评估可以获得系统的、连续性的反馈资料，使职业咨询专家可决定合适的执行过程，并能很快地认清问题的动向。对整体结果的评估，则有助于了解目标达成和问题解决的程度。

此外，在评估工作开始推进时，表示咨询的工作可以逐渐告一段落。有些训练计划的目的就是培训一些组织内的咨询人才，使得组织内可以独立解决今后遇到的问题。当然，如果评估的结果不符合理想，那么重新设计计划，重新实施是很重要的。或者为了组织系统的需要，再次扩大训练计划也是常见的情形。在这个模式中，职业指导人员和咨询对象的接触并非立即中止，而是在彼此协商同意的情况下，逐渐减少互动依赖关系，并依据结果评估的反馈资料来调整退出的速率。当然，如果需要，职业指导人员可以随时再提供协助。

## 2　职业咨询的主要内容

### 2.1　职业咨询的主要范围

（1）职业准备咨询。主要针对当事人就业前在知识、技能、信息、资料、心理等方面的准备。

（2）职业选择咨询。主要强调找工作的策略和方法，以及个人的兴趣、期望与社会需求、发展的统一。

（3）职业决策咨询。主要强调协助来访者做出职业发展的决策，这需要结合来访者本人的抱负水准、能力倾向、职业发展资源等。

（4）职业适应咨询。主要解决个体适应职场生活的问题，包括适应全新的人际关系、工作压力、自我调整等，当然选择职业时，尽量达到个体兴趣、能力、性格与职业需求的和谐一致，但是人的性格具有可塑性，引导个体适应职业发展的需要也是职业咨询的一项重要内容。

（5）职业发展咨询。通过提高个人的处事、沟通能力以及与职业相关的技能，帮助他们解决目前工作中面对的或潜在的困难，制定个性化的职业生涯发展规划。

### 2.2　职业咨询的理论

#### 2.2.1　人职匹配理论

人职匹配理论是用于职业选择、职业介绍和职业咨询的经典性理论，也称特性与素质理论，最早由美国波士顿大学教授帕森斯提出。

1908年，帕森斯在《选择职业》一书中指出了职业咨询的步骤："第一，应清楚地了解个体的态度、能力、兴趣、智谋局限和其他特性；第二，成功的条件及所需的知识，在不同工作岗位上所占有的优势、不利和补偿、机会和前途；第三，上述两条件的平衡。"其含义是将个人的主观条件与对个体有一定可能性的社会职业岗位相对照、相匹配，从而选择一种职业。这一经典理论后由著名职业咨询专家威廉逊（E. G. Williamson）等人进一步发展和定型。该理论认为每个人都有自己独特的人格特征与能力特点，并与社会的某种职业相关联。职业指导就是要帮助个人寻找与其特性一致的职业，以达到人与职业之间的合理匹配。

人职匹配的过程具体包括以下三个步骤：

（1）特性评价。评价被指导者的生理、心理特性，职业能力测验，职业兴趣评价，人格测验，以及有关被指导者的家庭文化背景、父母职业、经济收入、学业成绩、闲暇兴趣等，从而获得全面的材料，做出综合评价。

（2）职业因素分析。指分析职业的各种因素，包括各类职业内容、特点，提出对从业人员的具体要求。

（3）个人特性与职业因素的匹配。根据被指导者特性评价与社会职业因素分析结果，对个人进行职业咨询与指导，从而达到人与事的合理匹配。

运用这一理论分析往往可以取得较好的职业咨询效果，且成功率高。不足之处是，这一理论忽视了人的整体性，忽视了人的社会心理对选择职业的影响。

### 2.2.2 职业发展理论

职业发展理论是研究人的职业心理与职业行为成熟过程的理论。这个理论认为，职业发展在个人生活中是一个连续的、长期发展的过程。职业选择不是个人生活中面临择业时的单一事件，而是一个过程。人们的职业态度和要求也并不是面临就业时才有的，而是在童年时期就开始孕育职业选择的萌芽，随着年龄、经历和教育等因素的变化，人们职业心理也会发生变化。

职业发展如同人的身心发展，可以分成几个既相区别又相联系的阶段。每个阶段都有其不同的特点和特定的职业发展任务。如果前一阶段的职业发展任务尚未很好完成，就会影响后一阶段的职业意识与行为的成熟，最后导致职业选择障碍。职业咨询的任务是要注意考察人们职业发展阶段及其职业意识与行为的成熟水平，指导人们通过各种途径增进对职业、职业选择、实现职业目标的途径与方法的认识。

这一理论的主要代表人物是美国心理学家萨帕（D. E. Super）和金兹伯格（E. Ginzberg）。萨帕提出的关于人的职业心理与职业行为成熟过程理论的主要思想包括以下几个方面：

1）人的才能、兴趣和人格各不相同，因而适合从事不同类型的职业。

2）人们的职业偏好心理与从业资格、生活和工作的境况及其自我认识，都随着时间、经历和经验的变化而改变，职业选择行为和心理调适成为一个不断变化的过程。

3）人的职业行为可以分为不同的阶段，包括成长阶段、探索阶段、确立阶段、维持阶段和下降阶段。

4）个体的职业生活受其父母的社会经济地位、个人智力、人格及其机遇的影响。

5）指导有利于个体人生发展的顺利进行。

6）个体的职业发展过程是自我概念的形成、发展和完善过程，也是主客观的一种折中调和过程。

7）对工作和生活的满意感，与个体的才能、兴趣、人格特质、职业价值观密切相连。

萨帕提出职业发展的5个阶段，对处于不同职业阶段的人的职业咨询和职业决策有重要的指导作用。这5个阶段的特点如下：

1）成长阶段（1~14岁）。这个时期的个体通过游戏中的想象和模仿来发展自我概念，认识社会。其中4~10岁为幻想期，常常扮演幻想中的角色；11~12岁为兴趣期，兴趣成为影响儿童活动的主要因素；13~14岁为能力期，更多地考虑任职条件和自身的基本能力训练。

2）探索阶段（15~24岁）。这一阶段的个体开始尝试职业角色，认识不同的职业，并不断改变对职业的期望。其中15~17岁为试验期，个人对自身的需要、能力、价值、就业机会都有所考虑，并据此进行试验性的尝试；18~21岁为过渡期，是个体进入劳动力市场或专门训练机构进一步完善自己的时期；22~24岁为尝试期，个体选择一种自己认为适合自己特点的职业，并试图把它作为终身职业。

3）确立阶段（25~44岁）。这一阶段个体已找到适合的工作领域，并努力在其中确立永久的地位。这一阶段的早期（25~30岁），有时会对自己从事的职业领域不满意，也可能变换一两次工作岗位，直到31~44岁才完成职业选择的探索，进入稳定期。

4）维持阶段（45~60岁）。这时人们在工作中已取得一定地位，一般不再寻求新的工作领域，而是朝着既定的目标前进。

5）衰退阶段（60岁以上）。这一阶段的特点是个体生理与心理能力逐渐衰退，职业活动范围开始缩小，活动兴趣开始发生变化，并由此引起职业转换，直到最后退出职业岗位。

当然，不同的人，由于个人条件和外界环境不同，其职业阶段可能呈现出不同的特点。从事不同职业的个体其职业阶段也往往不同。

金兹伯格提出了关于人的职业选择心理与行为发展变化的理论，这一理论认为：

1）职业选择不是某一时刻完成的一次性的决定，而是从幼儿期就开始的包含一系列决策的长期过程。

2）职业选择的初期和中期在青年期，青年的每一个决定都与本人的经验有关，并且这些决定是连续、渐进的。

3）为了进行职业选择，应充分理解兴趣、能力、价值观等一系列个人因素，以及这些个人因素与社会需要、职业空缺之间的关系。

4）人的职业选择可分为3个时期：一为空想时期，发生在儿童期，职业愿望还停留在空想阶段，职业意向随生随灭，漂浮不定，极易受外界影响；二为暂定期，一般为11~18岁，个人的兴趣、能力、价值观都反映到职业意向上；三为现实期，这是面对现实进行选择职业的时期，一般从18岁以后就业或进入具有职业限定性的教育机构中学习直到最后确定职业。

### 2.2.3 心理动力理论

心理动力理论的代表人物是波丁（Bordin）、纳切曼（Nachmann）和西格尔（Segal）。他们用心理分析的方法来研究职业选择过程，认为职业选择的目的在于满足需要和促进个人发展。他们在对职业团体进行研究的基础上，提出了心理动力理论的结构，主要包括以下6方面内容：

（1）成人的生理和智力活动与其个人早期的生理和心理发展过程有关。

（2）复杂的成人活动中包含着与婴儿简单活动相同的本能满足。

（3）人生的最初6年决定了他未来的职业需求模式。职业选择取决于人生最初6年中所形成的需要。

（4）家庭压力对个体需要的发展影响极大。

（5）成人在工作中会显示出一种婴儿期冲动的升华。

（6）如果缺乏职业信息，职业期望可能遭到挫败。

### 2.2.4 行为理论

行为理论是由约翰·克鲁布尔兹（J. Krumbouz）发展起来的。他把行为学派班杜拉创立的社会行为理论运用于职业指导。他认为，影响人们职业发展的因素很复杂，其中主要受4个方面的因素影响：

（1）遗传因素和特殊能力，如性别、身体素质和智力等。

（2）环境状况和特殊事件，如所受的训练、家庭条件、个人经历等。

（3）学习经历和学习模式，也就是说个体是采用何种方式来学习的。

（4）职业倾向方面的技能。

这4个因素结合起来相互作用，会对人的职业发展及行为发生重大影响。行为理论着重研究焦虑对职业决策的干扰作用，主张根据行为问题的产生原因采取不同的咨询策略。行为理论在帮助个体消除焦虑和获得技能方面做了大量研究，研究者们提出了"教会个体决策"的观点，并提出训练和提高个体职业决策能力的方案和步骤。主要步骤如下：

（1）制定个人的职业目标。

（2）参加团体活动，增强自我责任感。

（3）熟悉职业特性评价工具。

（4）收集职业信息并进行分类。

（5）对职业领域进行尝试性决策，并进行职业决策方面的训练。

（6）再次评估所做出的选择，检查其能否达到所期望的职业目标。

### 2.2.5 职业生涯论与职业系留点

这是关于个人职业生活发展全过程研究的理论，可以说是对职业发展理论的延伸和扩充。这种理论为许多学者尤其是社会学家、管理专家所重视。

在职业生涯论中，除职业发展论或职业选择论重视的毕业后初次选择外，研究的重点在于"人到中年"时的职业再选择。因此，也可以把着重研究初次择业的"职业发展论"看作是职业生涯论的一个组成部分。

职业转换，是个体长期从事某一职业或几种职业并具备相当实力、经验、取得一定成就后的抉择，是"人往高处走"取得更大发展的"冲刺"期。这种转换或维持，是由一个人在自己长期的职业生活实践中形成的价值观、由实践证明和发展的个性特点与有保证的职业机会相结合所引起的。一个人维持某种职业或选择另一种职业，是由"职业系留点"所决定的。

所谓职业系留点，是指一个人要求转换职业时，最舍不得丢掉的一套需要、价值观和技能。这反映出人们在有了相当丰富的职业阅历后真正从事某种职业的心理原因。美国学者巴林（Bailyn）和薛恩（E. H. Schein）等人通过对大学毕业生长达十余年的追踪调查研究，发现他们的职业系留点主要有以下5种类型：

（1）重视职业的技术性、专业性和职能性。这类人的整个职业生涯都是围绕着个人所擅长的技术才能或职业工作能力而组织起来的，也是围绕着一套特定的价值观组织起来的。这些价值观能使自己形成留在某一职业中的自我概念。这个职业能不断向他提供那些以特别技能为核心的挑战性工作。这类人所从事的是从技术性职员到职能部门领导的各式各样的工作。

（2）重视职业阶层、发挥管理能力。这类人的整个职业生涯都是围绕着某一组织的权力阶梯逐步攀登，直到到达一个担负全面管理责任的职位而组织起来的。在这种职位上所做出的决策及由此造成的后果，都明确地与他们的分析判断能力和决策时所做的努力联系在一起。这类人明显地努力追求诸如总裁及常务副总裁等全面管理的职位。

（3）发挥创造力。这类人的整个职业生涯都是围绕着某种创造性努力而组织起来的。这种创造性努力使他们能创造出新的产品或服务，或是研究发明，或是建立起自己的事业。调查发现，这类人都已形成自己的事业，其中一些是成功的，还有一些仍在奋斗与探索之中。

（4）重视职业的安全或稳定。这类人的整个职业生涯都是围绕着某一组织中的一个适当职位而组织起来的。这个职位能保障连续的就业，有稳定的前途，并能达到一定的经济独立从而充裕地供养其家庭。

（5）重视职业的自主性。这类人的整个职业生涯都是围绕着找到像教书、咨询、写作、经营一个店铺等类似职业而组织起来的。这类职业能使他们自由地安排自己的时间，确定自己的生活方式和工作方式。这类人最可能离开常规性的企业组织，可是他们的咨询或教书活动却仍能继续与工商企业活动及管理工作保持着联系。

此外，还有为他人服务，为意识形态或宗教性事业服务，为权力或金钱而奋斗等类型。同一种职业的从业者，其职业系留点可能是不同的。如对待警察这一职业，有的看中其技术性与晋升前途，有的因其可以发挥自己的才智，有的则愿做"独往独来"的侦探。

## 3 职业咨询的技术方法

职业咨询主要有3种方法，即心理测量法、团体咨询和个别咨询。

### 3.1 心理测量法

心理测量法主要是指运用一些标准化量表来了解当事人的气质、性格、职业兴趣、职业能力等。一般的测试步骤为：你想干什么（求职意向调查）→你适合干什么（—职业兴趣测试和职业能力测试）→你最缺乏什么（综合能力测试）。

### 3.2 团体咨询

团体咨询的主要功能是为一组咨询对象提供必要的信息。最常见的团体指导模式是在学校或培训机构中，由教师或职业指导者为帮助学生、受训者更好地认识自己、他人和外部客观世界而开展指导。

### 3.3 个别咨询

这是开展职业咨询最常用的方法，适用所有心理咨询的基本原则，主要是要对当事人表示自己的理解与支持、对其进行启发教育，其中重要的是要严格遵守保密原则。

个别职业咨询的特点为：咨询过程大多以语言方式进行沟通；职业指导人员和当事人之间具有动态的交互关系，双方以平等的立场进行持续的沟通，在这一过程中双方共同参与，发展良好的咨询关系；咨询技术的运用必须考虑咨询对象的期望与咨询的目标，因此，职业指导人员必须保持弹性咨询处理；职业咨询最终的目标必须促进当事人的自我了解与行动计划。

### 3.4 职业咨询的特殊技术

和其他类型的咨询一样，职业咨询必须有良好的咨询关系、积极倾听、尊重咨询对象、真诚接纳、同理心等。职业咨询作为心理咨询的一部分，共享心理咨询的理论与技术，但职业咨询又有其特殊性，有的技术在职业咨询中运用较多，职业指导人员可以依据咨询对象的问题和需要，选择采取一些特殊的咨询技术。以下介绍一些常被职业咨询采用并有实证资料支持的，效果较好的特殊技术。

#### 3.4.1 幻想技术

职业指导人员与来访者对所收集的资料进行分析之后，常发现资料所能提供的讯息是有限的，所以在职业咨询的实务上将"幻想"技术用于解决职业选择的困扰。

(1) 幻想的内容。摩根（Morgan）和斯科霍尔特（Skovholt）列举出一些幻想的方法：

1) 荣誉庆典的幻想：幻想自己正接受一个特殊荣誉的庆祝酒会，而这项荣誉是因自己拥有的特殊能力所获得的。这一类的幻想是为了帮助咨询对象将目标具体化，并思考自己的动机。

2) 异性角色的幻想：幻想自己正在担当通常是由异性担任的工作。

3) 异族的幻想：本活动可以促使封闭的来访者开放心态，幻想自己由小到大一直是在异族中长大。

4) 职业改变的幻想：可以在帮助许多职业改变的可能性上进行探讨，并刺激思考。

5) 退休的幻想：青年人、老年人均可使用，此活动要求咨询对象回顾性地去幻想他的工作职业、兴趣、能力、价值，以此决定职业的安排。

(2) 幻想技术的实施过程。幻想技术可在个别咨询的情境下进行，也可在团体咨询的情境下进行，幻想的主题基本上可由职业指导人员和咨询对象共同决定。而有效的幻想技术需职业指导人员做适当的引导，其进行的过程如下：

1）职业指导人员以口头（或使用音频）方式温和柔顺地引导咨询对象调整自己的姿势，放松身体，使咨询对象身心平静、情绪松弛。

2）职业指导人员以低柔的声调、缓慢的语句，引导咨询对象进入想象的世界。在引导的过程中，避免用可能限制咨询对象思考的话语，尽可能给咨询对象保留最大的活动思考空间，使其自由扩展思考方向与内容，越分歧越丰富的想象，越能产生有价值的幻想体验。

3）职业指导人员可引用其他语句引导咨询对象进入不同的情境。

4）幻想活动结束后，职业指导人员与咨询对象或团体成员共同分享整个幻想过程与感受，并讨论幻想经验与个人职业发展的关联。

幻想技术在职业咨询上，可协助咨询对象探索不同的可能性，并从中预先体验各种选择的可能后果，有助于职业探索和对职业决策的评估。

### 3.4.2 模拟个案研究

在咨询情境中要求来访者投入某种情境，认同其中某个角色，了解、体会、思索问题解决。模拟个案研究要求来访者针对某一个案的情况，分析其问题背景，并为其考虑各种可能解决的途径，其过程犹如身临其境，但能从客观的立场学习整个解决问题与做出决策的过程，因此效果非常显著。模拟个案研究进行过程如下：

（1）职业指导人员介绍问题解决与决策技术，让来访者或团体成员了解并练习做决定的过程与方法，待有初步基础后，即正式进行活动。

（2）职业指导人员向来访者或团体成员说明个案的各种情形及活动的目标、内容。

（3）职业指导人员在准备个案时，应注意提供和引导成员收集以下资料：

1）个案的目标与问题。

2）影响其职业发展的因素，如家庭、个人的能力倾向、兴趣、经验、身体状况等。

3）环境资料，包括各种相关职业和教育环境。

4）咨询对象的生活形态、发展方向。

（4）职业指导人员将个案的所有资料提供给来访者或团体成员，由他或他们自行进行个案研究，职业指导人员可以补充资料，并协助或引导他们寻求正确的研究方向，掌握分析的方法。如果是团体咨询，每位成员均须提出研究报告，说明他所做的决定及其理由。

（5）完成作业后，咨询对象各自分别提出报告，并与其他成员分享做决定的经验，职业指导人员就其方法及经验的优缺点和特色，提出讨论。

### 3.4.3 情景模拟

情景模拟就是由职业指导人员制造出一个与工作环境类似，但充满学习与个人发展气氛的环境。而营造这个环境的目的是使来访者能适应他所处的组织环境。

情景模拟可以达到如下目的：

（1）改变个人的行为：给予咨询对象一个与工作相类似的环境，在其中他可以尝试许多不同的行为来协助自己去面对工作。

（2）为那些在学校、家庭和现实社会中不能真正得到职业发展方面帮助的个体，提供一个较好的教育与体验环境。

在情景模拟过程中，职业指导人员除了要了解来访者的家庭、文化背景外，还要指导来访者对自我进行分析，并且在情景模拟中能有所改变。有时咨询员还要与来访者有关的其他人员，如家人、教师和老板等进行沟通，了解他们对来访者的期望，以便安排适宜的环境来协助来访者的职业咨询，共同促进来访者的职业发展。

### 3.4.4 职业家庭树

家庭对个体职业选择乃至职业发展都有深远的影响，职业家族树（Occupational Family Tree）就是要以图画方式，刺激来访者评估家族的影响，促进他们的职业认知。其进行方法如下：

（1）在树梢处填上个人偏好的职业（可填数种）。

（2）将家族中各人的职业分别填入树的枝干上（各支干代表家族成员，标出称谓）。由于各人的职业可能有所变动，因此可同时填上目前的职业与先前从事过的重要工作，并将与咨询对象有直接关系的重要人物特别圈起来。

（3）将家族人员职业的共同特点填于树根处。

（4）职业指导人员与咨询对象共同讨论"职业家族树"，可以下列问题作为引导：

1）对家族中各人的职业有何感觉（骄傲、尴尬、羡慕、不屑等）？

2）如何知道他们希望我选择何种职业？

3）家族中在兴趣、能力、体能、外貌等特质上，与我最相似的是谁？他们从事的职业与我的偏好有何关联？

4）我的家庭在工作上最感满意的是什么（如休闲时间、生活条件、家庭气氛等）？

5）家族中哪些工作习惯与特质造成满意或不满意的结果？

（5）经过上述讨论，职业指导人员可以进一步引导咨询对象探讨各人各种职业的优点与缺陷（如普通的职业对个人与社会的正面价值，或高层次职业的负面情况等）。

## —— 内容小结 ——

1. 职业咨询（vocational counseling）是指运用心理学等方法，协助当事人更好地解决在选择职业、安置就业和职业发展等方面遇到的问题。

2. 职业心理学是研究与人们选择、从事和转换职业有关的个体心理差异及特点的科学。它凭借对个体一般能力、特殊能力、体力、兴趣、爱好、气质等评估的材料，指导人们科学选择职业。

3. 职业咨询与心理咨询相比较，具有以下特点：咨询对象数量大，比例高，更具有广泛性；咨询对象顾虑少，阻抗小，更具有乐融性；符合咨询对象的需要，见效快，更具有实效性。

4. 职业咨询一般过程为：建立关系，收集和分析资料，寻找可能的答案，执行方案，评估效果及结案。

5. 职业咨询的主要范围包括职业准备咨询、职业选择咨询、职业决策咨询、职业适应咨询和职业发展咨询。

6. 职业咨询主要有三种方法，即心理测量法、团体咨询和个别咨询。

7. 职业咨询的特殊技术包括幻想技术、模拟个案研究、情景模拟、职业家族树。

## —— 关键概念 ——

职业咨询　　　职业心理学　　人职匹配理论
职业系留点　　幻想技术　　　情景模拟
职业家族树

## —— 问题与应用 ——

1. 有意识地观摩职业咨询过程，判断该过程属于职业咨询哪方面内容？
2. 尝试运用职业咨询的理论解释相应的问题，并写出简要的分析处理报告。
3. 运用职业家族树，分析自己的职业选择与家庭背景的关联。

ZHIYESUZHICEPING

## 第四篇
### 职业素质测评

# 第9章 测评的原理

## 1 测评的基本概念

### 1.1 人员素质测评的概念

人员素质测评指综合利用心理学、管理学和人才学等学科的理论、方法和技术,对人的能力水平及倾向、个性特点和行为特征等进行系统的、客观的测量和评价。由于运用此技术可以准确客观地对被测评者做出职业素质评价,能够评测出被测评者是否符合工作要求,目前这种选拔人才的手段被越来越多地运用在组织招募人才和选拔人才的工作当中。

"测评"一词包括了两层含义,即"测"和"评"。"测"是指测量、测试,是以量化的方式对人的能力水平及倾向、个性特点和行为特征等进行分析和表示。"评"是指评价、评定,是以定性化的方式对人的能力水平及倾向、个性特点和行为特征等进行评价和判定。因此,测评这一概念将定量的方法与定性的方法紧密结合在一起,形成一整套科学的、客观的、系统的方法。

这里涉及一些相关的概念:

心理测量(psychological measurement):是指通过科学、客观、标准的测量手段对人的特定素质进行测量、分析、评价。

心理测验(psychological test):是心理测量的一种具体方法和手段,是结合心理学和统计学方法评价特定个体在特定素质上相对于特定群体所处的水平的手段。

### 1.2 人员素质测评的主要内容

人员素质测评是对个人稳定的素质特征进行的测量与评价。从心理学的角度来看,个人稳定的素质特点主要包括3个方面,即能力因素、个人特质因素和动力因素。从职业发展的角度来看,上述3个方面的因素的确在人的职业行为中起着重要作用。因此,人员素质测评是对人的能力因素、个人特质因素和动力因素进行测量和评价。

(1)能力因素。能力的最大特点在于它在一个人的活动中表现出来,同时又在所从事的活动中得到发展。没有一定的舞台,任何人的能力都不能体现出来,当有了一个表现自己能力的舞台后,人们在表现自己能力的同时,能力也会得到发展和完善。因此，能力往往包括了两层含义：一是指对某项任务或活动的现有成就水平，从这个意义上讲，人们已经学会了的知识和技能就代表了他的能力；二是指个体具有的潜力或完成某项活动的可能性，从这个意义上讲，能力不一定是现有的成就水平，例如，一个人具有领导的潜能，只有当他处于领导位置时才能体现出来，否则就只是一种潜在的可能性。

能力分为一般能力与特殊能力。一般能力通常是指在不同种类的活动中表现出来的共同能力，如观察能力、注意能力、记忆能力、思维能力、想象能力、操作能力等。所有这些能力都是我们完成任何心理活动必不可少的，也是完成任何一种工作都不可缺少的能力。特殊能力是指在某些特殊专业活动中表现出来的能力。这些能力与特殊专业活动的内容联系在一起。例如，音乐家需要具有乐感、把握旋律曲调的特殊能力；画家需要具有良好的空间知觉能力及色彩辨别力等。这些都是一些与特殊专业内容相联系的特殊能力。

（2）个人特质因素。每个人在处事时总是表现出自己独特的行为方式，这就是个人特质因素。例如，同样做一件事情，有的人快刀斩乱麻，很快就做完了；而有的人则慢条斯理，但最终也能保质保量地完成。个人特质一般来说包括气质、性格和行为风格等方面的内容。

气质是指表现在人的心理活动和行为的动力方面的、稳定的个人特点。性格是由一个人对现实的态度和他的行为方式所表现出来的个性心理特征。性格是一个复杂的统一体，它包含各个侧面，且各具特征。较之气质，性格更具有后天可塑性。行为风格是指人们在考虑问题和解决问题的过程中表现出的不同特点。例如，有的人对细节敏感，有的人关注整体；有的人善于决断，有的人灵活多变；等等。个人风格因素本身并没有好坏之分，只有当它们与具体的工作联系起来时，才有适合与不适合的问题。

（3）动力因素。一个人要想做好一项工作，不仅取决于他的能力水平如何，还取决于他愿不愿意做这项工作。一个人有较高的能力水平，也具有适合做某项工作的个人风格特点，但是如果缺乏愿望和动机，那么也做不好这项工作。相反，如果一个人能力水平相对低一些，但却有强烈的完成工作的愿望和动机，也可以在一定程度上弥补能力的不足，把事情做好。

动力因素包括需要、兴趣、动机和价值观等。价值观指人们关于目标和信仰的观念，它使个人的行为带有个人的、一致的方向性。动机是推动一个人行动的内在原因，动机的方向和强度往往决定了行为的效果。动机通常可以分为成就动机、亲和动机和影响他人的动机。兴趣是指个体对某种活动或职业的喜好，它对人们的职业选择和职业行为起着重要的作用。

## 1.3 测评的应用范围与效果

### 1.3.1 测评的应用范围

（1）诊断。通过各种人员测评方法对人的能力、个人风格和动力等各方面的素质进行分析，从而得出诊断性的信息。就像医生对病人的身体状况进行诊断一样，通过人员素质测评，也可以得出一个人在素质各方面指标上的高低，可以知道一个人在哪些方面比较强，在哪些方面比较弱，以及在素质的各个方面的一些典型的特点。

（2）选拔与安置。在诊断一个人素质方面的高低强弱和典型特点之后，往往需要将个人的素质特点与特定的职业要求结合起来。根据不同职业的要求，需要选拔出素质特点适合该职业要求的人来从事这项工作；同时，也需要按照每个人的特点，将其安置在适宜的工作岗位上。因此，人员素质测评有助于有效识别个人的素质特点，并有助于将个人的特点与特定的职业要求结合起来，从而做到人职匹配，人尽其才。

（3）预测与发展。人员素质测评不仅有助于了解个人当前的素质状况，为目前的人职匹配提供信息，而且还可以提供被测评者未来发展可能性的信息。了解了一个人未来发展的潜能，一方面可以为其制定职业发展规划，另一方面可以为其提供适当的培训与提高的机会。

### 1.3.2 测评的效果

（1）对个人的效果。人员素质测评有利于个人职业生涯规划的制定与实施。通过人员素质测评对个体当前素质水平的了解和对其发展潜能的发掘，可以帮助被测评者选择适合自己的职业，同时可以制定合理的未来发展计划。

（2）对组织的效果。人员素质测评可以帮助一个组织有效选拔和合理利用人才，做到人尽其才，才尽其用。另外，通过帮助每个员工了解他们自己的素质并帮助他们制定和实施职业生涯规划，为员工提供发展机会，这本身就意味着对员工的激励，从而有利于提高团队的凝聚力和工作效率。

## 2 测评的原理

### 2.1 测评的理论基础

（1）人的心理素质具有差异性、相对稳定性和可测性。每个人的心理素质也像他们的指纹一样存在着明显的个体差异，每个人的能力、个性、行为风格等方面都呈现出独特性。正因为这样，我们才有必要对个人的素质进行测评，人的差异性与独特性为测评提供了前提条件。

人的心理素质又表现出一种相对稳定的特征。稳定性主要体现在跨时间和跨情境的稳定性。跨时间的稳定性是指一个人在不同的时间表现出相同或相类似的心理特征,即不仅今年表现得这样,去年一般也是这样,明年很可能还是这样。跨情境的稳定性是指一个人在不同的情境、不同的任务中表现出一致的心理特征,例如,一个责任心强的人不仅对待工作尽职尽责,对待家人也能充分履行自己的义务,对待朋友也能坚守承诺。当然这种稳定性仅仅是相对而言的,在某些因素的影响下,个人的心理特征也会发生一定的改变。正因为人的素质特征具有相对的稳定性,才能够根据测评的结果从过去的表现推论将来的表现,从一种情境中的表现推论更大范围的情境中的表现,使得测评具有意义。

尽管人的心理特征具有内隐性,难以直接进行观察,但它可以通过人的行为反映出来。人的外显行为与内在的心理特征有较大的一致性,这为测评提供了可能性。但人擅长掩饰自己,因此,外显的行为与内在的心理特征也常常有不一致的地方,那么,对行为的探测和推论就应当比较慎重,并且也需要较多的专业技巧。

(2) 人员素质测评是客观的、间接的和相对的测量。了解人的心理特征的最直接和最简单的方法就是借助观察者的主观经验与直觉,但这种凭主观直觉获得的结论往往是不可靠的。而现代人员素质测评则借助了一系列客观的测评技术,在后面内容将会一一介绍。

科学发展到今天,还无法直接测量人的心理,只能测量人的外显行为,进而推论人的内在心理素质。这就像不能直接测量温度而是通过水银汞柱的体积变化来测量一样,是一种间接的测量。例如,通过职业兴趣测验测得一个人喜欢阅读机械杂志,喜欢修理钟表、自行车,推论此人具有从事与机械有关的工作的兴趣。

人员素质测评的相对性体现在对一个人某种素质的高低、强弱进行评价时并没有绝对的尺度,而是通过个体在群体中的相对位置来判定。一个人能力的高低、兴趣的强弱,都是与所在团体的大多数人的行为或某种人为确定的标准相比较而言的,因此是一种相对的测量。

(3) 科学的测评是基于统计规律之上的。使用人员测评手段对人的心理素质进行测评是一种科学而合理的做法,因为我们不可能测量一个人所有的行为,只能抽取一定的行为样本。从统计学意义上讲,通过有代表性的样本可以对行为的整体做出推论,因此,测评中所选用的目标行为一定要具有代表性。

任何测评手段所做出的推论都不是百分之百,而只是达到统计上的显著性水平而已。例如,通过视觉空间能力测验来预测一个人未来作为建筑设计师的成就水平，对一个具有代表性的样本的统计表明，99%的成功的建筑设计师都具有较高的视觉空间能力，但不能排除1%的特例存在。而且从上面的例子中还可以发现，视觉空间能力与建筑设计方面的成功在统计上只是相关关系而不是因果关系，因此，如果视觉空间能力强的人一定会在建筑设计方面成功就是不成立的，因为建筑设计方面的成功还取决于其他些重要因素。

### 2.2 测评工具的重要心理测量学指标

（1）信度与效度。信度是指测评的结果不能随测评者、时间、地点的变化而变化。这就好比用尺子来量物体的长度，无论你量、我量、他量、今天量、明天量、屋里量、屋外量，其结果都是一样的，只有这样，才能说这把尺子是一个可靠的测量工具，也就是说它有好的信度。

效度是指一个测量工具能够真正测量出它所要测量的东西。就像一把尺子，如果用它来量长度，会有很好的效度，但如果用它来量重量，就不会有很好的效度。

（2）标准化与常模。标准化是指测量工具的编制、施测、评分和解释方面都依据一套系统的程序。标准化有3点好处：一是可以减少无关因素对测量目的的影响；二是有统一的标准，便于对不同人的测评结果进行比较和交流；三是同一测评工具可以用于许多人并可以反复使用。

一般来说，测评是相对的，也就是将被测个体的结果与某一参照体系进行比较，即看看他在参照团体中所处的位置。这个参照团体的成绩就是常模。有了常模，某个个体的成绩才有意义。

（3）难度与区分度。难度是指被测评者正确作答的百分比。一个好的测评工具还应具有适宜的难度。如果难度过小，大部分人都很容易取得最高的成绩，就会出现"天花板效应"；如果难度过大，大部分人都取得很低的成绩，就会出现"地板效应"。这两种情况都是应该避免的。区分度是指测验对被测评者水平的鉴别能力，能够将高水平的被测评者与低水平的被测评者很好地区分开来。

### 2.3 公平与效益

测评工具的公平性是指它对不同群体来说在功能上具有一致性。例如，如果一个能力测验中有这样一道关于数量关系的题目，它涉及足球比赛的知识，那么，有些人不能很好地回答这一问题的原因并不是数量关系能力差，而是缺乏关于足球比赛的知识，这道题对于不了解足球比赛知识的群体来说就是不公平的。因此，在设计测评工具时一定要注意排除与测评目的无关的因素的影响。

效益是指测验的收效与投入的成本之间的比例。在实际的测评当中，还应当考虑测评的效益。一般来说，测评的精确程度与测评的成本是成正比的。测评的精确程度越高，测评的成本也就越高。例如，纸笔的心理测验可以大规模施测，成本较低，但获取的信息及其准确程度也有限，而评价中心技术等情景性的方法投入较大，但却可以得到一些纸笔测验得不到的信息。在具体使用时，应在测量的精确性和成本之间做出正确的权衡。

## 3 测验结果解释原则与方法

### 3.1 测评结果解释的原则与方法

#### 3.1.1 测评结果解释的原则

（1）科学性原则。对测评结果的解释要以科学的理论为指导。例如，任何一个人格测验都是以一定的人格理论为基础的，测验的编制者依据特定的理论为测验中的测评维度赋予了特定的含义。因此，在解释一个被测评者在人格测验中所得分数的含义时，一定要从特定的测评维度的含义出发，而不是按照日常的含义去理解。而且在不同的测评方法中，同一名称的测评维度的操作定义可能是不同的，用一种方法中的维度含义去理解另一种方法中的维度含义是不科学的。

（2）客观性原则。任何科学的解释首先应当是客观的，而不是主观臆断的。所谓客观性就是指对结果的解释要严格遵循预先设定的客观标准，而且对待不同的被测评者都应当依据同一套标准进行解释。客观性还体现在对被测评者所做的每一条解释都来自于其实际表现，而不是来自于主观的推论。例如，不能从一个人做决定很快、反应速度很快，就推论出他做事比较马虎，不够细心；也不能从一个人外向、语言表达能力强，就推论出他具有领导才能，而是应该看其具体表现如何。

（3）定量与定性相结合原则。我们在解释测评的结果时，应该将定量的解释与定性的解释结合起来。如果不进行定量的解释，则缺乏精确性，而且难以进行人与人之间的比较。如果没有定性的解释，则很难理解测评分数的含义，定性是定量的进一步深入。

（4）系统性原则。人是一个有机的整体，人的心理特征的各个方面是紧密联系的。因此，对人进行测评和解释时，也应将人作为一个整体来看待，而不是将其机械地划分为互不相干的各个维度。在解释测评结果时，不仅要解释一个人在每一方面的高低强弱，还应该从各方面的相互关系上进行解释，得出更全面的结论。

（5）发展性的原则。人的心理特征具有相对的稳定性，但同时也会在一定范围内发展变化，尤其是对尚未完全成熟的少年儿童的测评结果进行解释时，更应该注意这一点。解释一个人的测评结果时，不仅要注重他当前的状况，还应注意其未来发展的潜力。

### 3.1.2 测评结果解释的方法

（1）常模参照的解释方法。常模参照的方法是将某个被测评者的结果与和他具有相似特征的群体进行比较，根据他在所处的群体中的相对位置来决定他的某种特质的水平高低。用来做比较的参照群体叫作常模团体，常模团体的一般平均分数叫作常模。

在运用常模参照的解释方法时，要注意确定适宜的常模团体。确定和选择常模团体时，要注意以下问题：群体的构成必须明确界定；常模团体必须是所要测量的群体的一个代表性取样；常模要随时间而进行定期的修订。

（2）标准参照的解释方法。在标准参照的解释方法中，一个人的测评结果不是与其他人的结果进行比较，而是与某种特定的标准进行比较。一种标准是对测验所包括的材料的熟练或掌握程度，将一个人的结果与这种标准进行比较，就能知道一个人能够做什么；另一种标准是某些外在的预测效标，例如，能够从事某个职业的人的某种特征的水平，即一个人必须在这种特质上达到某种水平，他才有可能从事某种职业。

## 3.2 测评结果的交流及应注意的问题

### 3.2.1 与当事人交流测评的结果

在测评之后，需要将测评的结果报告给被测评者本人或其他与被测评者有关的人，如家长、教师、用人单位的有关人员等。为了使这些当事人能够很好地理解测评结果的意义，在与他们交流测评结果时应注意以下一些问题：

（1）使用当事人能够理解的语言。测评是一种专业性较强的活动，测评结果中会涉及许多特定的专业词汇，如常模、标准分数等，另外，测评中所使用的测评维度的含义与人们日常的理解可能也有所不同。由于当事人大多并不懂得测评的技术，不理解测评的专业词汇，因此在向当事人解释和报告测评结果时，一定要注意深入浅出，将专业化的词汇转化为通俗易懂的当事人容易理解的语言。例如，可以将常模解释成大多数人的平均水平，将标准分数解释成为相对位置等。

（2）要让当事人知道测评方法的适用范围和局限。虽然无需向当事人详细解释每一种测评方法的编制过程和理论原理，但也应该让当事人简单地理解该测评方法测评的内容。例如，要让其知道职业兴趣量表测量的是对几种不同类型的职业的倾向程度如何，也就是更喜欢从事哪种类型的职业。

另外，要让当事人懂得，测评并不是万能的。一种测评方法可以测出某些东西，但可能很难测出另外一些东西。还有必要让当事人认识到，测评结果的准确性并不是百分之百的，而是会存在一定误差的，测评结果只是一个相对来说"最好"的估计。

（3）要使当事人知道如何运用测评结果。由于测评的目的是职业指导，因此有必要让当事人知道测评结果与职业的关系。其中包括：被测评者的特征与职业所要求的特征是如何匹配的；被测评者某种特质的水平高低与所从事的职业有什么样的关系；被测评者对于某种职业来说主要优势体现在哪些方面，弱势体现在哪些方面；对被测评者的某些不足之处，能否由其他一些方面给予补偿等。

（4）要让当事人积极参与测评结果的解释过程。测评结果是由被测评的当事人做出的，根据这个结果做出的决定会较严重地影响被测评者的生活。家长、教师等人对被测评者的情况有较多的了解，被测评者的用人单位将成为与其关系较密切的对象。因此，他们都有必要较多地了解测评结果的解释过程，并且，他们有能力提供一些补充性的信息，为测评结果提供有力的验证或支持。

（5）要多给当事人鼓励或发展性建议。在应用测评结果之前，要充分考虑测评结果给当事人带来的可能影响是什么。由于测评的结果可能会影响被测评者的自我认识、自我评价，从而会影响其行为，所以在解释测评结果时一定要慎重。一方面要保证结果解释的客观性和科学性，另一方面要帮助被测评者正确认识自己的测评结果，即帮助他们正视自己的优势与不足，尤其要防止他们由于某些方面分数低而悲观失望或由于某些方面分数高而骄傲自满。

在利用测评的结果对当事人进行职业指导时，要多给当事人一些鼓励，帮助他们树立自信心，要使他们能够看到自己的长处，并能在今后的职业中充分发挥出自己的长处。对于他们的不足之处，应为他们提供一定的弥补和发展建议。在向用人单位推荐求职者的时候，也应注重向用人单位指出被推荐对象的未来发展潜力及今后的发展建议。

### 3.2.2 测评结果应用中应注意的其他问题

除上面提到的如何与当事人交流测评结果之外，在测评结果的应用中还应注意以下问题：

（1）对来自不同测评工具的分数不能直接加以比较。来自不同测评工具的测评结果，由于其测量的内容不同、使用的尺度不同、常模的样本不同等，其分数不具有可比性，因此不能直接进行比较。这就好像是用一把尺子测得的结果与用一台秤测得的结果不能直接进行比较一样。值得注意的是，在有些情况下，尽管两个测验的内容范畴大致相同，测量的具体内容名称也基本相同，但这样的测评结果仍旧不能直接进行比较。例如，一个测验中的逻辑推理能力与另一个测验中的逻辑推理能力，虽然从表面上看是相同的，但由于两个测验的编制者对能力的理论构想完全不同，造成了逻辑推理能力的内涵也有可能不同，而且两个测验中评分的尺度以及使用的参照标准和常模都各不相同，因此不能直接进行比较。同样的，在两个人格测验中，尽管有的分量表在使用的名称上是相同的，但具体内涵是有差异的，因此不能直接进行比较。

在有些情况下，为了使来自不同测评方法的测评结果能够比较，必须将两者放在统一的量表上。但这样做的前提是两种测评方法取自相同的样本，才能够将测验分数进行等值。

（2）测评结果受到多种因素的影响。测评结果受到测评者遗传特征、测评前的学习与经验以及测评情境的影响。测评的结果仅仅是对被测评者目前状况的测量，至于他是如何达到这一状况的，则受到许多其他因素的影响。为了使对测评结果的解释更有意义，必须将被测评者在测评之前的背景和经验因素考虑进去。另外，测评当时的情境也是一个需要考虑的因素。例如，一个被测评者可能由于情绪不好、身体不适或其他意外的干扰而得到较低的分数，当然也可能由于某些偶然的情况而得到意外的高分。

（3）要将常模资料与效度资料结合起来。为了对测评结果做出确切的解释，只有常模资料是不够的，还必须有效度资料。没有效度验证的常模资料，只能说明一个人在常模群体中的相对位置，而不能做出预测或更多的解释。在解释测评结果时人们最常犯的一个错误就是仅仅根据测验的名称和常模数据去推论测评结果的意义，而忽略效度的不足或缺乏。例如，一个测验的名称是内向量表，并且有可以利用的常模资料，那么，就很容易把得高分的人说成是内向性格，但效度资料并没有说明这一点。

即使有效度资料，在对测评结果进行解释时也要十分谨慎。由于测验效度的概括能力是有限的，不同的常模团体和不同的施测条件，往往会得到不同的结果。在解释测评结果时，一定要依据从最相近的团体、最相匹配的情境中获得的资料。

## 4　影响测评准确性的各种因素

测评的准确性受到各种误差因素的影响，常见的误差因素主要来源于3个方面，即测评方法内部、测评的实施过程和被测评者本身。

## 4.1 测评方法内部因素

测评能否得到准确可靠的结果，首先直接依赖于测评所使用的工具本身。如果测评工具有着良好的信度和效度，并且其他重要的心理测量学指标也符合要求，那么，测评的准确性和可靠性程度就比较高。但是，如果测评工具本身存在问题，测评结果的准确性和可靠性就会受到影响。

（1）测评问题本身的信度和效度。首先，如果一种测评方法缺乏良好的信度和效度资料，测评的结果就不会准确、可靠；其次，如果一个测评工具没有经过标准化，那么它就缺乏客观性，结果也就失去准确性和可靠性；再次，如果测评的难度和区分度不合适，这个测评工具就不是一个很好的测评工具，所得到的结果也就不够准确、可靠。

（2）题目的取样。当测评的题目过少或题目缺乏代表性时，被测评者的反应受到机遇影响较大，测评的结果就不会准确、可靠。还有其他一些因素也会带来误差，例如，指导语不够清楚，用语引起歧义，时限设计得过短使得被测评者仓促作答等。

（3）社会赞许性。很多测验由于采用自我报告的形式，易受到被测评者的"系统性歪曲"，尤其是社会赞许性（social desirability）的影响。在选拔情境下，被测评者常常会尽量好地呈现自己，而一些测验的项目又难以避免附有价值成分（value laden），且被试的歪曲反应难以检测。这一点有可能严重影响测验在预测中的结果。

## 4.2 测评实施过程中的因素

在各种误差因素中，与测评实施过程有关的误差可能是各种误差中最容易控制和检验的一种误差。

（1）测评的环境因素。施测现场的环境会影响被测评者的反应，这种影响可能是带有促进作用的正面影响，也可能是带有抑制或阻碍作用的负面影响。

影响测评结果的环境因素主要包括光线、声音、温度、湿度、颜色、桌椅和空间大小等。一个舒适的环境可以让被测评者感到精神上的满足，能够自然放松，真实地表现自己。

颜色会影响人类的情绪、意识与行为。例如，颜色会对人的血压和情绪产生重要影响。某些颜色会使人产生舒适的感觉，有些颜色却有相反的效果。有些颜色使人心情放松，有些颜色则令人感到烦闷。有些颜色会使人的思维加快，有些颜色则会使人思维缓慢。房间中的温度不宜太高，温度太高会使人有头昏脑涨的感觉，温度太低也会使人感到不舒服，一般温度维持在20℃左右最为合适。此外，空气中的湿度也会影响人的舒适与效率。在同样的温度下，潮湿的空气会使人觉得热，干燥的空气会使人觉得冷。特别潮湿的空气，会引起人的呼吸器官的不适并产生疲倦的感觉。安静的环境是测评所必需的，如果环境中有较大的噪声，也会给被测评者带来不良的影响。

(2) 意外的干扰。有时，在测评实施过程中会突然发生一些意外的干扰，这些意外的干扰往往会打断被测评者的思路，分散他们的注意力。例如，突然停电，突然有人生病或晕倒等，测评材料发生错误等。无论在哪种情况下，都会引起不安和骚乱，影响测评的准确性。

(3) 施测者的因素。施测者的年龄、性别、衣着、言谈举止、声音、语速、表情等均会影响测评的结果。施测者声音过小或表达不清楚会使部分被测评者不能理解领会测评的目的和任务要求，特别是在许多被测评者同时受测或测评实施的步骤较为复杂时，这种影响会更大。施测者若身着奇装异服或讲话时语音语调较为奇怪，也会作为额外的刺激吸引被测评者的注意力。当测评方法要求个别施测时，施测者对测评结果的影响最大。

(4) 观察与评分计分。观察与评分计分的过程也会影响测评的准确性，尤其是多位测评者进行观察和评分时对测评准确性的影响更为明显。测评者在观察和评分时要按照预先规定的观察、记录和评分原则进行，若某些测评者不遵守这些原则，观察和评分就会出现误差。同时，由于测评者的经验以及他们各自对观察和计分原则与方法有着不同的理解，往往会由于评分的不一致而造成误差。

### 4.3 被测评者本身的因素

即使一个测评工具是经过精心编制的，具有良好的心理测量学指标，而且在施测过程中由训练有素的测评者严格按照标准化的施测和计分程序进行，但由于被测评者本身的因素，仍然会给测评的结果带来误差。这种误差是最难控制的。

来自被测评者的因素，有些属于个人的长期的稳定性因素，有些则是与特定的测评内容以及特定的施测条件相联系的暂时性、特殊性的因素。

(1) 应试动机。被测评者对测评的动机不同，会影响其主动性、注意力、持久性、反应速度和强度等，从而影响测评的结果。一个人有较高的动机，则他在受测过程中会尽量做出最好的反应。但是，如果一个人的动机过高，也会使其过于紧张焦虑，反而不能正常发挥。在一项情境性测评方法中，若一个被测评者对获取目标工作有较高的动机，他会表现得非常主动，注意表现自己。在人格测验中，动机过高的被测评者会过多地考虑雇主的期望和社会标准，从而在做答过程中不按自己的真实情况作答，故意给人留下好印象，带有伪装的倾向。

(2) 测验焦虑。测验焦虑是被测评者接受测评前和测评过程中出现的一种紧张的、不愉快的情绪体验。一般来说，适度的焦虑会使人的兴奋性提高，注意力增强，反应速度提高，从而对测评的结果产生积极影响。过高的焦虑则会使工作能力降低，注意力分散，思维变得狭窄、刻板，记忆中储存的东西提取不出来。

研究表明，测验焦虑主要受到多方面因素的影响。能力高的人，测验焦虑一般较低，而对自己的能力没有把握的人，测验焦虑一般较高。缺乏自信心、情绪不稳定的人容易产生测验焦虑。经常接受测验的人焦虑较低，而对测验程序不熟悉的人焦虑较高。测评的结果对被测评者影响很大或被测评者承受较大的压力时易产生测验焦虑。

(3) 测评的经验。被测评者的测评经验也会影响测评结果，因此，对那些对测评程序和技能的熟练程度不同的被测评者，所得结果不能直接进行比较。

有些人经历了多次测评，积累了很多测评的经验。他们往往能够觉察出如何做出反应会得到比较好的评价，他们能够在测评中保持稳定的情绪，合理分配时间，对新的测评形式也有较强的适应能力，因此他们能够比那些缺乏测评经验和技巧的被测评者获得更好的成绩。然而，这是不公平的。因此，在测评之前，应给被测评者提供演示和练习的机会，使得他们对测评的程序都尽可能了解和熟练。

(4) 反应倾向。不同的被测评者对测评的内容有着不同的反应倾向。在速度测验中，有的人"快而不准"，有的人"宁慢勿错"。在是非型的作答方式中，有的被测评者倾向于选较多的"是"，有的被测评者倾向于选较多的"否"。在利科特式五点或七点量表上，有的被测评者存在一种趋中的倾向，即倾向于选择较为中立的选项，避免选择较为极端的选项。

(5) 生理因素。被测评者的疾病、疲劳等生理因素也会影响测评结果的准确性。例如，被测评者在参加测评的前一天晚上失眠了，会导致他第二天参加测评时注意力不够集中，记忆力减退，从而影响测评成绩。

———— 内容小结 ————

1. "测评"一词包括了两层含义，即"测"和"评"。"测"是指测量、测试，是以量化的方式对人的能力水平及倾向、个性特点和行为特征等进行分析和表示。"评"是指评价、评定，是以定性化的方式对人的能力水平及倾向、个性特点和行为特征等进行评价和判定。因此，测评这一概念将定量的方法与定性的方法紧密地结合在一起，形成一整套科学的、客观的、系统的方法。

2. 人员素质测评是对个人稳定的素质特征进行的测量与评价，所涉及内容主要包括三个方面，即能力因素、个人风格因素和动力因素。

3. 人的心理素质具有差异性、相对稳定性和可测性；测评只是客观的、间接的和相对的测量；测评的效果要基于统计规律之上。这三点构成了人员素质测评的理论基础。

4. 测评工具的重要心理测量学指标主要包括信度、效度、标准化、常模、难度、区分度、公平性和效益。

5. 准确对测评结果进行解释应遵循科学、客观、定量与定性相结合、系统、发展五项原则。

6. 常模参照的解释方法和标准参照的解释方法，对测评结果的解释存在本质区别。

## 关键概念

| | | |
|---|---|---|
| 人员素质测评 | 心理测量 | 心理测验 |
| 能力因素 | 个人风格因素 | 动力因素 |
| 气质 | 性格 | 价值观 |
| 动机 | 兴趣 | 诊断 |
| 选拔与安置 | 预测与发展 | 信度 |
| 效度 | 标准化 | 常模 |
| 难度 | 区分度 | 公平性 |
| 常模参照 | 标准参照 | 常模资料 |
| 效度资料 | 应试动机 | 测验焦虑 |
| 反应倾向 | | |

## 问题与应用

1. 请用实例说明科学测评的原则。
2. 应用测评结果，需要考虑哪些问题？请举例说明。
3. 都有哪些因素影响测评准确性？请举例说明。

# 第 10 章 测评的技术和方法

## 1 测验实施的基本程序

### 1.1 施测前准备

（1）确定测量的目的和内容。在进行测量之前，首先要确定测量的目的。测验是为了得到什么样的结果，依此才可以选定测验。不同的测量工具，对于测量所得出的结果是不同的。错误的测量可能会导致不能够得出正确的结论。

例如，我们要招聘一名硬件工程师，对于测评，我们需要测量除专业知识外的3种主要维度：学习能力、创新能力、合作能力。IT业的技术水平发展很快，很多知识是在课堂上学不到的，因此需要具备很强的学习能力。由于企业间竞争越来越激烈，不断开发出适合市场需求的新产品和新的服务才是企业竞争制胜的关键，创新能力当然成为对研发人员测评的重点。另外一个原因是研发工作靠一个人单打独斗很难快速开发出新产品，团队精神、合作能力就成了另外一个关注的重点。

（2）确定测量的基本形式和工具。测量的形式和工具会随着测量内容的不同而有所选择。一般的纸笔测验不一定适用于所有的场合。所以，一定的情景模拟测验是很必要的。不适当的测量方法会使测量的结果不能满足测量的目的，甚至可能收集到不正确的信息。

继续上面的例子，我们可以针对3种维度选择3种测评工具：心理测验、半结构化面试、情景模拟测验。用一般的逻辑推理能力测验就可以测评学习能力。合作能力的测评就需要情景模拟测验。半结构化面试与情景模拟测验综合使用，可以测量创新能力。

### 1.2 测量的实施与数据采集

选择好了测量工具，就可以施测了，要注意的是客观化、标准化。在前面一章所涉及的那些在测量过程中有可能出现的误差，要尽量避免。

### 1.3 分析测量的结果

对于结果的分析通常包括计分、统计和解释。计分有手动记分和计算机施测两种。除情景测验更多地需要施测者的经验之外，其他测验计分相对比较简单。

统计过程基本上是在测验编制的时候就已经预先建立了，使用者只需按照测验说明进行操作便可。

对于结果的解释是一个比较复杂的过程，要慎重进行。具体的方法和注意事项见上一章的说明。

### 1.4 根据分析做出决策或对决策的建议

之所以实施测量是因为对决策缺少依据，自然针对测量所得到的信息做出更加中肯的判断和分析，最终做出更加切合实际的决策，才是测量的真正意义。为了测量而测量，所得到的数据是无任何意义的。例如，选拔人才时，最后要对每一个被施测的人员做出他们在施测团体中位置的说明，甚至自身存在的特点，但对于以安置为目的测量，就应当重点说明，谁是在岗位上最合适的人选。再如，对一位大学生职业选择问题进行测量，如果测量后只是给一个模糊的测试报告，不能够对其在职业选择方面提供进一步的指导，这样的测量就失去了意义。需要再说明的是，测量结果仅仅是决策信息的一部分，在做出判断时，不要过于看重测量的结果，还应该综合考虑其他因素。

## 2 典型测评工具

在职业指导过程中，我们也经常选取一些测评工具，用以获得人们在职业兴趣、性格和能力等方面的取向和偏好。在测试兴趣方面常使用霍兰德职业（倾向）兴趣测评，在测试性格方面常使用 MBTI 职业性格测评，在综合测试职业性格、兴趣、能力这三方面取向时，常选用 CETTIC 职业素质测评系统和 GATB 职业能力倾向类型的成套测验。

在理解上述测评知识的基础上，本节将从实践的角度说明在选择和使用测验中所要了解的知识，以进一步理解测验的设计思想、构成、功能，以及典型职业素质测评工具的基本特征，从而更好地选择测验，使用测验。

### 2.1 霍兰德职业（倾向）兴趣测评

约翰·霍兰德（John Holland）是美国约翰·霍普金斯大学的心理学教授，美国著名的职业指导专家。

霍兰德以职业兴趣理论为基础，先后编制了职业偏好量表（Vocational Preference Inventory）和自我导向搜寻表（Self-directed Search）两种职业兴趣量表，作为职业兴趣的测查工具，霍兰德力求为每种职业兴趣找出两种相匹配的职业能力。约翰·霍兰德职业兴趣测试量表帮助人们发现和确定自己的职业兴趣和能力特长，从而更好地做出职业决策。在职业兴趣测试的帮助下，个体可以清晰地了解自己的职业兴趣类型和在职业选择中的主观倾向，从而在纷繁的职业机会中找寻到最适合自己的职业，避免职业选择中的盲目行为。尤其是对于学生和缺乏职业经验的人，约翰·霍兰德的职业兴趣理论可以帮助做好职业选择和职业设计，成功地进行职业调整，从整体上认识和发展自己的职业能力。作为职业选择的首选工具，霍兰德职业兴趣量表被国内外几乎所有的职业机构应用，通过长时间、大批量的测试，信度和效度都比较可靠，深受广大使用者好评。

### 2.1.1 职业兴趣测评理论依据

霍兰德从有关的职业生活的知识中建立了职业人格理论，提出了"职业兴趣就是人格的体现"的观点，认为个体对职业的选择受到动机、知识、爱好等因素的支配，最主要的是一个人之所以选择某职业领域，基本上受其人格和兴趣的影响。职业兴趣作为人格的一个方面，具有人格的稳定性和差异性等基本特征。它的形成也同样受遗传和环境的影响，但主要受后天环境的影响。人出生以后，随着年龄的增长，自我意识不断完善，分析和判断能力不断提高，在探索和实践中逐渐抛弃、选择，进而对某些职业的兴趣变得清晰明确。一般认为，在14岁左右，人具有了职业兴趣并逐渐趋于稳定。职业兴趣的稳定性为职业兴趣的测量奠定了基础，提供了可能。

霍兰德的职业选择理论，实质在于劳动者与职业的相互适应。霍兰德认为，同一类型的劳动与职业互相结合，便是达到适应状态。结果，劳动者找到适宜的职业岗位，其才能与积极性便会得以很好的发挥。不同职业的社会责任、满意度、工作特点、工作风格、考评机制各不相同。同时，这种差异决定着不同职业对于员工的职业兴趣有着特殊的要求。人与职位的匹配应该包括两个方面的内容：一是人的知识、能力、技能与岗位要求相匹配；二是人的性格、兴趣与岗位相适应。

霍兰德认为可将职业兴趣划分为六种类型和六种与之相对应的环境模式，每一种类型构想均有相应的操作定义和内容。霍兰德从人格与环境交互作用观点出发，将职业环境也划分为六种模式，不同的职业兴趣类型有与之相对应的职业环境。个人职业兴趣与职业环境特点一致，会导致令人满意的职业决策、职业投入和职业成就，人们终身职业稳定；反之，会导致无法决策、不满意的决策和缺乏成就感，人们出现职业变动。这说明职业兴趣和职业之间有一种内在的联系。霍兰德的基本思想是先测量个人的职业兴趣，然后根据自己的职业兴趣特点查找适合自己的职业。

霍兰德所划分的六大类型，并非是并列、有着明晰边界的。他以六边形标示出六大类型的关系。

相邻关系：如 RI、IR、IA、AI、AS、SA、SE、ES、EC、CE、RC 及 CR。属于这种关系的两种类型的个体之间共同点较多，现实型 R、研究型 I 的人都不太偏好人际交往，这两种职业环境中也都较少有机会与人接触。

相隔关系：如 RA、RE、IC、IS、AR、AE、SI、SC、EA、ER、CI 及 CS，属于这种关系的两种类型个体之间共同点较相邻关系少。

相对关系：在六边形上处于对角位置的类型之间即为相对关系，如 RS、IE、AC、SR、EI 及 CA，相对关系的人格类型共同点少。因此，一个人同时对处于相对关系的两种职业环境都兴趣很浓的情况较为少见。

人们通常倾向于选择与自我兴趣类型匹配的职业环境，如具有现实型兴趣的人希望在现实型的职业环境中工作，可以最好地发挥个人潜能。但职业选择中，个体并非一定要选择与自己兴趣完全对应的职业环境。一是因为个体本身常是多种兴趣类型的综合体，单一类型突出的情况不多，因此评价个体的兴趣类型时也时常以其在六大类型中得分居前三位的类型组合而成，组合时根据分数的高低依次排列字母，构成其兴趣组型；二是因为影响职业选择的因素是多方面的，不完全依据兴趣类型，还要参照社会的职业需求及获得职业的现实可能性，因此，职业选择时会不断妥协，寻求与相邻职业环境甚至相隔职业环境，在这种环境中，个体需要逐渐适应工作环境。但如果个体寻找的是相对的职业环境，意味着所进入的是与自我兴趣完全不同的职业环境，则我们工作起来可能难以适应，或者难以做到工作时觉得很快乐，相反，甚至可能每天工作得很痛苦。

#### 2.1.2 人格的六种类型划分

霍兰德认为人的人格类型、兴趣与职业密切相关，兴趣是人们活动的巨大动力，促使人们积极、愉快地从事该职业，且职业兴趣与人格之间存在很高的相关性。

（1）社会型（S）。

共同特点：喜欢与人交往、不断结交新的朋友、善言谈、愿意教导别人。关心社会问题、渴望发挥自己的社会作用。寻求广泛的人际关系，比较看重社会义务和社会道德。

典型职业：具有合作、友善、善社交、善言谈、洞察力强等人格特征。如社会科学学者、导游、社会工作者、咨询人员、福利机构工作人员、学校领导、护士、教师等。

（2）企业型（E）。

共同特点：追求权力、权威和物质财富，具有领导才能。喜欢竞争、敢冒风险、有野心、抱负。为人务实，习惯以利益得失、权利、地位、金钱等来衡量做事的价值，做事有较强的目的性。

典型职业：喜欢要求具备经营、管理、劝服、监督和领导才能，以实现机构、政治、社会及经济目标的工作，并具备相应的能力。如项目经理、销售人员、营销管理人员、政府官员、企业领导、法官、律师等。

(3) 常规型（C）。

共同特点：尊重权威和规章制度，喜欢按计划办事，细心、有条理，习惯接受他人的指挥和领导，自己不谋求领导职务。喜欢关注实际和细节，通常较为谨慎和保守，缺乏创造性，不喜欢冒险和竞争，富有自我牺牲精神。

典型职业：喜欢要求注意细节、精确度、有系统、有条理，具有记录、归档、据特定要求或程序组织数据和文字信息的职业，并具备相应能力。如秘书、办公室人员、记事员、会计、行政助理、图书馆管理员、出纳员、打字员、投资分析员等。

(4) 现实型（实际型）（R）。

共同特点：愿意使用工具从事操作性工作，动手能力强，做事手脚灵活，动作协调。偏好于具体任务，不善言辞，做事保守，较为谦虚。缺乏社交能力，通常喜欢独立做事。

典型职业：喜欢使用工具、机器，需要基本操作技能的工作。对要求具备机械方面才能、体力或从事与物件、机器、工具、运动器材、植物、动物相关的职业有兴趣，并具备相应能力。如技术性职业（计算机硬件人员、摄影师、制图员、机械装配工等），技能性职业（木工、厨师、修理工等）。

(5) 研究型（调研型）（I）。

共同特点：思想家而非实干家，抽象思维能力强，求知欲强，肯动脑，善思考，不愿动手。喜欢独立的和富有创造性的工作。知识渊博，有学识才能，不善于领导他人。考虑问题理性，做事喜欢精确，喜欢逻辑分析和推理，不断探讨未知的领域。

典型职业：喜欢智力的、抽象的、分析的、独立的定向任务，要求具备智力或分析才能，并将其用于观察、估测、衡量、形成理论、最终解决问题的工作，且具备相应的能力。如科学研究人员、教师、工程师、计算机编程人员、医生、系统分析员。

(6) 艺术型（A）。

共同特点：有创造力，乐于创造新颖、与众不同的成果，渴望表现自己的个性，实现自身的价值。做事理想化，追求完美，不重实际。具有一定的艺术才能和个性。善于表达，怀旧，心态较为复杂。

典型职业：喜欢的工作要求具备艺术修养、创造力、表达能力和直觉，并将其用于语言、行为、声音、颜色和形式的审美、思索和感受，具备相应的能力。如艺术方面（演员、导演、艺术设计师、雕刻家、建筑师、摄影家、广告制作人），音乐方面（歌唱家、作曲家、乐队指挥），文学方面（小说家、诗人、剧作家）。

2.1.3 霍兰德职业（倾向）兴趣测评的关键

(1) 个体之间在人格方面存在着本质差异。

(2) 个体具有不同的类型。

（3）当工作环境与人格类型协调一致时，会产生更高的工作满意度和更低的离职可能性。

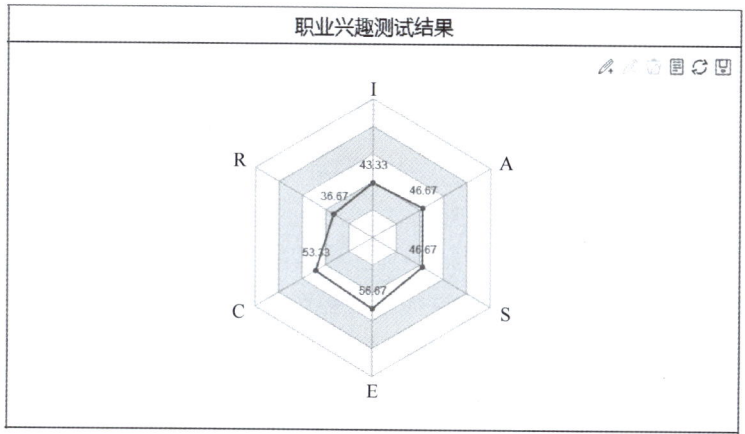

您的职业兴趣为（得分最高的三个字母依次排列）： ECA

2.1.4 测试报告样例

| 职业推荐 | |
| --- | --- |
| 选择三个感兴趣的区域，搜索适合您的职业（最多显示100个）： 第1兴趣：企业型(E)　第2兴趣：常规型(C)　第3兴趣：无　　查询 | |
| 序号 | 推荐职业 |
| 1 | 企业董事 |
| 2 | 企业经理 |
| 3 | 人力资源管理专业人员 |
| 4 | 飞行领航员 |
| 5 | 银行货币发行专业人员 |
| 6 | 证券发行专业人员 |
| 7 | 证券交易员 |
| 8 | 证券投资专业人员 |
| 9 | 商品营业员 |
| 10 | 营销员 |
| 11 | 出版物发行员 |
| 12 | 采购员 |

资料来源：《大学生职业发展测评系统》。

## 2.2　MBTI 职业性格测评

MBTI 由美国的心理学家 Katherine Cook Briggs（1875—1968）和她的心理学

家女儿 Isabel Briggs Myers 根据瑞士著名的心理分析学家 Carl G. Jung（荣格）的心理类型理论和她们对于人类性格差异的长期观察和研究而形成。经过了长达五十多年的研究和发展，MBTI 已经成为目前国际上应用较广的人才甄别工具之一，主要应用于职业发展、职业咨询、团队建议、婚姻教育等方面。

MBTI 是一种迫选型、自我报告式的性格评估测试，用以衡量和描述人们在获取信息、做出决策、对待生活等方面的心理活动规律和性格类型。

2.2.1 理论依据

性格，也称人格，一般被界定为个体思想、情绪、行为与态度的总称，是心理学研究的重要对象。世界上关于个体性格的划分有很多种，我们按照荣格的理论将性格类型分为 4 个维度，每个维度有 2 个方向，共计 8 个方面，如图 10—1 所示，他们分别是：

我们与世界相互作用的方式以及能量的来源：外向—内向。

我们获取处理信息的主要方式：实感—直觉。

我们的决策方式：思考—情感。

我们的做事与生活的方式：判断—知觉。

每个人的性格都在 4 种维度相应分界点的这边或那边，我们称之为"偏好"。例如，如果您落在外向的那边，称为"您具有外向的偏好"；如果您落在内向的那边，称为"您具有内向的偏好"。在现实生活中，每个维度的两个方面您都会用到，只是其中的一个方面您用得更频繁、更舒适，按照这种对于人的心理类型的基本划分，人群分别属于外向型或内向型：前者倾向于在自我以外的外部世界发现意义，而后者则把相应的心理过程指向自身。接下来就是 4 种心理功能的划分：两种理性功能（思考和情感）以及两种感知功能（实感和直觉）。每个人都有自己的某一个主导类型，而圆满的状态则是这 4 种心理能力的齐头并进。

4 个维度如同 4 把标尺，每个人的性格都会落在标尺的某个点上，这个点靠近哪个端点，就意味着个体就有哪方面的偏好。如在第一维度上，个体的性格靠近外向这一端，就偏外向，而且越接近端点，偏好越强。

（1）外向—内向。如果只能用一个维度将人群区分开来的话，那么，这个维度应该是内外倾向，它是区分个体的最基本的维度。我们以自身为界，可以将

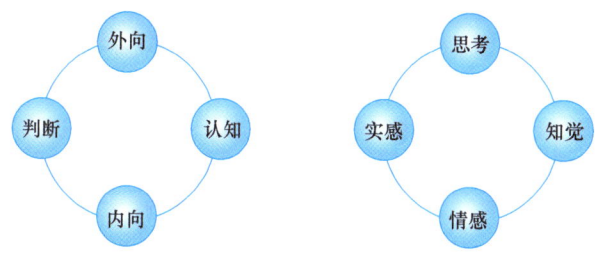

图 10—1　性格类型的 8 个方面

世界分为自身以外的世界和自我的世界两个部分，也可称为外部世界和内部世界。外向的人倾向于将注意力和精力投注在外部世界，外在的人、外在的物、外在的环境等，而内向的人则相反，较为关注自我的内部状况，如内心情感、思想。两种类型的个体在自己偏好的世界里会感觉自在、充满活力，而到相反的世界里则会不安、疲惫。因此，外向与内向的个体之间的区分是广泛而明显的，并不像我们平时讲的"外向者健谈、内向者害羞"那么简单，具体区别见表10—1。

表 10—1　　　　　　内向型与外向型的特征比较

| 外 向 型 | 内 向 型 |
| --- | --- |
| 与他人相处精力充沛 | 独自度过时光精力充沛 |
| 行动，之后思考 | 思考，之后行动 |
| 喜欢边想边说出声 | 在心中思考问题 |
| 易于"读"和了解；随意地分享个人情况 | 更封闭，更愿意在经挑选的小群体中分享个人的情况 |
| 说的多于听的 | 听的比说的多 |
| 高度热情地社交 | 不把兴奋说出来 |
| 反应快，喜欢快节奏 | 仔细考虑后，才有所反应 |
| 重于广度而不是深度 | 喜欢深度而不是广度 |

（2）感觉—直觉。我们每个人都在不断接受着信息，这是我们跟上外界节拍的必要前提。但不同类型的个体接受信息的方式不同，这便有了感觉型与直觉型之别。首先，面对同样的情景，两者的注意重心不同，依赖的信息通道也不同。感觉型的人关注的是事实本身，注重细节，而直觉型的人注重的是基于事实的含义、关系和结论；感觉型的人信赖五官听到、看到、闻到、感觉到、尝到的

实实在在、有形有据的事实和信息，而直觉型的人注重"第六感觉"，注重"弦外之音"，直觉型的人的许多结论在感觉型的人眼里也许是飘忽的，不实在的。注重细节的结果是，感觉型的人擅长记忆大量事实与材料，他们有时候像本"词典"，能清晰地讲出大量的数据、人名、概念乃至定义，常使其他人感到吃惊。而直觉型的人更擅长解释事实，捕捉零星的信息，分析事情的发展趋向。其次，感觉型的人对待任务，习惯于按照规则、手册办事，如照着手册使用家电，看着地图辨认交通路线等。而直觉型的人，习惯尝试，跟着感觉走，他不习惯仔细地看完一大本说明书再动手，结果呢？可能比感觉型的人更快地完成了任务，也可能因为失败而须重新开始。感觉型的人习惯于固守现实，享受现实，使用已有的技能，直觉型的人更习惯变化、突破现实。简言之，感觉型注意"是什么"，实际而仔细；直觉型则更关心"可能是什么"。具体区别如表10—2。

表10—2　　　　　　　感觉型与直觉型的特征比较

| 感 觉 型 | 直 觉 型 |
| --- | --- |
| 相信确定和有型的东西 | 相信灵感和推断 |
| 喜欢新想法，除非它们有实际意义 | 为了自己的利益，喜欢新思想和概念 |
| 重视现实性和常情 | 重视想象力和独创力 |
| 喜欢使用和琢磨已知的技能 | 喜欢学习新技能，但掌握之后很容易就厌倦了 |
| 留心具体的和特殊的进行细节描述 | 留心普遍的和有象征性的使用隐喻和类比 |
| 循序渐进地讲述有关情况 | 跳跃性地展现事实 |
| 着眼于现实 | 以一种绕圈子的方式着眼于未来 |

（3）思维—情感。这是从做决策的方式来看的，仅看这个维度的名称，也许你会觉得，思维型的人是理性的，而情感性的人是非理性的，而事实上并非如此。两类人都有理性思考的成分，只是做决定或下结论的主要依据不同。情感型的人常从自我的价值观念出发，变通地贯彻规章制度，做出一些自己认定是对的决策，比较关注决策可能给他人带来的情绪体验，人情味较浓。思维型的人则比较注重依据客观事实的分析，一以贯之、一视同仁地贯彻规章制度，不太习惯根据人情因素变通，哪怕做出的决定并不令人舒服。具体区别见表10—3。

表 10—3　　　　　　　　思维型与情感型的特征区别

| 思 维 型 | 情 感 性 |
| --- | --- |
| 退后一步思考,对问题进行非个人因素的分析 | 超前思考,考虑行为对他人的影响 |
| 重视符合逻辑、公正、公平的价值,一视同仁 | 重视同情与和睦,重视准则的例外性 |
| 被认为冷酷、麻木、漠不关心 | 被认为感情过多,缺少逻辑性,软弱 |
| 认为圆通比坦率更重要 | 认为圆通与坦率同样重要 |
| 只有情感符合逻辑时,才认为它可取 | 无论是否有意义,认为任何感情都可取 |
| 被渴望成就而激励 | 被为了获得欣赏而激励 |

（4）判断—知觉。这是从喜好的生活方式来看的,如果我们看看人们的办公桌上、包内或柜子里摆放的物品,可以发现,有些人经常是井然有序,而有些人就不那么习惯保持整齐,前者是判断型具有的特征,而后者则是知觉型经常有的状态。不仅如此,在处事方式上,判断型的人目的性较强,一板一眼,他们喜欢有计划、有条理的世界,更愿意以比较有序的方式生活。知觉型的人好奇心、适应性强,他们会不断关注新的信息,喜欢变化,也会考虑许多可能的变化因素,更愿意以比较灵活、随意、开放的方式生活。在做决策时,判断型的人较为果断,而知觉型的人总希望获得更多信息后再决断。逛了两天商场,还决定不了买什么的人,多半是知觉型的。具体区别如表 10—4。

表 10—4　　　　　　　　判断型与知觉型的特征区别

| 判 断 型 | 知 觉 型 |
| --- | --- |
| 做了决定后最为高兴 | 当各种选择都存在时,感到高兴 |
| 有"工作原则":工作第一,玩其次（如果有时间的话） | "玩的原则":先享受,然后完成工作（如果有时间的话） |
| 建立目标,准时完成 | 随着新信息的获取,不断改变目标 |
| 愿意知道它们将面对的情况 | 喜欢适应新情况 |
| 着重结果（重点在于完成任务） | 着重过程（重点在于如何完成工作） |
| 满足感来源于完成计划 | 满足感来源于计划的开始 |
| 把时间看作有限的资源,认真地对待最后期限 | 认为时间是可更新的资源,而最后期限也是有收缩的 |

### 2.2.2 测试报告样例

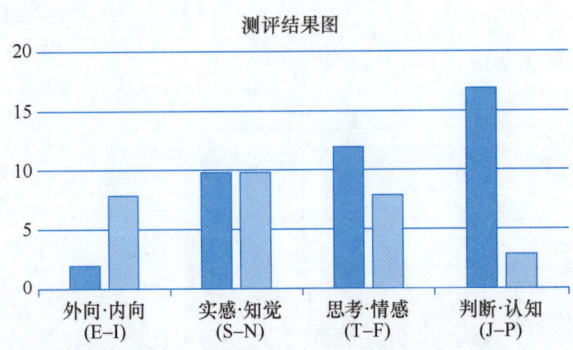

从测评结果看，被测评者的性格特征是 INTJ 专家型。即：具有强大动力来达成目的与创意—固执顽固者；有宏大的愿景且能快速在众多外界事件中找出有意义的模范；对所承担的职务，具有良好的能力来策划并完成工作；具有怀疑心、挑剔性、独立性、果决，对专业水准及绩效要求高。可能喜欢的职业有：科学或技术领域，计算机、法律，或者其他能够让他们运用智力创造和技术知识去构思、分析和完成任务的职业。

## 2.3 CETTIC 职业素质测评系统

CETTIC 职业素质测评系统可针对 16~60 岁不同性别，实施各类职业人员的素质诊断、选拔和预测。

### 2.3.1 理论依据

CETTIC 职业素质测评系统的平台架构依据二分的个性结构划分，即包含了两方面的个性结构成分：一是个性倾向性，即以积极性和选择性为特征的，决定人对事物的态度和行为的动力系统，具体以个体职业兴趣倾向测量为内容；二是个性心理特征，即在心理活动过程中表现出来的比较稳定的成分，以多重能力倾向、人格特征的测量为内容。系统各部分内容之间，以及测评系统对个体行为的预测关系如图 10—2 所示。

如图 10—2 所示，个性倾向和个性心理特征是相互依存的关系。个性心理特征受到个性倾向的制约，能力倾向、人格特征是在兴趣等个性倾向的影响和制约下逐渐形成并日趋稳定的；而个性倾向又只能通过个性心理特征得以表现。所以，个性倾向与个性心理特征是有机结合在一起的，并最终作用于个体的行为活动。因此，通过对个体个性系统这两方面内容的综合测量，可以有效预测个体的外显行为。

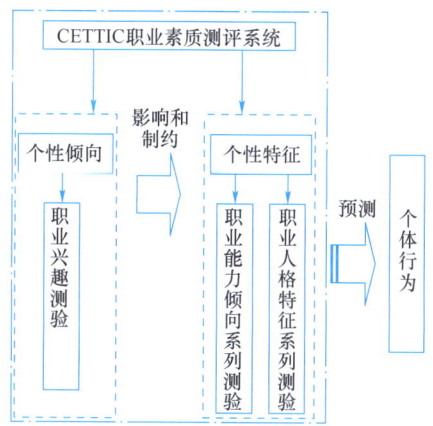

图 10—2　个性结构划分及其预测关系

职业兴趣是个人职业成功的一个重要条件。CETTIC 职业素质测评系统所含职业兴趣测验的编制，参考了多种相关研究和已有的兴趣量表，包括瑟斯顿（1931）的职业兴趣类别划分、霍兰德（1973）的六角形职业兴趣模型、Prediger（1993）的二维职业兴趣模型，库德的职业偏好问卷（KVPR）、斯特朗职业兴趣调查问卷（SVIB）、霍兰德的职业偏好量表（VPI）以及我国教育部考试中心编制的职业兴趣量表等，并在此基础上，根据职业活动基本特征，提出了新的结构体系，即首先将其划分为事物—人际，资料—观念两个纬度，然后将其进行组合，最终将人的职业兴趣划分为 9 个类型。

（1）事物。意指更多与事物打交道的职业，更多是按照一定程序要求，具体的，常运用手工工具或机器进行操作的职业。这样的职业，其活动常涉及调试、精密加工、操作—控制、驾驶—操作、运用—操作、照料、进料—出料、用手操作等职业行为。

（2）人际。意指更多与人打交道的职业，更多是为社会及他人办事或服务的职业。这样的职业，其活动常涉及咨询、交涉、教学、指导、娱乐、说服、讲话等职业行为。

（3）资料。意指更多与数据、文字、文件打交道的职业，更多是通过观察、调研人或物获得的资讯、知识和概念进行活动的职业。这样的职业，其活动常涉及综合、汇编、抄录、比较等职业行为。

（4）观念。意指更多与概念、定理、逻辑、数据打交道的职业，更多以观察、科学分析、形象思维进行活动的职业。这样的职业，其活动常涉及想象、推理、概括、创造性地研究、非系统化的心智活动等职业行为。

经两个纬度的划分，职业兴趣可进一步细分为如下 9 类，见表 10—5。

#### 第10章 测评的技术和方法

表 10—5　　　　　　　　　　职业兴趣的九个类型

| 序号 | 类型 | 典型职业举例 |
|---|---|---|
| 1 | 高事物+高观念型 | 动画设计师、首饰设计制作师 |
| 2 | 高观念型 | 家庭健康顾问、园林规划建造师 |
| 3 | 高人际+高观念型 | 心理咨询师、节目主持人 |
| 4 | 高事物型 | 提琴制作工、电影放映员 |
| 5 | 所有特征均不明显型 | 冷拉丝工、输油工、配料工 |
| 6 | 高人际型 | 民航乘务员、列车员、导游员 |
| 7 | 高事物+高资料型 | IT硬件维护技术师、组合机床操作工 |
| 8 | 高资料型 | 速录员、货运核算员 |
| 9 | 高人际+高资料型 | 企业经理、科研单位负责人 |

图 10—3 将进一步显示了 9 种职业兴趣类型分布形态。

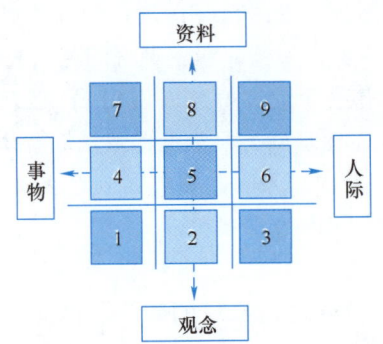

图 10—3　9 种职业兴趣类型分布示意图

#### 2.3.2　系统构成及测验项目介绍

CETTIC 职业素质测评系统充分考虑各种职业的复杂情况，配备了职业能力倾向测验、职业人格测验、职业兴趣测验，不同测验的组合提供了对各种职业适应性诊断基础，还根据个人就业和创业的实际情况，专门设计了就业和创业资源分析测验，在更大程度上提高测验整体功能。以下是部分测验项目介绍。

（1）职业常识测验。本测验共 15 个题目，限时 10 分钟。要求受测者尽量快并且准确地完成全部题目，将答案填写在答题卡上，每个题目都要有而且只能有一个选择，不要遗漏，也不要多选。

例：如图，哪个图表明这块原木处于稳定状态？

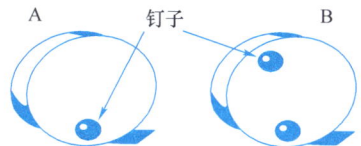

(A) A 图　　(B) B 图　　(C) 都不稳定　　(D) 都稳定

本测验主要考察对力矩、齿轮、滑轮知识以及机械原理的理解。例题主要考查重心、重力等基本的物理常识，答案应选"A"，因为在 A 图中，圆木的重心是稳定的，而 B 图中由于钉子所受重力的原因，圆木的重心并不稳定，会向前翻滚。

（2）职业人格测验。职业人格测验共包含 9 个分测验，分别考察认知风格、自信心、创业倾向、组织管理倾向、挫折承受力、开放性、内外向、情绪稳定性、责任感 9 方面的人格特征。

（3）职业兴趣测验。本测验的目的是考察受测者的职业兴趣倾向，兴趣并无好坏之分，因此要求受测者遵照自己的真实想法对每道题进行回答，不要做太多的考虑。也许选项中 A、B 两种活动受测者都不喜欢或者都喜欢，此时，主试应请其尽量比较，选出相对喜欢的那一种。另外，应告诉受测者在选择时不要考虑自己是否有能力从事，也不要考虑该活动可能带来的利益高低，仅仅考虑的就是自己是否喜欢。

（4）小部件手指灵巧测验。该测验由操作板、螺钉、螺母和答题卡 4 部分组成，共 30 题，测验时间为 15 分钟，主要考察运用手指操作小物体的能力，如图 10—4 所示。

图 10—4　小部件手指灵巧测验

（5）小部件操作速度测验。该测验由操作板、销钉、答题卡 3 部分组成，共 30 题，测验时间为 8 分钟，主要考察手工放置、翻转的操作速度，及其操作知觉的辨认能力等，如图 10—5 所示。

（6）操作潜能发展测验。本测验由指导语、插棒、操作盒、答题卡 4 部分组成，共可进行 72 题（可以选做），测验时间为 20 分钟，主要考察对操作行为进

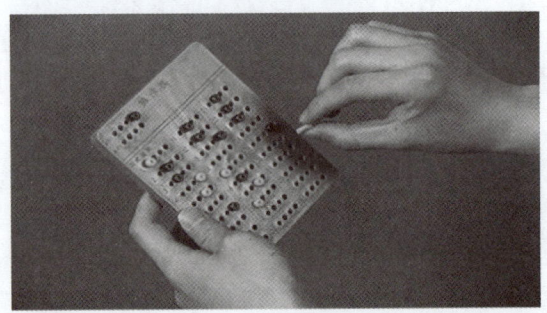

图 10—5　小部件操作速度测验

行矫正，灵活调整和快速适应的能力等，如图 10—6 所示。

图 10—6　操作潜能发展测验

（7）手工效率纸板测验。本测验共分指导语、操作板、答题卡 3 个部分，主要考察较复杂的手工作业能力等，如图 10—7 所示。

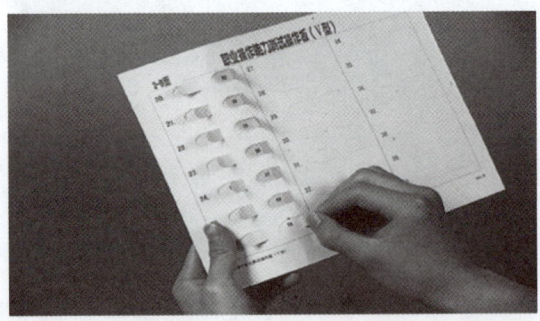

图 10—7　手工效率纸板测验

（8）眼—手协调题本测验。本测验共分指导语、操作题本、答题卡 3 个部分，共 20 题，测验时间为 15 分钟，主要考察手—眼协调能力等，如图 10—8 所示。

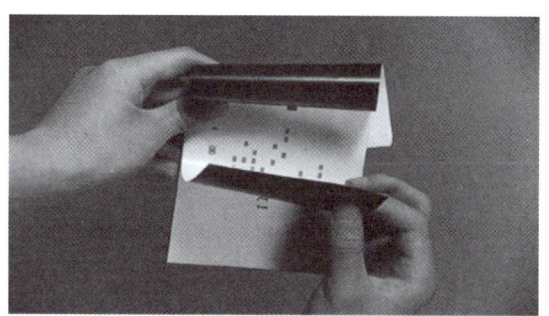

图10—8　眼—手协调题本测验

2.1.3.4　测试报告样例

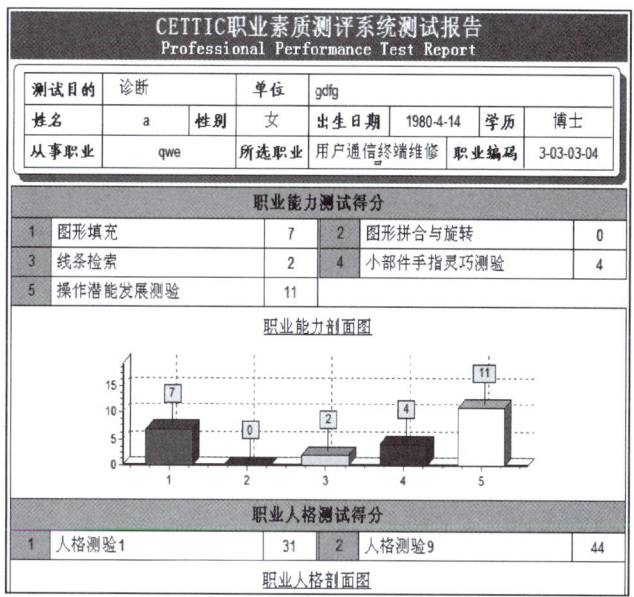

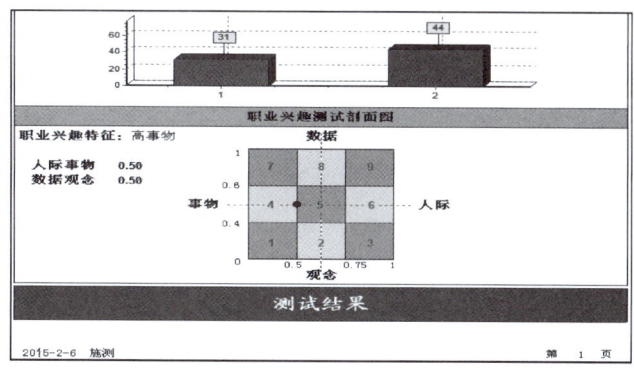

职业兴趣特征：高事物。初步测试结果显示，受测者具有较明显的个人职业取向，建议进一步接受职业指导，重点解决个人职业取向与实际如何更好结合的问题。

### 2.4 GATB 职业能力倾向类型测验

职业能力倾向类型测验（General Aptitude Test Battery，简称 GATB），最初是美国劳工部从 1934 年起利用了十多年时间研究制定的。它是对许多职业群同时检查各自的不适合者的一种成套测验。由于这套测验在许多国家被广泛使用，因而倍受推崇。后来，日本劳动省将 GATB 进行了标准化，制定成《一般职业适应性检查》（1969 年订版）。

#### 2.4.1 理论依据

（1）职业能力倾向具有相对广泛性。智力的高低几乎影响人一切活动的效率，但这是一种间接的影响；职业能力倾向影响着一个人在某一职业领域中多种活动的效率，而专业知识技能则仅仅影响某一有限或具体的活动。

（2）职业能力倾向具有相对稳定性。职业能力倾向是相对稳定的，它不像人的智力水平那样很难改变，也像具体的专业知识技能那样容易通过强化训练而在短期内提高或由于遗忘而丧失。

（3）职业能力倾向是一种潜能。职业能力倾向表现为成功的可能性，而不是已有的水平。一个人的空间想象力强，我们可以预期他在许多与空间关系密切的活动领域中有取得成功的可能，但这仅是可能而已，这个人也许并没有机会实现他的优势。

目前，职业能力测评系统主要包括 EQ 情商测评、事业心测评、沟通交流能力测评、处理问题能力测评、领导能力测评、创业潜力测评、成功倾向测评、职业选择测评、工作压力测评、工作态度测评、职业满意度测评、人际关系测评等。

#### 2.4.2 9 种能力倾向

这套测验主要对许多职业领域中工作所必需的几种能力倾向进行测定。它由 15 种测验项目构成，其中 11 种是纸笔测验，其余 4 种是操作测验，两类测验可以测定 9 种能力倾向。

这 9 种能力倾向对完成各种职业的工作都是必要的。即：

G—智能。指一般的学习能力，对测验说明、指导语和诸原理的理解能力、推理判断的能力、迅速适应新环境的能力。

V—言语能力。指理解言语的意义及与它关联的概念，并有效掌握它的能力；对言语相互关系及文章和句子意义的理解能力；也包括表达信息和自己想法的能力。

N—数理能力。指在正确、快速计算的同时，能进行推理，解决应用问题的能力。

Q—书写知觉。指对词、印刷物、各种票类的细微部分正确知觉的能力；能直观地比较辨别词和数字，发现错误或校正的能力。

S—空间判断能力。指对立体图形以及平面图形与立体图形之间关系的理解、判断能力。

P—形状知觉。指对实物或图解的细微部分正确知觉的能力；根据视觉能够对图形的形状和阴影部分的细微差异进行比较辨别的能力。

K—运动协调。指正确而迅速地使眼和手相协调，并迅速完成操作的能力；手随眼能看到的东西正确而迅速地做出反应动作，并进行准确控制的能力。

F—手指灵巧度。指快速而正确地活动手指，用手指很准确地操作细小东西的能力。

M—手腕灵巧度。指随心所欲地、灵巧地活动手及手腕的能力，如拿着、放置、调换、翻转物体时手的精巧运动和腕的自由运动能力。

以上9种能力倾向中的每一种能力，都要通过一种实践性测验获得，这种测验为自评量表。

这种能力倾向测验，可以说是从个人在完成各种职业所必要的能力中提炼出各种职业对个人所要求的最有特征的2~3种，其中纸笔测验可集体进行。记分采用标准分数，各能力因素的原始分数转换为标准分数后便可绘制个人能力倾向剖析图，并与职业能力倾向类型相对照，受测者可以从测验结果中知道能够充分发挥个人能力特性的职业活动领域。

### 2.4.3 测试报告样例

| 组 | 得分 | 评定等级 | 相应的职业能力 |
|---|---|---|---|
| 第一组 | 3 | 一般 | 言语能力 |
| 第二组 | 2 | 较弱 | 数理能力 |
| 第三组 | 3 | 一般 | 空间判断能力 |
| 第四组 | 2 | 较弱 | 察觉细节能力 |
| 第五组 | 3 | 一般 | 书写能力 |
| 第六组 | 5 | 强 | 运动协调能力 |
| 第七组 | 2 | 较弱 | 动手能力 |
| 第八组 | 4 | 较强 | 社会交往能力 |
| 第九组 | 6 | 强 | 组织管理能力 |

## 3 面试及其他测评方法

### 3.1 面试

#### 3.1.1 面试的概念

面试是指在特定时间、地点所进行的，有着预先精心设计好的明确的目的和程序的谈话，通过测评者与被测评者双方面对面的观察、交谈等双向沟通的方式，了解被测评者的素质特征、能力状况以及求职动机等方面情况的一种人员甄选与测评技术。

#### 3.1.2 面试的特点

与其他的人员素质测评方法相比较而言，面试这种方法具有以下几个突出的特点：

（1）面试以谈话和观察为主要工具。在面试过程中，谈话是一项主要的工具。测评者不断地向被测评者提出各种各样的问题；而作为被测评者，主要针对测评者的问题进行回答。观察是面试过程中的另一项主要工具。在面试中，测评者要善于运用自己的感觉器官，特别是视觉和听觉来获取来自于被测评者的信息。

（2）面试是一个双向沟通的过程。面试是测评者与被测评者之间的一种双向沟通的过程。在面试过程中，被测评者并非完全处于被动的状态。测评者可以通过观察和谈话来评价被测评者，同时，被测评者也可以借此机会来了解自己所关心的信息。

面试的双向沟通性还表现为面试主客体双方的互动。面试并不是就一些事先拟定好的问题进行提问，一问到底。当测评者向被测评者提出一个问题后，被测评者做出回答，测评者的下一个问题往往取决于在这个问题上被测评者所做出的回答，测评者还可以顺势对被测评者进行追问。被测评者也可以通过测评者对自己回答所做出的反应来调节自己在面试中的行为表现。所以，这种交流方式是一种双向互动式的交流。

（3）面试不同于其他形式的交谈。面试是一种特殊意义上的谈话，不同于一般的面对面的交谈。首先，这种谈话具有明确的目的性。测评者的问题旨在发现被测评者一些与工作相关的特质，因此不是漫无目的的，而是有的放矢的。而一般性的谈话往往没有什么明确的目的。

其次，这种谈话是有着预先精心设计好的计划和程序的。在设计较好的面试当中，面试所要测评的要素以及通过哪些问题来测这些要素都是预先设计好的。

在平时的谈话中，尽管有时目的也很明确，但谈话的过程却是相当随机的，没有一个很严格的程序。

再次，在这种谈话过程中，测评者和被测评者是处在一种不同地位上的。尽管前面提到了面试是一种双向沟通的过程，但这并不意味着主客体双方是平等的。测评者处在观察者的地位，相对来说，地位较高，也较主动；被测评者则是处于被观察者的地位，相对来说，地位较低，也较被动。在整个谈话过程中，测评者都在引导谈话的方向，控制谈话的节奏，被测评者则始终处在测评者的引导之下。

### 3.1.3 面试的分类

根据面试的标准化程度，可以将面试划分为非结构化面试、结构化面试与半结构化面试。

非结构化面试是指在面试中事先没有固定框架结构（指没有预先确定测评要素等），也不对被测评者使用有确定答案的固定问题的一种面试。在非结构化的面试中，面试的组织非常随意。关于面试过程的把握、面试中所要提出的问题、面试的评分角度与面试结果的处理办法等，测评者事先都没有系统设计。

所谓结构化面试，就是在针对特定工作的所有面试中，始终如一地使用事先确定了答案的一系列与工作相关的问题。目前所使用的正规的面试一般为结构化面试。所谓结构化，主要包括3个方面的含义：一是面试程序的结构化，即在面试的开始阶段、核心阶段和结尾阶段，测评者要做些什么、注意些什么、要达到什么目的，事先都会有精心的策划；二是面试题目的结构化，即在面试过程中测评者要考察哪些方面的要素，围绕这些待考察的要素主要提哪些问题，在什么时候提、怎样提，在面试之前都已设计好；三是面试结果评定的结构化，即从哪些角度评判被测评者在面试中的表现，评定等级如何划分，甚至如何打分等，在面试前都会有相应的规定，并在测评者之间统一尺度。

半结构化面试是介于结构化和非结构化之间的一种面试。

相比较而言，结构化面试比非结构化面试更能有效地考察一个被测评者。当然，结构化面试所付出的人力、物力和财力也要比非结构化面试大，一般需要专业人员来完成。

## 3.2 其他测评方法

评价中心是近几十年来西方企业中流行的一种选拔和评估管理人员尤其是中高层管理人员的一种人员素质测评体系，其核心内容是多种情景性测评方法。

### 3.2.1 评价中心的概念与特点

（1）评价中心的概念。评价中心是一种综合性的人员素质测评体系。它综合使用了各种测评方法,其中也包括前面所介绍的人格测验、能力测验等心理测验的方法,但这些方法并不是评价中心的主要组成部分。评价中心的主要组成部分及其最突出的特点就是它使用了情景性测评方法对被测评者的特定行为进行观察和评价。情景性方法通常将被测评者置于一个模拟的工作情景中,采用多种评价技术,观察和评价被测评者在这种模拟工作情景中的心理和行为。因此,这种方法有时也被称为情景模拟的方法。

(2)评价中心的特点。评价中心采取了多种测评手段,综合了各种测评手段的优越之处,从不同角度对被测评者进行观察,能对被测评者各方面特点进行较为全面的观察与评价。

评价中心多采取一些动态的测评手段,在被测评者的某些行为中对其进行评价。对实际行动的观察往往比被测评者的自我描述更为准确、有效。而且,在这些动态的测评中,被测评者之间可以相互作用,他们的某些特征会得到更加清晰的暴露,更有利于对其进行评价。

评价中心所采取的测评手段很多是对真实情景的模拟,而且很多情境是与拟任工作相关的情景。在这种情况下,被测评者的表现比较接近于真实的情况,并且在复杂的任务之下,被测评者也不易伪装。因而在情景性测验中被测评者的表现在实际生活中有较大的迁移性,对被测评者未来的表现有较好的预测效果。

在评价中心技术所采用的情景性测验中,评价的主观性程度较高,制定统一的标准化的评价标准比较困难。并且这种测验形式由于其任务的复杂程度较高,任务的设计和实施中的控制也比较困难。评价中心技术对测评者的要求也较高,需要对测评者进行比较系统的培训。

评价中心技术的费用较高,在时间及人员上的花费也较大,不够经济。因此,这种方法一般在选拔较高级的管理人员或较重要职位的人员时才使用。

3.2.2 常用的情景性测评方法

(1)无领导小组讨论。无领导小组讨论是评价中心中经常采用的一种测评方法。其操作方式就是让一定数量的一组被测评者(一般5~7人)在既定的背景之下或围绕给定的问题展开讨论,这个讨论一般要持续1个小时左右。所谓"无领导"就是指参加讨论的这一组被测评者,他们在讨论的问题情境中的地位是平等的,其中并没有哪一个人充当小组的领导者。而测评者并不参与讨论的过程,他们只是在讨论之前向被测评者介绍一下讨论的问题,给他们规定所要得到的目标以及时间限制等。无领导小组讨论的目的主要是考察被测评者的组织协调能力、领导能力、人际交往的意识与技巧、想象能力、对资料的利用能力、辩论说服能力以及非言语的沟通能力(如面部表情、语调、语速、手势、身体姿势)等,同时也可以考察被测评者的自信心、进取心、责任感、灵活性和团队精神等个性方面的特点及风格。

（2）"文件筐"测验。"文件筐"测验也称公文处理测验，这是评价中心中最重要的活动之一。它是对管理人员的潜在能力进行测定的有效方法。在这项测验中，被测评者将扮演某一领导者的角色，他将面对一堆信件或文稿，包括通知、报告、客户的来信、下级反映情况的信件、电话记录、关于人事或财务等方面的信息以及办公室的备忘录等。这些信件有来自上级的，也有来自下级的，有组织内部各种典型问题和指示，有日常琐事，也有重要大事。所有的这一切都要求被测评者采取措施或做出决定。他要在规定的时间内将这些公文处理完毕，在处理的过程中一般没有其他人协助，但在人员允许的条件下，也可以派一个秘书或助手供被测评者吩咐调遣，在对被测评者进行评价时也将他如何使用这个助手的情况作为一项评价指标。这个测验可以较好地反映被测评者在管理方面的组织、计划、协调能力和分析综合、判断、决策的能力以及分派任务的能力等，此外还反映了对事物的主动性、收集和利用信息的能力、处理问题的条理性程度和对外界环境的敏感程度。

（3）模拟面谈。模拟面谈也是评价中心中较常用的一种测评方法。一般由测评者的一名助手扮演与被测评者谈话的人，这个人是经过培训的，他的行为将遵循一种标准化的模式。这个与被测评者谈话的人可以充当各种与被测评者有关的角色，如被测评者拟任职位的下属、客户或其他可能与被测评者在工作中发生关系的角色，甚至可以充当对被测评者进行采访的电视台记者。按照具体情境的要求，这个人可以向被测评者提出问题、建议或反驳被测评者的意见，拒绝被测评者的要求等。被测评者必须与这个人进行交谈以解决他所要解决的问题，测评者对面谈的过程进行观察和评价。这种测评方法主要考察被测评者的说服能力、表达能力和处理冲突的能力及其思维的灵活性和敏捷性等。

（4）案例分析。在案例分析的测验中，通常是让一个被测评者阅读一些关于组织中的问题的材料，然后让他准备出一系列的建议，提交给更高级的管理部门。这种测评方法可以考察被测评者的综合分析能力和做出判断决策的能力，它既可以考察一些一般性的技能，也可以考察一些特殊性的技能。

—— 内容小结 ——

1. 测验实施的基本程序包括：施测前准备；测量的实施与数据采集；分析测量的结果；根据分析做出决策或对决策的建议。

2. 霍兰德将职业兴趣划分为6种类型：现实型或实际型（R）、研究型或调研型（I）、艺术型（A）、社会型（S）、企业型（E）和常规型（C）。

3. 霍兰德职业（倾向）兴趣测评的关键：（1）个体之间在人格方面存在本

质差异；(2) 个体具有不同的类型；(3) 当工作环境与人格类型协调一致时，会产生更高的工作满意度和更低的离职可能性。

4. MBTI 主要应用于职业发展、职业咨询、团队建议、婚姻教育等方面，是目前国际上应用较广的人才甄别工具。

5. MBTI 按照荣格的理论将性格类型分为 4 个维度，每个维度有 2 个方向，共计 8 个方面，分别是：外向—内向，实感—直觉，思考—情感和判断—知觉。

6. CETTIC 职业素质测评系统配备了职业能力倾向测验、职业人格测验、职业兴趣测验等不同测验的组合，提供了对各种职业适宜性诊断的基础，还根据个人就业和创业的实际情况，专门设计了就业和创业资源分析测验，在更大程度上提高测验的整体功能。

7. 最常用的心理健康区分标准主要有 5 种：自我评价标准、心理测验标准、病因病理学分类标准、外部评价标准和社会适应性标准。

8. 常用的情景性测评方法包括无领导小组讨论、"文件筐"测验、模拟面谈和案例分析。

## 关键概念

| 面试 | 结构化面试 | 半结构化面试 |
| 非结构化面试 | 评价中心 | 情境性测验 |
| 无领导小组讨论 | 文件筐测验 | 案例分析 |

## 问题与应用

1. 简述 CETTIC 职业素质测评系统典型分测验的功能？
2. MBTI 职业性格测评将性格类型分为 4 个维度 8 个方面，简述各维度内在联系和区别。
3. GATB 职业能力倾向类型测验划分的 9 种能力倾向是什么？
4. 简述面试的特点和种类。
5. 常见的情景性测评都有哪些？请简述其功能。

ZHIYESHENGYASHEJI

# 第五篇
## 职业生涯设计

# 第 11 章 职业生涯规划

## 1 职业生涯规划的基本概念

### 1.1 "职业生涯"的概念

职业生涯是指个体职业生活的历程，包括职业的维持与变更、职务升迁与职位的变动等，它是个体职业发展的整体"路线图"。

对初涉职场的个体来说，职业生涯仅仅是个体对未来职业发展道路的预期；而对身在职场的个体来说，职业生涯既包括对未来职业发展的预期，也包括对过去从业经验的总结。职业生涯也不仅仅只代表个体参与的职业活动，还包括个体在职业活动过程中的具体表现和个人态度等。

此外，职业生涯还表现出阶段性特征。在不同年龄阶段，个体需要面对和解决的职业发展任务是不同的，例如，20岁左右的个体属于职业探索阶段，主要任务是通过各种尝试选择自己喜好的职业，而45岁左右的个体已经进入职业维持时期，他们不再期望改变现有职业。因此，职业生涯的描述还需要考虑个体所处年龄阶段的具体特征。

### 1.2 "职业生涯规划"的概念

概括来讲，职业生涯规划是指在对个体的内在心理特征和外在环境条件进行评定、分析、研究的基础上，结合自身情况以及眼前的机遇和制约因素，选择职业道路，设定明确的职业发展长期目标，并制定相应的发展计划、教育计划和具体步骤及行动时间、行动方案等活动规划。按照规划的时间维度，职业生涯规划基本上可以分为短期规划（2年以内）、中期规划（2~5年）、长期规划（5~10年）和人生规划（整个职业生涯规划，时间长至40年左右）4种类型。

职业生涯规划让个体去探索自己周围和自己身上正在发生什么。从全面了解职业环境到审视自己独特的个性特征，通过对自己和职业领域的探究，对自己的未来做出规划和决策，让生活更有意义，以实现个体人生价值的最大化。

对于用人单位来说，职业生涯规划也有相当的意义。越来越多的国际性企业采用 SHRMS（战略人力资源管理）系统，其核心就是企业内部员工的职业生涯规划。由组织（企业）的人力资源管理部门根据组织发展需要采取员工职业生涯管理，以了解员工和激励员工，从而发掘、留用优秀人才，为组织（企业）未来的发展储备人力资源。

## 2 职业生涯发展阶段理论

### 2.1 职业生涯发展阶段

职业生涯贯穿我们的一生，在人生发展的不同阶段有着不同的职业需求和人生追求，见表11—1。

表11—1　　　　　　　　职业生涯发展的5个阶段

| 职业生涯发展的阶段 | 年　龄 | 主要使命 |
| --- | --- | --- |
| 1. 选择职业，为工作做准备 | 大多数人是0~25岁，少数人不定 | 建立职业方面的自我形象，对可选择的职业进行评价，初选职业，继续接受必要的教育 |
| 2. 参加工作 | 大多数人是18~25岁，少数人不定 | 获得所向往组织的工作，根据准确的信息选择合适的工作 |
| 3. 职业生涯早期 | 25~40岁 | 学会工作，学习组织规则和标准，适应所选职业和组织，提高能力，实现梦想 |
| 4. 职业生涯中期 | 40~55岁 | 再次评价早期职业和青年时的使命，再次肯定或修正梦想，为中年时期做出适当的选择，保持工作能力 |
| 5. 职业生涯晚期 | 55岁至退休 | 保持工作能力，维持他人对自己的尊重，为实际退休做准备 |

### 2.2 影响职业生涯发展的因素

（1）个人因素：个人的个性、追求、价值观、具体行为等都直接影响职业生涯规划的进展。

（2）组织因素：在人的一生中，对个人职业生涯影响最大的还是其所在的工作组织。

（3）偶然性因素：在个人职业生涯发展过程中，不可避免地要受到某些被称为机遇的偶然性因素的影响。有时，这些影响会起到十分重要的作用。然而，有所准备的人总是要比那些缺乏准备的人更易于掌握主动权。

### 2.3 职业生涯规划的特性

职业生涯规划具有个性化和开放性两大特性。

（1）个性化。由自己主导，个人职业生涯规划是个性化的发展蓝图。组织和企业不能把既定的职业生涯规划强加在个人身上。

（2）开放性。一份有效的职业生涯规划必须是在对客观环境审时度势的基础上，广泛听取领导、同事、家人以及职业顾问的意见之后才制定出来的。

## 3 职业生涯规划的原则和任务

### 3.1 职业生涯规划的原则

职业生涯规划的过程是个体探索自我、科学决策、统筹规划的过程，为保证职业生涯规划的实用性和科学性，应该遵循以下4个原则：

（1）量体裁衣原则。这是做好职业生涯规划应当始终遵循的原则，也是最重要的原则。人与人之间的内外在条件有很大差异，他们的发展潜力无疑也会有很大不同，因此，职业生涯规划是一项完全个性化的任务，没有统一的定式，需要结合个体的具体特点进行设计。

职业生涯规划前，不仅要对个体的内在素质，如知识结构、能力倾向、性别格征、职业喜好等进行全面测评，而且要对个体外部的职业环境和职业发展的资源等进行系统评估。既考虑个体的职业发展动机，又考察其成功的可能性，从而为个体设定相应的职业发展目标和具体的发展规划。

（2）可操作性原则。每个人都说有目标和计划，但并非每个人都可以实现自己的目标，完成自己的计划，甚至有人根本不知道自己是否完成了计划。这就是目标和计划的可操作性。职业生涯规划就是为个体设定达成理想目标的规划和步骤，因此，这些内容本身应该是具体明确的，而不能是空洞的口号。

职业生涯的可操作性主要包括目标的现实性、计划的可行性和效果的可检查性3个方面。所谓目标的现实性，是指个体目标的设定应该建立在个体现实条件的基础上，是对个体现实资源的真实评估和科学预期，是可以达到的目标，而不能是追新逐异或好高骛远的空想；所谓计划的可行性，是指为个体制定的计划是非常具体的，是依据他们现有能力可以完成的行动计划；所谓效果的可检查性，是指目标的实现和计划的执行情况以客观事物为标准，是可以度量和检查的。

（3）阶段性原则。对职业生涯发展来说，人生的不同阶段承担着各自的发展任务，需要解决相应的发展问题。因此，职业生涯规划也应该结合个体的年龄特征，确定具体的发展方向，制定阶段性的发展目标。在现实与最终目标之间设定一个个阶段性目标，就像从山脚到山顶的一级级台阶，每迈一步都能够感到自己在朝终极目标前进，奋斗的过程变得不那么缥缈，而是更具体、真实。

当然，在个体自身条件或外界环境发生改变时，所设计的理想目标、阶段性目标都需要相应的改变，因此，这就要求所设计的目标存在可调整的空间，可以根据实际情况进行改变。即使是最终目标，也需要结合不同阶段性目标的完成情况而进行不断进行修正。

(4) 发展性原则。发展性原则是指为个体设计职业生涯发展规划时，不仅仅局限于个体当前的发展，而且要考虑到个体未来的职业发展空间，职业生涯规划要有超前性和预测性。因此，职业生涯规划应该基于影响职业发展的核心因素和本质因素，而不是表面现象进行。例如，个体对企业文化的认知、合作与责任意识的水平可以长期影响个体的职业发展，而个人的外部形象和面试技巧仅仅能够说明个体短期的职业状况。因此，职业生涯规划要评量更核心和本质的因素，从个体长期发展的角度设计职业生涯规划。

总之，职业生涯规划时，我们需要从个体的实际情况出发，根据其不同的年龄特征，制定具体可行的发展规划，同时兼顾近期目标和未来发展的关系。

### 3.2 职业生涯规划的任务

职业生涯规划依据对个体素质的全面评量，设定个体的长远目标和近期目标，并规划个人职业发展的具体步骤，其主要面临的任务有以下4个方面：

(1) 确立职业发展的目标和方向。目标既代表个体的理想追求，也指引个体行动的方向，因此，设定具体可行的职业发展目标不仅是生涯设计的首要任务，也是最关键和最核心的任务。理想的职业发展目标不仅应该符合个体的性格、兴趣，而且应该具有一定的挑战性。该项任务是个体在职业指导人员的指导下独立完成的，首先运用各种测评手段让个体了解自己的能力、性格和兴趣偏好，并引导他们思考自己的外部环境和职业发展资源，最后让他们为自己设定一个具体的发展目标。

(2) 制定职业发展的策略。确定目标后，就要考虑如何达成目标。此时，职业指导人员需要引导当事人为自己的目标制定相应的策略。当然根据个体的现实差异，可以选择的有效策略多种多样，但大致可以分为3类：一是一步到位型，针对在现有条件下可以达成的职业目标，动用现有资源很快实现，如希望做行政管理人员，就通过参加公务员考试一步到位；二是多步趋近型，对于那些目前无法实现的目标，先选择一个与目标相对接近的职业，然后逐步趋近，以达成自己的理想目标，例如，想做企业老板，但目前没有足够的资本，因此先给别人打工，以积累资源；三是从业期待型，在自己无法实现理想目标，也没有相近的职业可以选择的情况下，先选择一个职业投入工作，等待机会，以实现自己的理想目标，例如，自己想去外企发展，但没有相应的机会，而现在唯一的机会是在中学教书，因此先就业，等待机会，再寻求发展。

（3）明确具体的职业生涯发展途径。让个体明确自己职业生涯发展的途径是职业生涯规划的一项重要任务。设计可行的职业发展路径是实现理想目标的必要条件，职业发展路径需要贯穿人的一生。在生活中，每个人都会面临很多选择，职业指导人员的任务就是引导个体思考每种选择可能的发展道路，包括可能达成的目标、遇到的困难、外界的评价、所需的帮助等。虽然最后的选择是由当事人做出的，但是职业指导人员在让他们看到不同发展道路的同时，也应该让当事人了解到每种道路可能的收益和风险，以此增强当事人未来应对困难的信心。

当然，帮助个体设定科学可行的职业发展路径需要丰富的职业指导经验，而且因为目前主要靠经验来判断路径的可行性，所以这也是职业生涯规划中最困难的任务。此外，还需要根据当事人遇到的实际情况调整发展路径，这需要高超的职业指导艺术。

（4）规划具体的活动计划。确定了发展途径之后，职业指导人员需要帮助当事人设计具体的活动计划。活动计划的设计主要考虑其可操作性，首先从个体的实现情况出发，根据细化的子目标，制定具体职业活动的时间表，并保证效果的可检查性。当然，因为外界环境是可变的，计划制定需要考虑调整的空间。

此外，还要帮助个体解决求职过程中的一般心理问题，如择业观念、婚姻家庭态度、情绪化问题、行为模式等。从严格意义上讲，这些问题并不属于职业生涯规划的领域，但是个体的心理问题会影响个体目标的达成或者计划的执行。所以，调整当事人的心理状态也是职业生涯规划的一项不可忽视的任务。

## 内容小结

1. 职业生涯是个体职业发展的"路线图"。

2. 职业生涯规划同时强调目标设置和规划设定，不仅有益于个体的成长，也有助于企业进行人力资源开发。

3. 职业生涯规划的原则包括量体裁衣原则、可操作性原则、阶段性原则和发展性原则。

4. 职业生涯规划的任务包括确立职业发展的目标和方向、制定职业发展的策略、明确具体的职业生涯发展途径、设计具体的活动计划。

5. 职业生涯规划可分为短期规划、中期规划、长期规划和人生规划4种类型。

6. 影响职业生涯发展的因素有个人因素、组织因素和偶然性因素。
7. 职业生涯规划的两大特性是个性化和开放性。

―――― 关键概念 ――――

职业生涯　　　　职业生涯规划

―――― 问题与应用 ――――

1. 以自己为例，畅想一下你的兴趣、爱好、志向、理想的生活、理想的工作状况，把它们写下来，每一类都按照主次排序，深刻感受一下现实和理想之间的差距。

2. 采访已制定职业生涯规划的人，全面了解每个人的生涯规划内容，用职业生涯规划的四个原则来逐条考察，分辨它们之间的差别，并注意对比它们的效果。

# 第12章 职业生涯规划的基本方法

## 1 职业生涯规划的程序

职业生涯规划是一个长期的连续过程，需要设计一套程序来保证它的顺利实施。一般认为这个过程包括自我评估、环境评估、理想职业目标选择、职业生涯路线选择、实施、评估与反馈6个步骤。流程图如图12—1所示。

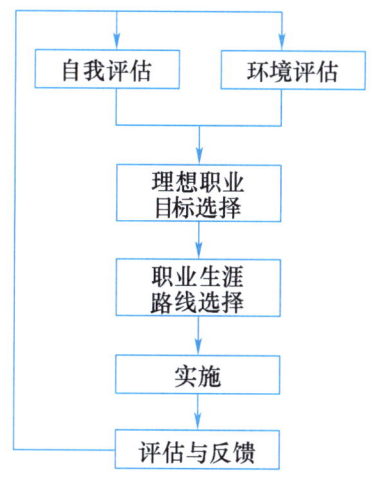

图12—1 职业生涯规划流程图

### 1.1 自我评估

在进行职业生涯规划时，首先要帮助个体进行自我评估，即了解自我。帮助个体对自己进行客观评估，让他们看清自己的现状和未来志向之间的差距，同时帮助他们端正态度、脚踏实地地逐步前进。需要提醒的是，自我评估不是一两次心理测评可以解决的事情，而是要贯穿整个职业生涯过程。

自我评估的方法很多，关键是自己要弄清根本性的问题：我是谁？我在哪里？想干什么？我能干什么？想要什么？喜欢什么？想从事什么职业？我的气质和性格适合什么样的职业？什么样的职业才能让我充分发挥潜能？我愿意和谁在一起工作？完成什么样的工作让我最有成就感？我最不能放弃的是什么？

自我评估主要体现在了解自我的个性、性格、兴趣、价值观、能力倾向等方面的优劣势，并与目标职业进行匹配，我们可以借助各种测评工具来更好地认识和了解自己,同时,也可以向身边的人和职业顾问寻求指导意见。重要的是,所有心理评估的结果都是相对的,影响其结果的因素很多,这些结果可以作为有效的参考,但是不能绝对化。

### 1.2 环境评估

每个人都处于一定的社会环境之中,或多或少与各种组织有着这样那样的关联。因此,职业生涯规划也就离不开对这些环境因素的了解和分析。具体来讲,职业指导人员应该帮助来访者了解所处环境的特点、发展变化的趋势、自己与环境的关系、自己所处的地位,对自己有利或不利的条件等。这些外部条件对寻找恰当的职业生涯发展路径至关重要。环境因素包括很多方面,如家庭、组织、地域、经济、文化与科技等。

### 1.3 理想职业目标的选择

理想的职业目标首先源于个人的志向。所谓志向,就是我们对未来的憧憬中那些感觉最强烈的,随着自身成长不但不衰减、忘记,而是越发渴望实现的东西。个体明确了志向,也就有了人生的目标,个体的人生观、兴趣、知识结构等就会逐渐向着这个志向靠拢。当然,志向的明确不是一蹴而就的,而是随着时间推移,不断积累沉淀得到的。

理想职业目标就是个体对所立志向的具体化和形象化,是建立在自我认知和对环境科学分析的基础之上,具有最大实现可能性的志向。选择的理想目标要具有一定的挑战性,同时也要合乎自己的性格,顺应环境的变化趋势。至于如何具体选择这个理想目标,需要个体不断摸索和尝试,原则上要忠于自己的志向。理想职业目标选择的程序如图12—2所示。

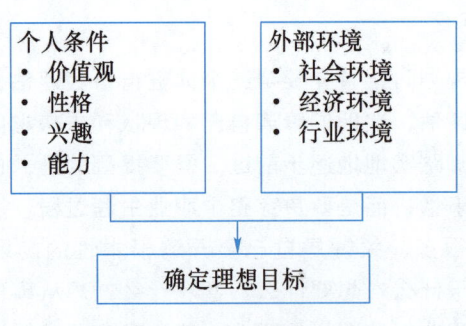

图12—2 职业目标选择程序

## 1.4 职业生涯路线选择

不同的职业生涯路线对从业者的素质要求不同，影响到今后的发展阶梯也不同。

在发展抉择过程中，可以针对下面 3 个问题询问自己：

我想往哪一路线发展？

我适合往哪一路线发展？

我可以往哪一路线发展？

职业生涯发展路线包括一个个职业阶梯，我们可以由低阶至高阶步步上升。例如，大学教师的职业生涯路线通常是：助教→讲师→副教授→教授；而在企业中，财务人员的职业生涯路线可以是会计员→主管会计师→财务部经理→公司财务总监。

每个人基础素质不同，适合的职业发展路线也就不一样，有的人适合搞研究，能够在专攻领域求得突破；有的人适合做管理，可以成为一名优秀的管理人员。一般情况下，有 3 种职业生涯发展路线可供我们选择，即专业技术型路线、行政管理型路线和自我创业。

（1）专业技术型发展道路。专业技术型发展路线是指工程、财会、销售、生产、法律等职能性专业方向。共同特点是：要求有一定的专门技术性知识与能力，并需要有较好的分析能力，这些技能必须经过长期培训与训练才能具备。

如果个体对专业技术内容及其活动本身感兴趣，并追求这方面的提高和成就，喜欢独立思考，专业技术型发展道路是最好的选择。相应的发展阶梯是技术职称的晋升及技术性成就的认可。

如果在开始时选择了专业技术方向，但仍然对管理感兴趣，并且希望在管理领域做出一番事业，也可以跨越发展。

（2）行政管理型发展道路。如果个体喜欢与人打交道，处理人际关系问题得心应手，并且热爱管理，考虑问题比较理智，善于从宏观考虑问题，行政管理型发展道路是恰当的选择。相应的发展阶梯一般是从基层职能部门开始，然后向中级部门、高级部门逐步提升，管理的权限越来越大，承担的责任越来越大。前提条件是个体的才能与业绩不断积累和提高，达到了相应层次职位的要求。行政管理型发展路线对个人素质、人际关系技巧的要求很高。

（3）自我创业。现在，很多人选择了自我创业的道路。创业自有快乐，但创业的过程也是十分艰难的。客观上，要有良好的机会和适宜的土壤，主观上，创业人不仅有强烈的创造与成就愿望，而且心理素质要好，能够承担风险，善于发现和开拓新领域、新产品、新思维，还需要具备一定的管理技能。要想成功创业，最好先到社会中锤炼，学习如何做企业。比较好的途径是到相关领域组织中从事研究开发或市场销售。

此外，设计职业生涯路线时还应该包括以下内容：一是描述各种流动的可能性；二是反映工作内容、组织需要的变化；三是职业发展道路上每一职位对知识技能与资力的要求。

每个人的现实状况与理想目标之间都存有多种可供选择的路径，可以选择不同的行业，选定了行业还可以选择不同的企业，选定了企业还能选择不同的职位起点等。在选择好了职业生涯路线之后，还需要在路线上设置一些节点——阶段性目标。这些子目标的设立既是对自己前期工作成绩的肯定，也是对自己下一阶段工作的督促。职业生涯路线的设计需要遵循的程序如图12—3所示。

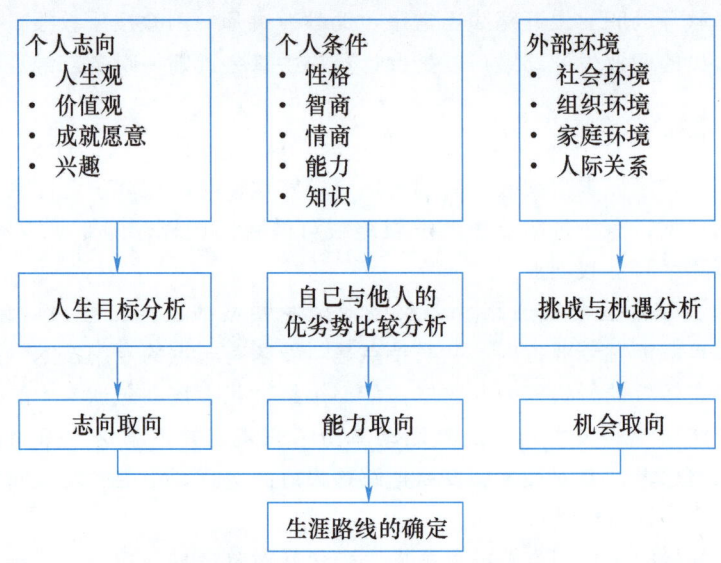

图12—3 职业生涯路线的设计程序

事实证明，每个人都有其适合发展的路径，但每个人都彼此不同，谁也不能完全复制别人的成功之道。职业生涯必须靠个体不断的尝试和探索，而这个过程中，职业指导人员的作用是提供可行性的意见和建议，引导个体进行职业探索，以缩短探索时间。

### 1.5 实施

#### 1.5.1 如何选择目标

有效的生涯设计需要切实可行的目标，以便排除不必要的干扰，全心致力于目标的实现。

职业生涯目标包括人生目标、长期目标、中期目标和短期目标。短期目标一般为 1~2 年内的目标，中期目标一般为 2~5 年内的目标，长期目标一般为 5~10 年内的目标。人生目标是最终理想。如何实现这个终极目标，需要对自己及外部环境各因素做一个全面的分析。

SWOT 分析法是一个机会评估工具，SWOT 是 4 个英语单词的缩写，即 Strength（优势）、Weakness（劣势）、Opportunity（机会）、Threat（威胁）。一般来说，优势和劣势从属于个人自身，而机会和威胁则来自外部环境（包括组织环境和社会环境）。我们可以画一个表格，如图 12—4 所示，然后逐一分析、填写上自己的分析结果。

机会

| | 优势：<br>1.<br>2.<br>3.<br>利用优势和机会的组合 | 机会<br>1.<br>2.<br>3.<br>改进劣势和机会的组合 | |
|---|---|---|---|
| 内部——个人因素 | 劣势<br>1.<br>2.<br>消除劣势和威胁的组合 | 威胁<br>1.<br>2.<br>监视优势和威胁的组合 | 外部——环境因素 |

威胁

图 12—4　SWOT 分析表

### 1.5.2　如何制定目标（SMART 原则）

制定目标看似一件简单的事情，每个人都有过制定目标的经历，但是如果上升到技术层面，我们必须学习并掌握 SMART 原则。

S——Specific　　　具体、明确
M——Measurable　　可衡量
A——Achievable　　可实现
R——Realistic　　　相关性
T——Time-based　　时限性

（1）具体、明确（Specific）。所谓明确就是要用具体的语言清楚地说明要达成的行为标准。明确的目标是成功的要素。目标还需要具体化，不仅仅是概述，而是对目标详尽的描述。

（2）可衡量（Measurable）。可衡量是指目标应该是明确的，而不是模糊的。

应该有一组明确的数据，作为衡量是否达成目标的依据。如果制定的目标没有办法衡量，就无法判断这个目标是否实现。

（3）可实现（Achievable）。目标是可以让执行人实现、达到的。我们的知识层次、学历、自己本身的素质，以及个性都应该是有利于目标实现的因素。

（4）相关性（Realistic）。目标的相关性是指实现此目标与其他目标的关联情况。如果实现了这个目标，但与其他目标完全不相关，或者相关度很低，那这个目标即使实现了，意义也不是很大。

（5）时限性（Time-based）。目标的时限性是指目标的达成是有时间限制的。定期检查目标的完成进度，及时掌握目标进展的变化情况，以便及时调整计划。

### 1.5.3 目标分解与组合的方法

目标分解有两种路径：按时间分解，可分解为最终目标、长期目标、中期目标、短期目标；按性质分解，可分解为外职业生涯目标、内职业生涯目标。其中，外职业生涯目标包括工作内容目标、职务目标、工作环境目标、经济目标、工作地点目标等。而内职业生涯目标侧重于在职业生涯过程中知识、经验的积累，观念、能力的提高和内心感受，主要包括观念目标、工作能力目标、工作成果目标、提高心理素质目标、掌握新知识目标、处理与其他人生活关系的目标等，如图12—5所示。

目标的组合是处理不同目标相互关系的有效措施。如果只看到目标之间的排斥性，就只能在不同目标之间做出排他性选择；而如果看到目标之间的因果关系与互补性，就能够积极进行不同目标的组合。

目标组合有3种方法，即时间组合、功能组合和全方位组合，如图12—6所示。

### 1.5.4 从目标到计划

目标分解和目标组合只是一种方法，具体的行动方案还要结合实际情况认真计划。这里的行动方案指落实目标的具体措施，主要包括工作、培训、教育等方面的内容。为了实现目标，需要具备什么素质？达到什么要求？可以通过什么样的途径来达到这些条件？是参加培训还是到学校深造？具体的时间安排是怎样的？除知识能力储备外，还有没有其他障碍？怎么解决？这些问题的答案找到了，行动方案也就基本形成了。

所有的规划、设计都要依靠个体具体的实践来完成。计划的实施过程也就是个体的各种工作经历，具体内容包括实际工作、职能培训、学习深造等。职业指导人员还应该提醒来访者注意思考实施过程中遇到的问题，例如，为达成一个目标，哪种措施的效率最高，如何充分利用日常的工作提高自己的职业技能，怎样开发自己的潜能等。

图 12—5 目标分解的路径

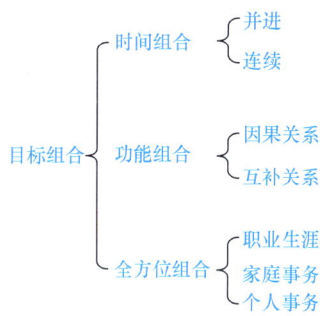

图 12—6 目标组合的方法

## 1.6 评估与反馈

俗话说,"计划跟不上变化"。影响职业生涯的内外因素很多,有些变化是可以预测并加以控制的,但是更多的变化是难以预测的。在这种情况下,要使规划行之有效,需要根据实际情况对生涯规划的进展做出评估,并适时进行修正。当然,个体既可以只对某个阶段性目标的实施路径进行修正,也可以对理想发展目标进行修正,但这一切都应符合客观现实的需要。

如何全面评价职业生涯?按照人际关系范围,可将职业生涯是否成功分为4

个维度进行评价，见表 12—1。

表 12—1　　　　　　　　职业生涯成功的全面评价表

| 评价方式 | 评价者 | 评价内容 | 评价标准 |
| --- | --- | --- | --- |
| 自我评价 | 本人 | 1. 自己的才能是否充分施展<br>2. 是否对自己在企业发展、社会进步中做的贡献满意<br>3. 是否对自己的职称、职务、工资待遇的变化满意<br>4. 是否对处理职业生涯发展与其他人生活的关系的结果满意 | 根据个人的价值观念及个人知识能力水平 |
| 家庭评价 | 父母、配偶、子女、其他家庭重要成员 | 1. 是否能够理解<br>2. 是否能够给予支持和帮助 | 根据家庭文化 |
| 企业评价 | 上级、平级、下级 | 1. 是否有下级、平级同事的赞赏<br>2. 是否有上级的肯定与表彰<br>3. 是否有职称、职务提升或同职务责权利范围的扩大<br>4. 是否有工资待遇的提高 | 根据企业文化及企业总体经验结果 |
| 社会评价 | 社会舆论、社会组织 | 1. 是否有社会舆论的支持和好评<br>2. 是否有社会组织的承认和奖励 | 根据社会文明程度、根据社会历史进程 |

## 2　职业生涯规划的主要方法

职业生涯规划的方法有很多种，主要包括职业测评、故事叙说、典型人物分析法、平衡单法、实习、实地参观考察等，而且越来越多的心理辅导方法和社会学方法都可以套用到职业生涯规划上来。这里对常用的方法进行简要说明。

### 2.1　职业测评

职业测评就是运用测评工具帮助个体进行自我评定的过程，包括个体对自己的性格、行为方式、情感反应、价值观、社会角色等与求职有关的个人特征的认识。目前常用的测评工具包括 CETTIC 职业素质测评系统、MBTI 个性类型测试、霍兰德职业兴趣测验、GATB 能力倾向测试等。

### 2.2 故事叙说

在职业生涯规划中，故事叙说是另一种协助来访者进行自我评定的方法，它将"叙事心理治疗（narrative therapy）"的方法用于帮助个体了解自己真实的自我，破除在求职过程中存在的种种心理障碍。故事叙说中，职业指导人员不再是为来访者解决问题，而是协助他们以说故事的方式，沉浸在故事的情节中，充实故事的内容。通过改写故事，在新的故事中创造新的可能，引导个体看新的自我，发现新的未来。

虽然故事叙说是以来访者讲述自己职业生涯探索的故事为主，但是职业指导人员需要运用适当的方式帮助他们找出存在的思想误区，通过设定新的故事线索，唤起他们改变的内在动力。因此，职业指导人员不仅需要良好的心理咨询技巧，而且需要具备较高的创新性，能够引导个体设计未来发展的多种途径。

### 2.3 典型人物分析法

典型人物分析法是指通过分析与来访者背景相似的典型人物的生涯发展过程，引导来访者选择和确定自己的职业目标和发展方向。典型人物往往都是具有成功职业生涯或者失败职业生涯的典型特征的人。其实，职业指导人员是以这些典型人物为案例对来访者进行教育活动，为来访者提出如何设计职业生涯的范例。

该方法的有效性首先与典型人物的选择密切相关，典型人物与来访者越是相似，分析的效果就越好；其次是职业指导人员的说服能力，典型人物分析过程中容易引发来访者的抵触情绪，这一点需要谨慎处理。

### 2.4 平衡单法

当个体面对多种选择而无法决定时，平衡单是协助个体理智决策的一种有效方法。平衡单的内容主要包括个体可选择的方案、看重的相应因素、因子的评分和加权等，具体内容见职业生涯策略平衡单范例。平衡单内的所有评分和权重设定都是来访者个人的主观评定，对不同的人来说，平衡单的内容可能会完全不同。因此，平衡单只能用于个体内比较，而不能进行个体间比较。

# 创新职业指导——新理念

## 第12章 职业生涯规划的基本方法

例：

**职业生涯策略平衡单**

| 权重 | 选择方案<br>原始分数<br>（加权分数）<br>相关因素 | 第一方案<br>留校教书 | | 第二方案<br>公务员 | | 第三方案<br>企业单位 | | 第四方案<br>事业单位 | |
|---|---|---|---|---|---|---|---|---|---|
| | | + | − | + | − | + | − | + | − |
| | A. 个人物质方面的得失 | | | | | | | | |
| （×1） | 1. 福利薪水 | | −3<br>(−3) | | −2<br>(−2) | +5<br>(+5) | | +3<br>(+3) | |
| （×3） | 2. 个人花费 | | −5<br>(−15) | | −5<br>(−15) | +5<br>(+15) | | +3<br>(+9) | |
| | B. 他人物质方面的得失 | | | | | | | | |
| （×1） | 家人开支 | | −3<br>(−3) | | −2<br>(−2) | +5<br>(+5) | | +3<br>(+3) | |
| | C. 个人精神方面的得失 | | | | | | | | |
| （×3） | 1. 精神状态 | | −4<br>(−12) | | −5<br>(−15) | +5<br>(+15) | | | −2<br>(−6) |
| （×5） | 2. 工作的压力 | | −5<br>(−25) | | −5<br>(−25) | | −5<br>(−25) | +5<br>(+25) | |
| （×5） | 3. 个人成就感 | | −5<br>(−25) | | −5<br>(−25) | | −5<br>(−25) | +5<br>(+25) | |
| （×3） | 4. 生活满意度 | | −5<br>(−15) | | −5<br>(−15) | | −2<br>(−6) | +2<br>(+6) | |
| | D. 他人精神方面的得失 | | | | | | | | |
| （×2） | 1. 家人的态度 | +4<br>(+8) | | +4<br>(+8) | | | −3<br>(−6) | | −3<br>(−6) |
| （×4） | 2. 朋友的态度 | +2<br>(+8) | | +2<br>(+8) | | | −2<br>(−8) | +2<br>(+8) | |
| | 得分 | +16 | −98 | +16 | −99 | +40 | −70 | +79 | −12 |
| | | −82 | | −83 | | −30 | | +67 | |
| | 优先次序 | 3 | | 4 | | 2 | | 1 | |

注：括号内为加权后的数字

264

## 2.5 实习

实习是快速了解职业的最有效方法。在实习中，个体不仅可以真实地参与相应的职业活动，而且可以真实地融入团体的文化氛围，从而更现实地评量自己对该职业的胜任程度和喜好程度。当然，因为实习不能等同于实际工作，个人在实习中的感受可能会有所偏差，因此，职业指导人员还应该引导个体正确看待自己在实习中的感受。

## 2.6 实地参观考察

实地参观考察也是真实体验、了解职业的方法。通过实地参观考察，个体对自己未来可能的职业有一个更直接的感触，使得他们能够重新审视自己对该职业的看法，从而做出相应的决策，或者改变自己的决定。

### —— 内容小结 ——

1. 职业生涯规划的过程包括自我评估、环境评估、理想职业目标选择、职业生涯路线选择、实施、评估与反馈 6 个步骤。

2. 职业发展路线一般有 3 种可供我们选择，即专业技术型路线、行政管理型路线和自我创业。

3. 制定目标时，必须学习并掌握的 SMART 原则，即 S（Specific）具体明确、M（Measurable）可衡量、A（Achievable）可实现、R（Realistic）相关性、T（Time-based）时限性。

4. 职业生涯设计的方法主要包括职业测评、故事叙说、典型人物分析法、平衡单法、实习、实地参观考察。

### —— 关键概念 ——

理想职业目标　　SWOT 分析法　　故事叙说　　典型人物分析法
平衡单法　　　　实习　　　　　实地参观考察

### —— 问题与应用 ——

1. 观察职业指导人员帮助服务对象设计职业生涯的案例，了解职业生涯设计的实际过程。

2. 仿照"大学教师"与"财务人员"职业生涯路线，列举 5 个以上职业生涯晋升路线。

3. 回忆自己曾经在面对多种选择时的状况，制定一个平衡单，并运用它进行决策。